ÉCONOMIE
SOCIALE

Henri Lesêtre

Curé de Saint-Étienne-du-Mont

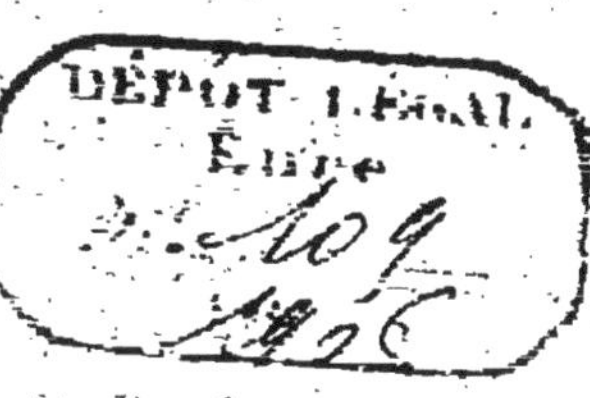

La Paroisse

VICTOR LECOFFRE

La Paroisse

Typographie Firmin-Didot et Cie. — Mesnil (Eure).

ÉCONOMIE
SOCIALE

Henri Lesêtre

Curé de Saint-Étienne-du-Mont

La Paroisse

PARIS
LIBRAIRIE VICTOR LECOFFRE
RUE BONAPARTE, 90

—

1906

IMPRIMATUR

Parisiis, die 7ª Decembris 1905.

† Fr. Card. RICHARD,
Arch. Paris.

LA PAROISSE

CHAPITRE PREMIER

LES ORIGINES DE LA PAROISSE

Le nom de la « paroisse », comme la plupart des autres termes de la langue ecclésiastique primitive, a été emprunté au grec. Dans le langage classique, le πάροικος désignait le voisin, celui qui a sa « maison auprès ». Le grec biblique appelle παροικία le séjour à l'étranger[1]. Le nom de *parœcia* ou paroisse fut tout d'abord attribué au ressort ecclésiastique administré par un évêque. La διοίκησις ou diocèse, était surtout une circonscription civile.

Longtemps, du reste, les mots « paroisse » et « diocèse » se prirent l'un pour l'autre dans le langage ecclésiastique. Au début du ve siècle, saint Épiphane, évêque de Salamine, s'excuse d'avoir ordonné un prêtre hors de la « paroisse », c'est-à-dire du diocèse de Jean, évêque de Jérusalem[2]. Jusqu'à la fin du viiie siècle, on trouve dans les actes des conciles

1. Sagesse, xix, 10; Actes des apôtres, xiii, 17.
2. S. Jérome, *Ep.* LI, 2, P. L., t. XXII, col. 518.

le mot « paroisse » pour désigner ce que nous appelons diocèse[1], ou le mot « diocèse » pour désigner une paroisse[2]. La confusion entre les deux termes, au moins pendant les premiers âges, s'explique naturellement par le caractère même de la paroisse, qui, tout d'abord gouvernée directement par l'évêque, ne fut soustraite que peu à peu à son administration personnelle.

La première communauté chrétienne est celle de Jérusalem, fondée par les apôtres eux-mêmes, mais dont les différents organismes naissent et se développent sous l'influence des circonstances. Il y a là, au lendemain de la Pentecôte, quelques milliers de convertis qu'unissent la même foi et le même culte naissant, que les apôtres gouvernent spirituellement, et qui, sentant le besoin de s'unir en face des persécuteurs, ne forment ensemble « qu'un cœur et qu'une âme[3] ». Ils pratiquent la fraternité d'une manière héroïque; les plus aisés mettent volontairement ce qu'ils possèdent à la disposition des chefs de l'Église pour l'entretien de ceux qui manquent du nécessaire, soit par suite de leur pauvreté, de leurs infirmités ou de leur vieillesse, soit à cause de l'abandon dans lequel ils sont laissés par leur famille demeurée juive[4]. Ces biens, mis en commun, sont partagés selon les besoins de chacun. Mais la ferveur première n'empêche pas les petites rivalités de se produire, puis bientôt

1. Conciles de Salz, en Franconie, en 803; de Paris, en 829, can. 32; statuts synodaux de saint Boniface, 2e collect., can. 9, 16; etc.

2. Conciles d'Agde, en 506, can. 54 (douteux); de Tarragone, en 516, can. 13; d'Orléans, en 538, can. 18, et en 541, can. 33; de Tolède, en 633, can. 14; de Salzbourg, en 799, can. 1; etc.

3. Actes, IV, 32.

4. Actes, II, 41-47; IV, 32-37.

de faire quelque éclat. Les fidèles d'origine hellénique se plaignent que leurs veuves sont délaissées, tandis que les veuves d'origine juive ne manquent de rien. Le reproche est fondé, car les apôtres jugent à propos de pourvoir à une plus équitable répartition des ressources de la communauté. Dans ce but, ils dédoublent les fonctions dont la force des choses les a investis ; ils gardent pour eux le ministère purement spirituel, en vue duquel Jésus-Christ leur a spécialement donné mission, mais ils abandonnent à des « diacres », ou ministres subalternes, les soins d'ordre matériel, principalement l'administration et la distribution des biens de la communauté [1].

La communauté chrétienne n'a pas encore de lieu de culte qui lui soit propre. Elle continue à fréquenter le temple juif pour la prière. Mais, pour les actes qui caractérisent la religion nouvelle, et surtout pour la célébration de l'eucharistie, on se réunit dans des maisons particulières [2].

Nous avons, dans cette première fondation chrétienne, le type à peu près complet de ce que sera la paroisse future : un ensemble de fidèles, régis spirituellement par une autorité ecclésiastique, se réunissant à certains jours et en certains lieux pour prier, se faire instruire et prendre part au sacrifice, et constituant déjà une petite société religieuse dont les membres s'assistent mutuellement.

Sur ce modèle, d'autres communautés s'établissent à Antioche de Syrie et dans les cités qu'atteint de proche en proche la prédication évangélique. En même temps s'accuse peu à peu la forme de la hiérarchie

1. Actes, VI, 1-6.
2. Actes, II, 46 ; XII, 12.

ecclésiastique. Après que les apôtres se sont dispersés pour évangéliser le monde, à côté de saint Jacques, qui gouverne l'église de Jérusalem, et des diacres, qui y continuent leur ministère, on voit apparaître des « prêtres », ou anciens, officiellement chargés de la prière et de l'administration des sacrements[1]. Ces ministres correspondent, quant au nom et quant à certaines fonctions, à ce qu'étaient chez les Juifs les anciens, ou chefs de familles, qui prenaient une part active au gouvernement des villes et de la nation. Saint Paul écrit à Tite, qu'il a laissé dans l'île de Crète, d'établir des prêtres dans les villes[2]. Les apôtres et leurs envoyés directs ordonnent des prêtres pour les communautés chrétiennes qu'ils ont fondées[3]; saint Paul, avant de quitter l'Asie Mineure, convoque auprès de lui les prêtres d'Éphèse, et leur rappelle que le Saint-Esprit les a constitués « évêques » pour gouverner le troupeau du Christ[4].

Le titre d' « évêque », c'est-à-dire surveillant, commence en effet à être donné à ceux des prêtres qui exercent l'autorité principale. Cette autorité est aux mains d'un seul, comme l'indiquent clairement les textes pour saint Jacques à Jérusalem, Tite dans l'île de Crète, les sept évêques des églises d'Asie Mineure auxquels s'adresse saint Jean[5], l'église d'Antioche dont Évodius prend le gouvernement après saint Pierre, et celle d'Alexandrie dans laquelle Annianus succède à saint Marc[6].

1. S. Jacques, v, 12-16.
2. Tite, I, 5.
3. Actes, xiv, 1, 3, 6, 20, 22.
4. Actes, xx, 17, 28.
5. Apocalypse, II, 1-III, 22.
6. Eusèbe, *Chronique*, années 43, 62.

L'organisation hiérarchique qui place un évêque à la tête des prêtres, des diacres et des fidèles, s'accuse avec une netteté parfaite dans les églises d'Asie Mineure au commencement du IIe siècle, ainsi qu'en témoignent les lettres de saint Ignace d'Antioche. L'évêque « siège au premier rang, comme occupant la place de Dieu[1] ». Rien de légitime ne peut se faire sans lui. « Que personne ne se sépare de l'évêque en rien de ce qui concerne les assemblées religieuses. Un seul sacrifice doit être regardé comme ayant de la valeur, celui qui est offert par l'évêque ou par celui que l'évêque aura délégué à sa place. Que le peuple fidèle se trouve là où apparaît l'évêque, de même que là où se trouve Jésus-Christ, là aussi est l'Église catholique. Il n'est permis ni de conférer le baptême ni de célébrer les agapes sans l'évêque[2] ».

Les autres documents de la première époque montrent l'évêque exerçant l'universalité des fonctions pastorales. Les diacres l'assistent dans le règlement des affaires temporelles qui intéressent la communauté, pour le maintien du bon ordre dans les assemblées et l'exercice de la discipline ecclésiastique. Les prêtres, qui leur sont supérieurs, coopèrent à l'offrande du sacrifice et sont surtout chargés de l'enseignement. Si quelques textes de la première période de l'histoire ecclésiastique laissent supposer que des églises peuvent être gouvernées par un collège épiscopal ou presbytéral, ces textes ne prêtent pas à une conclusion positive. De très bonne heure, on voit partout les églises sous la

1. *Lettre aux Magnésiens*, VI.
2. *Lettre aux Smyrnéens*, VIII, IX.

haute direction d'un chef unique, qui est l'évêque, assisté lui-même par des prêtres et des diacres [1].

La cité ne compte en conséquence qu'une paroisse, la paroisse épiscopale. A Rome, il est vrai, dès le commencement du IIe siècle, le pape Évariste institue des *titres* presbytéraux, dont le pape saint Marcel, en 308, fixe le nombre à vingt-cinq [2]. Mais ces titres presbytéraux ne constituaient nullement de vraies paroisses. Les prêtres n'y célébraient pas le saint sacrifice. Ils ne s'y occupaient que du baptême, des exercices de la pénitence et de la sépulture des martyrs. Encore est-il certain qu'il ne s'agissait que de la préparation aux deux sacrements, la célébration du baptême et la réconciliation solennelle des pénitents restant des fonctions réservées à l'évêque [3]. Sous Innocent Ier (401-417), les prêtres établis dans les cimetières, hors de la ville, avaient seuls le droit de consacrer la sainte eucharistie, à cause de leur éloignement de l'église épiscopale. Quant à ceux qui desservaient les titres de la ville, ils ne pouvaient célébrer que sans consécration, et les diacres ou les acolytes leur apportaient le pain eucharistique consacré par l'évêque lui-même [4]. La règle était si exclusive à cet égard, que les Canons dits apostoliques, qui remontent au IVe siècle mais représentent une discipline antérieurement en vigueur, prononcent la peine de la déposition contre le prêtre qui, « au

1. Cf. DE SMEDT, *L'organisation des églises chrétiennes*, dans le *Congrès scientifique international des catholiques*, Paris, 1888, t. II. p. 297-338.
2. *Liber pontificalis*, édit. Duchesne, t. I, p. 55, 75.
3. Cf. DUCHESNE, *Liber Pontificalis*, t. I, p. 165, not. 6.
4. Cf. DE SMEDT, *loc. cit.*, p. 330.

mépris de son évêque, institue des réunions à part et élève un autre autel [1] ».

A l'assemblée présidée par l'évêque se rendaient, le dimanche, les chrétiens de la ville et ceux de la campagne avoisinante. Saint Justin [2], raconte la manière dont les choses se passaient au milieu du IIe siècle. « Le jour qu'on appelle du Soleil, tous ceux qui habitent les villes et les champs se réunissent dans le même lieu. On y lit les écrits des apôtres et ceux des prophètes, autant que le temps le permet. Ensuite, quand le lecteur a fini, celui qui préside prend la parole pour exhorter à l'imitation des grandes choses qui ont été lues. Puis, nous nous levons tous pour prier, et, la prière terminée, on offre le pain, le vin et l'eau. Celui qui préside fait entendre des prières et des actions de grâces de toutes ses forces; le peuple crie : *Amen.* On distribue alors ce sur quoi l'action de grâces a été prononcée; chacun de ceux qui sont présents y prend part, et on l'envoie aux absents par les diacres. » Il n'y a donc alors qu'un lieu de réunion commun aux fidèles de la ville et à ceux de la campagne. Il n'en pouvait guère être autrement à une époque où le christianisme n'exerçait son action que dans les centres urbains et dans leur voisinage immédiat.

Alexandrie d'Égypte, centre intellectuel dans lequel les Juifs s'étaient établis en très grand nombre, devint de bonne heure un siège épiscopal autour duquel le christianisme se développa rapidement. Dans cette ville, on constate dès le IIIe siècle une

1. Can. XXXII; cf. HEFELE, *Histoire des Conciles*, trad. Delarc, t. I, p. 626.
2. *Apologie*, I, 67, *P. G.*, t. VI. c. 430.

division ecclésiastique qui donne déjà l'idée de paroisses distinctes. La cité même possède plusieurs églises, qui toutes relèvent naturellement de l'autorité épiscopale, mais qui sont desservies par plusieurs prêtres, dont l'un est le chef. En 318, Arius dirigeait l'église alexandrine de Baukalis, quand il se mit à dogmatiser contre la divinité de Jésus-Christ. Alexandrie était peut-être, après Rome, la ville la plus importante où prospérât le christianisme. Il n'est donc pas étonnant qu'on y eût institué aussi des titres presbytéraux, et même que l'éloignement du pouvoir central y permît un développement religieux plus rapide et plus étendu que dans la capitale de l'empire.

Ces églises d'Alexandrie ne suffisaient pas au concours du peuple chrétien. Saint Athanase[1], au milieu du IVe siècle, dit que, pendant les réunions du carême, on s'y pressait en telle foule que plusieurs fidèles furent presque écrasés. Aussi, pour le jour de Pâques, les chrétiens alexandrins voulurent-ils que l'office pontifical fût célébré dans une grande église que faisait bâtir l'empereur, mais qui était encore inachevée. A défaut de ce local, ils préféraient faire un long chemin et aller célébrer la fête en pleine campagne. Il résulte de ce fait que, du moins dans les grandes solennités, tout le peuple se réunissait dans l'église épiscopale, bien qu'il y eût plusieurs autres églises dans la ville. Le saint évêque remarque que la réunion de toute la multitude dans un édifice suffisant était bien préférable à des réunions partielles dans des locaux trop étroits, que l'affluence ren-

1. *Apologie à Constance*, 14, 15, 16, *P. G.*, t. XXV, col. 611-615.

dait dangereux. L'assemblée de tous les fidèles d'une grande cité sous la présidence de leur pasteur principal rendait plus manifeste la puissante unité de l'Église aux yeux des chrétiens et des païens eux-mêmes.

La coutume de ne célébrer qu'un office pour tous les fidèles aux jours de grande fête se perpétua longtemps. En 445, le pape saint Léon[1] écrivait à Dioscore, évêque d'Alexandrie, pour lui recommander de ne pas se borner à une messe célébrée dans une basilique, les jours de solennité où afflue la multitude; car beaucoup sont privés d'y assister. Mais « il faut que la célébration du sacrifice soit successivement réitérée autant de fois que la basilique dans laquelle on officie se remplit d'une nouvelle assistance ». Le pape ajoute que telle est la coutume suivie à Rome d'après la tradition des anciens.

Ainsi, dans les deux grandes villes de Rome et d'Alexandrie, la paroisse épiscopale gardait encore, au milieu du ve siècle, ses droits exclusifs pour la célébration des fêtes principales. Les réunions de moindre importance se tenaient dans les églises particulières, là où il en existait, soit dans la ville même, soit dans des bourgs assez peuplés, à distance du centre épiscopal. Des églises de cette sorte sont signalées, dès le commencement du IVe siècle, dans les environs d'Alexandrie et dans d'autres contrées. Mais pour que la prééminence de la paroisse épiscopale se maintienne ainsi à cette époque, même dans les cités où se sont fondées d'autres églises, il faut que la centralisation ecclésiastique et liturgique ait

1. *Epist.* IX, 2, P. L., t. LIV, col. 626.

été la règle à peu près invariable partout où résidait un évêque. C'est en effet ce que l'on constate dans tous les pays, jusqu'à l'établissement d'églises rurales trop éloignées pour que les fidèles puissent se rendre à la ville.

Cette centralisation ne présentait pas alors de graves inconvénients. L'exemple d'Alexandrie montre que l'affluence était considérable les jours de fête. Elle diminuait certainement les dimanches ordinaires, le précepte de l'assistance au sacrifice eucharistique n'ayant pas encore la rigueur que l'Église lui a assignée par la suite. Les chrétiens d'une cité n'étaient pas toujours très nombreux. Plusieurs se montraient négligents; dès l'âge apostolique, on est obligé de reprendre ceux qui ont coutume de déserter les assemblées[1]. Enfin, bon nombre de croyants de cette première époque se contentaient de rester catéchumènes, c'est-à-dire aspirants au baptême. Dans un intérêt trop égoïste, ils ne recevaient le sacrement qu'à l'heure de la mort et, dès lors, restaient exclus de l'assistance au sacrifice proprement dit pendant toute leur vie. On s'explique ainsi que la seule église épiscopale ait pu suffire aux besoins religieux d'une cité. Les titres presbytéraux institués dans les grandes agglomérations urbaines suppléaient aux services que ne pouvait assurer l'église centrale.

Pendant les trois premiers siècles, la religion chrétienne fut traitée par les pouvoirs publics comme religion illicite. Il ne lui fut donc pas ordinairement possible de se bâtir des édifices spécialement adaptés aux nécessités de son culte. Mais les maisons anciennes se prêtaient aisément à cet usage. Munies

1. Hébreux, x, 25.

d'une entrée sur la voie publique, avec un atrium et une cour entourés de portiques, donnant accès sur des chambres isolées et des salles plus ou moins vastes, fréquentées d'ailleurs par des clients nombreux dont les allées et venues n'étonnaient personne, les demeures des personnes riches ou simplement aisées pouvaient en général fournir un abri commode et sûr aux réunions chrétiennes, un logement pour l'évêque et ses ministres, des locaux appropriés à la garde des objets que nécessitait l'exercice du culte et de la charité.

A Rome, les maisons de quelques patriciens convertis furent mises par leurs possesseurs à la disposition des pasteurs de l'Église. « C'était quelque chose d'assez compliqué, à la fois église, évêché, réfectoire, dispensaire, hospice. Cependant le local spécialement affecté au culte prit de bonne heure un relief spécial; les autres parties du bâtiment s'en détachèrent peu à peu et ne participèrent point à son caractère sacré »[1]. Cet ensemble composait le centre matériel de la paroisse épiscopale; il abritait les organes déjà nombreux de l'action spirituelle et de la bienfaisance corporelle exercées par l'Église. Il en était de même partout où la foi chrétienne avait conquis des adeptes. Pline le Jeune[2] informe Trajan que les chrétiens de Bithynie « se réunissaient avant l'aurore, à un jour fixé, et tous ensemble disaient un chant au Christ comme à un Dieu ».

Mais, dans les grandes villes, on ne se contentait pas de l'église centrale et des titres presbytéraux qui en dépendaient directement. Dès la fin du IIe siècle,

1. DUCHESNE, *Origines du culte chrétien*, Paris, 1903, p. 400.
2. *Epist.* X, 97.

on trouve les chrétiens en possession de cimetières et de différents biens immobiliers. La loi romaine était très respectueuse pour les domaines funéraires. Autour des lieux de sépulture, on pouvait élever toutes sortes de constructions, logements de gardiens, salles de réunions pour les festins et les sacrifices que les riches patriciens ne manquaient pas d'ordonner par testament pour certains anniversaires. Les sépultures elles-mêmes étaient sacrées et inviolables. Aux environs de Rome, en particulier, différentes associations religieuses possédaient leurs cimetières où l'on se rassemblait en toute sécurité. Les chrétiens profitèrent de ces facilités. On les vit affluer autour des sépultures de certains patriciens, qui, devenus disciples du Christ, ménageaient dans leur domaine funéraire une double hospitalité à leurs frères dans la foi, celle de la tombe à ceux qui étaient morts, celle de leurs substructions ou de leurs édifices extérieurs aux vivants qui voulaient célébrer leur culte sans être troublés. Dès l'origine du christianisme dans la capitale, les chrétiens purent se servir de ces refuges, sous la protection des riches patriciens, qui en étaient légalement propriétaires. Le cimetière Ostrien où saint Pierre établit son siège, celui de Lucine, les catacombes de Priscille et de Domitille, furent ainsi successivement mis à la disposition des fidèles, qui venaient y assister aux services funèbres, à l'inhumation de leurs martyrs, à l'oblation du sacrifice eucharistique et à la célébration des agapes funéraires dont l'usage persévéra jusqu'à la fin du IVe siècle [1].

1. Cf. DUCHESNE, *Les origines chrétiennes*, Paris, 1881, p. 390-396.

Toutefois la jouissance de ces lieux de réunion et de culte resta précaire durant toute la période des persécutions. Quand la violence prenait le dessus, l'État confisquait les églises, les cimetières et les autres propriétés immobilières, comme biens détenus par une association illégale. Telle était en effet la condition de la religion chrétienne au regard de la loi romaine. Dans les temps d'accalmie, les empereurs eux-mêmes fermaient les yeux sur l'illégalité et montraient une certaine bienveillance à l'égard de l'Église.

Ainsi, vers l'an 230, sous Alexandre Sévère, qui avait l'image du Christ dans son oratoire, une contestation s'éleva au sujet d'un terrain que les chrétiens occupaient auprès de Rome et que des cabaretiers leur disputaient. L'empereur confirma les premiers dans leur possession, en observant qu'ils y honoraient la divinité à leur manière, ce qui valait toujours mieux que ce qu'y feraient des cabaretiers [1].

Après la persécution de Valérien et la saisie par le fisc des propriétés de l'Église, l'empereur Gallien écrivit à Denys, évêque d'Alexandrie, et à ses collègues pour qu'on les remît en possession des biens qu'on leur avait pris et qu'on ne leur causât à l'avenir aucun désagrément [2].

A Antioche, Paul de Samosate, devenu hérétique et déchu de l'épiscopat, entendait garder la jouissance de l'église et des propriétés contiguës. Les catholiques en appelèrent à l'empereur Aurélien. Celui-ci, avec un parfait bon sens, trouva la vraie règle qui doit présider à la dévolution des biens

1. LAMPRIDE, *Alexandre Sévère*, 49.
2. EUSÈBE, *Histoire ecclésiastique*, VII, 13.

ecclésiastiques. Il décida que les locaux contestés devaient appartenir à ceux qui étaient en relation avec les évêques d'Italie et le pontife de Rome [1].

En dépit des rigueurs de la législation, les différentes communautés chrétiennes possédaient donc les biens nécessaires à leur existence et à leur fonctionnement. La question est mise hors de doute par le texte de l'édit de Milan, en 313, portant que restitution sera faite aux chrétiens de tous les immeubles qu'ils possédaient. Constantin et Licinius y disent : « Nous décrétons que les locaux dans lesquels ils avaient coutume de se réunir antérieurement, qu'ils aient été achetés au fisc ou à quelque particulier, soient restitués aux chrétiens sans qu'ils aient à payer ni à solder aucune plus-value, et cela sans délai ni détour. Ceux qui ont reçu ces locaux en don les remettront de suite aux chrétiens... Et comme on sait que les chrétiens, outre les locaux dans lesquels ils se réunissaient, en possédaient encore d'autres, qui n'appartenaient pas aux particuliers, mais à la communauté elle-même, il faudra, en vertu de la loi par nous portée, les faire restituer sans hésitation aux chrétiens, c'est-à-dire à chaque corps et chaque assemblée formés par eux. On tiendra compte de ceci, que ceux qui ont à restituer sans pouvoir exiger de prix s'en remettront à notre bienveillance pour obtenir une indemnité [2]. »

De tout ce qui précède peut se dégager l'idée de ce que fut, dans les trois premiers siècles, le groupement

1. Eusèbe, *Histoire ecclésiastique*, VII, 30.

2. Eusèbe, *Histoire ecclésiastique*, X, 5; Lactance, *De la mort des persécuteurs*, 48; P. Fourneret, *Les biens d'Église après les édits de pacification*, Paris, 1902.

religieux qui constituait dans chaque ville la seule paroisse alors connue, la paroisse épiscopale. A la tête de la communauté se trouvait l'évêque, assisté de ses prêtres et de ses diacres, formant ce que l'on appelait le *presbyterium*. L'évêque rassemblait tous ses fidèles autour de lui, surtout aux jours de fête, et ceux-ci accouraient non seulement de la ville, mais aussi des campagnes voisines. Les églises secondaires, bâties dans les villes considérables, n'étaient que des annexes de l'église épiscopale et ne constituaient pas encore des centres religieux indépendants. Pour l'entretien de ses ministres, les besoins de son culte, l'assistance de ses pauvres et de ses vieillards, l'Église était obligée de posséder des bâtiments et des biens meubles. Malgré les difficultés créées par la législation en vigueur, elle arriva à ses fins, au moins en fait; elle réussit même à posséder collectivement, comme personne morale, sauf à être périodiquement dépouillée par ses persécuteurs.

Cet état initial réunit déjà les principaux éléments qui concourront avec le temps à la constitution de la paroisse.

CHAPITRE II

LA PAROISSE DU IVe AU VIe SIÈCLE

A des dates très différentes, suivant les lieux, les chrétiens des villes passèrent de l'état de faible minorité à celui de majorité de plus en plus considérable. Cette transformation progressive arriva à son terme à peu près partout dans le cours du IVe siècle. La constitution hiérarchique de la paroisse épiscopale n'en fut pas modifiée sensiblement. On se contenta d'augmenter le nombre des ministres sacrés, prêtres et diacres, toujours sous la direction immédiate de l'évêque. A Rome, sous le pape Corneille, en 251, on ne comptait que 46 prêtres [1]. Ils étaient moins nombreux encore dans les cités de second ordre. Il fallut les multiplier en proportion des conquêtes réalisées par la prédication évangélique.

L'évêque n'en demeurait pas moins le seul chef ecclésiastique de la cité. Celle-ci avait ses limites nettement définies par le cadastre de l'empire; mais les circonscriptions étaient d'étendues fort inégales. En Afrique, dans l'Italie méridionale, dans l'Asie Mineure occidentale, les villes, très rapprochées les unes des autres, n'avaient autour d'elles qu'une

1. EUSÈBE, *Histoire ecclésiastique*, VI, 43.

étroite banlieue. Ailleurs, au contraire, particulièrement en Gaule, les cités équivalaient à des provinces; telles étaient, par exemple, celles de Bourges, de Poitiers, et bien d'autres. L'Église adopta sans difficulté cette délimitation civile. On admit en général que toute cité devait constituer une circonscription ecclésiastique et avoir un évêque [1].

La cité à son tour, au moins en Gaule, se subdivisait. Elle comprenait des *pagi* ou cantons, des *castra* ou petites villes fortifiées, des *vici* ou villages et de très nombreuses propriétés rurales appelées *villæ*. En réalité, la cité représentait une ancienne unité ethnique, qui avait été dépouillée de son autonomie, mais dont les éléments conservaient une grande force de cohésion. La cité avait un chef-lieu, *urbs*, la ville principale; mais les *pagi* et les *vici* n'étaient pas subordonnés au chef-lieu ; ils faisaient partie, au même titre que lui, de la cité [2].

L'évêque de la cité avait son siège dans la ville principale. C'est là, auprès de lui, que se réunissaient le dimanche et les jours de fête les fidèles de la ville elle-même, ceux des *pagi* et des *vici*, autant du moins que la distance le permettait. En Illyrie et en Phrygie, des tentatives furent faites pour obtenir l'institution d'évêques dans des localités moins importantes de la cité. Le concile de Sardique, en 347 (can. 6), et celui de Laodicée, entre 343 et 381 (can. 57), défendirent d'agir ainsi, afin de ne pas rabaisser la dignité épiscopale. En Occident, des réclamations analogues se produisirent, mais beaucoup

1. Duchesne, *Origines du culte chrétien*, p. 12, 13.

2. Fustel de Coulanges, *Histoire des institutions politiques de l'ancienne France, la Gaule romaine*, p. 228-238.

plus tard. Un concile d'Aix-la-Chapelle, en 789 (can. 19), y coupa court en renouvelant l'interdiction de Sardique. La cité devint donc généralement, au point de vue de l'administration ecclésiastique, ce que l'on a appelé depuis le diocèse.

Mais il était impossible que le diocèse se confondît indéfiniment avec la paroisse épiscopale. Les groupes chrétiens devinrent de plus en plus nombreux hors de la ville; les fidèles épars dans les petites localités de la cité ne purent longtemps se résigner à n'avoir d'autre église que l'église urbaine. Il fallut songer à donner satisfaction à leurs désirs d'autant plus légitimes qu'ils accusaient ou favorisaient une plus grande diffusion de la foi chrétienne. Des églises nouvelles, centres de petites paroisses rurales, s'élevèrent peu à peu, par la force même des choses, sans que jamais l'évêque intervînt pour fractionner systématiquement son diocèse et créer à l'avance des circonscriptions paroissiales.

Dès le IVe siècle, surtout après la paix rendue à l'Église, et même dès la fin du IIIe, en Orient, des églises rurales rassemblent les fidèles trop éloignés du centre épiscopal. L'évêque les visite de temps en temps; il y envoie des prêtres, dont quelques-uns finissent par se fixer au milieu du petit troupeau. Saint Épiphane [1] mentionne un prêtre, nommé Triphon, qui était attaché au bourg de Diodoris, dans le *pagus* de Carrhes, en Mésopotamie. En 314, le synode d'Ancyre (can. 13), en Galatie, défend aux chorévêques d'ordonner des prêtres ou des diacres. Les chorévêques, que ce synode est le premier à nommer,

1. *Hérésies*, 66, *P. G.*, t. XLII, col. 46.

étaient des évêques de campagne ou vicaires épiscopaux, auxquels l'évêque de la cité déléguait certains de ses pouvoirs à exercer dans les campagnes. S'il leur est défendu d'ordonner des prêtres et des diacres, c'est que l'évêque se réservait cette ordination non seulement pour les besoins de la ville, mais encore pour ceux des églises de campagne. Celles-ci avaient déjà leurs prêtres distincts. A peu près à la même époque, le synode de Néocésarée (can. 13), en Cappadoce, ne veut pas que les prêtres de la campagne offrent le saint sacrifice dans l'église urbaine, quand l'évêque ou les prêtres de la ville sont présents. Ces prêtres de campagne supposent nécessairement l'existence d'églises rurales, dans lesquelles ils célèbrent, et les églises ainsi desservies ont autour d'elles un groupement qui n'est autre qu'une paroisse.

En Occident, les petits centres religieux se multiplient à la même époque. Le concile d'Arles en 314, (can. 18, 21), parle de « diacres urbains », ce qui permet de conclure à l'existence de diacres de campagne, et il défend aux prêtres et aux diacres, sous peine de déposition, de quitter le lieu où ils ont été fixés pour passer dans un autre. Ce n'est pas seulement le diocèse, c'est la paroisse qu'il est défendu d'abandonner. La paroisse rurale existe donc déjà. Sans doute, pendant le IVe siècle, il s'agit surtout en Gaule de créer des diocèses dans les cités qui n'ont pas encore d'évêque. Mais dans les plus anciens diocèses, principalement dans le midi, les paroisses apparaissent dès cette époque. Du moins, à défaut de documents certains, les synodes tenus au Ve siècle dans les différentes régions de la Gaule permettent de croire que les églises rurales dont ils s'occupent ne sont pas toutes de création récente.

Les fondations les plus certaines du IVe siècle sont dues à l'activité extraordinaire de saint Martin, avant lequel les campagnes du centre et de l'ouest de la Gaule ignoraient à peu près complètement le nom du Christ [1]. Le saint évêque de Tours établit des paroisses rurales, avec des prêtres pour les desservir, à Amboise, Langeais, Sonnay, Chisseau, Saint-Pierre-de-Tournon et Candes. Ses successeurs, saint Brice et Eustochius, en fondèrent neuf autres. La plupart de ces églises rurales étaient bâties à proximité d'une voie romaine. La population ne vivait guère alors, en dehors des villes, que dans les grands domaines agricoles. Pour traiter leurs affaires en commun, les cultivateurs se réunissaient volontiers aux carrefours formés par les voies de communication. C'est donc là que les prédicateurs de la foi les trouvaient plus facilement. Ils y élevèrent des oratoires et des églises ; le magistrat civil vint y rendre la justice à des époques déterminées. Telle fut l'origine d'un très grand nombre de bourgs qui devinrent des paroisses. De fait, celles qu'établit saint Martin étaient toutes sur des voies romaines [2].

Commencée dans la Narbonnaise et dans la région de Tours dès le IVe siècle, la fondation des paroisses rurales subit un arrêt en Gaule par le fait de la crise arienne, qui concentra sur la défense de la foi tous les efforts des évêques. A la fin du siècle, sous Gratien et Théodose, elle reprit pour se continuer acti-

1. SULPICE SÉVÈRE, *Vie de saint Martin*, 13.
2. LECOY DE LA MARCHE, *Saint Martin*, Tours, 1881, p. 215-217.

vement pendant tout le cours du siècle suivant. L'instabilité causée par les invasions barbares et l'hostilité des peuples hérétiques qui traversaient ou occupaient le pays, contribuèrent bien à paralyser l'œuvre commencée. Mais la conversion des Francs et l'extension de leur domination sur le pays gallo-romain ramenèrent la sécurité. L'organisation ecclésiastique put dès lors se développer et s'affermir sans entraves.

Les évêques furent incontestablement, en Gaule, les premiers fondateurs des églises rurales. La paix de l'Église leur avait permis d'acquérir, par donation ou par achat, des domaines ou *villas* plus ou moins considérables. Rien ne pouvait mieux affirmer et sauvegarder leur droit de propriété que l'établissement d'églises dans ces domaines, en même temps que la conversion de ceux qui les cultivaient répondait aux plus chers désirs de leur zèle. Même dans les localités où ils ne possédaient pas, ils avaient à cœur de faire triompher la foi chrétienne, d'établir un lieu de culte et de placer un prêtre pour le service spirituel des habitants. Après saint Martin, l'histoire signale, parmi les plus zélés fondateurs d'églises, saint Hilaire, d'Arles; Élaphius, de Rodez; Patiens, de Lyon; saint Germain, d'Auxerre; saint Waast, d'Arras; saint Césaire, d'Arles; Marachaire, d'Angoulême et saint Sulpice, de Bourges. La plupart des centres religieux qui devinrent des paroisses sont dus à leur initiative.

Les grands propriétaires de *villas* imitèrent les évêques. Le lien religieux, maintenu par la présence et l'action d'un prêtre, devait puissamment contribuer à attacher au sol les hommes qui dépendaient d'eux. Ils construisirent donc des oratoires, y établirent un prêtre et firent de leur domaine une paroisse. Ainsi voit-on le prêtre saint Sévère bâtir un oratoire sur sa terre de Serre, dans le Bordelais [1], et le faire desservir par un chapelain. Ainsi firent également saint Paulin de Nole et Sulpice Sévère dans les domaines dont ils étaient les propriétaires. Le prêtre établi dans l'oratoire de la *villa* était « l'homme » du grand propriétaire, et le service qu'il rendait, bien que d'un ordre supérieur aux services des autres fonctionnaires du domaine, relevait du maître au même titre que les leurs. L'évêque n'intervenait que pour le spirituel. « De même que le village moderne est dérivé le plus souvent d'un ancien domaine, de même l'église paroissiale est dérivée très souvent de la chapelle privée d'un grand propriétaire [2]. »

Avec ou même sans le concours des riches patrons qui leur assuraient protection, les habitants des *vici*, petits propriétaires, marchands, artisans, tinrent souvent à posséder aussi leur église et à ériger leur bourg en paroisse indépendante. Leur rôle n'a pas laissé de traces dans l'histoire. Tout porte à croire cependant que, quand ils l'ont pu, ils ont contribué à fonder des centres religieux.

Enfin, à partir de la seconde moitié du ve siècle, les moines commencèrent à s'établir dans les solitudes qui occupaient la plus grande partie du sol de l'ancienne Gaule. Après avoir défriché des forêts ou mis en valeur des terres incultes, ils érigeaient

1. Grégoire de Tours, *De la gloire des confesseurs*, 50.
2. Fustel de Coulanges, *Histoire des institutions politiques de l'ancienne France; la Monarchie franque*, Paris, 1888, p. 519.

une modeste chapelle pour prier. Bientôt des populations accouraient autour d'eux des *vici* et des *villas*, pour partager leurs travaux, s'édifier à leur contact, et trouver à l'ombre de leurs monastères et de leurs églises un peu de sécurité et de paix, avec l'assurance de ne point manquer du nécessaire tant pour le corps que pour l'âme. Ainsi s'élevèrent de toutes parts des hameaux, des villages et de petites cités qui devaient aux moines leur existence. Ces créations étaient la conséquence du travail et du dévouement mis en commun, là où presque toujours eussent échoué les efforts individuels. L'église des moines s'ouvrait naturellement aux hommes occupés dans leurs fermes et à la population d'artisans et de cultivateurs groupée autour d'eux. Ils prodiguaient leurs soins spirituels à ces âmes souvent plus incultes que les terres qu'ils défrichaient. Telle fut l'origine d'un très grand nombre de paroisses. Aujourd'hui les moines sont méconnus et calomniés dans une multitude de centres florissants qui leur doivent l'existence.

Les évêques ne pouvaient que voir d'un bon œil cette action des moines, surtout à ses débuts. Le clergé séculier était encore trop clairsemé pour suffire aux besoins des établissements nouveaux. Le recrutement des clercs parmi les serfs ne laissait pas que d'être assez laborieux. Les évêques étaient donc heureux de pouvoir compter sur les moines pour les paroisses de création récente. Ces derniers furent même amenés à en patronner beaucoup d'autres, quand les seigneurs laïques durent abandonner celles dont ils s'étaient emparés.

L'emplacement des églises rurales était fréquemment déterminé par une circonstance extérieure que les chrétiens ne pouvaient négliger. En bien des endroits subsistait un vieux sanctuaire idolâtrique, auquel s'attachaient les souvenirs de l'ancien culte, encore trop vivants en certaines âmes. Dans un but de préservation morale, les évêques, autorisés d'ailleurs par la législation impériale [1], démolissaient les édifices païens et les remplaçaient par des oratoires chrétiens. D'autres fois, on choisissait le lieu consacré par la tombe d'un saint, illustré par son séjour ou son passage, sanctifié par la présence de ses reliques ou signalé par quelque miracle dû à son intervention. Là s'élevait l'église ; le saint en était le titulaire et devenait le patron céleste et le protecteur-né de la population qui vivait à l'ombre de son sanctuaire. Les saints les plus populaires, ceux surtout qui avaient parcouru le pays en missionnaires, donnèrent leur nom à un grand nombre d'oratoires ou d'églises. En France seulement, il y a aujourd'hui 3675 églises paroissiales sous le vocable de saint Martin, et 485 bourgs, hameaux ou villages portent encore son nom [2].

Pour constituer la paroisse, l'église ne suffisait pas. Il fallait autour de cette église une circonscription territoriale déterminée. Les textes anciens ne permettent d'identifier la paroisse ni avec le *pagus* romain ou canton, ni avec le *vicus*, ni avec la *villa*. Toutefois on signale bon nombre de *vici* qui sont devenus des paroisses ; des *villas*, soit isolées, soit groupées, ont eu la même fortune. Dès lors il est naturel d'admettre que les limites de ces *vici* et

1. *Code de Théodose*, XVI, 10, 25.
2. Lecoy de la Marche, *Saint Martin*, p. 500.

de ces *villas* ont aussi été celles des paroisses. C'est pourquoi l'étendue de ces dernières était aussi variable que celle des bourgs et des domaines primitifs. Les anciennes paroisses de Sirod, de Pontarlier, de Morteau, ont pu depuis être fractionnées chacune en onze autres; celle de Métisey renferme aujourd'hui quinze communes, une cure et onze succursales [1]. En beaucoup d'autres endroits, les premières paroisses eurent des limites très étendues. Mais celles-ci ne purent être fixées qu'avec le temps, quand la multiplication des églises et la nécessité où elles se trouvèrent de faire face à leurs charges diverses, obligea à déterminer pour chacune d'elles un champ d'action définitif.

D'autre part, pour répondre aux besoins spirituels des fidèles de plus en plus nombreux, il fallut mettre à leur disposition des pasteurs qui fussent totalement à leur service avec les pouvoirs nécessaires pour les dispenser de recourir sans cesse à la ville. Dans le principe, il y eut des paroisses qui n'eurent pour les desservir que de simples diacres. Le concile d'Agde, en 506 (can. 49), le suppose formellement. Les diacres pouvaient remplir certaines fonctions purement liturgiques; mais ils ne disaient pas la messe, pour l'audition de laquelle il fallait se rendre à la ville, ils n'administraient pas les sacrements et ils ne prêchaient pas. On voit par le concile de Tarragone (can. 7), célébré dix ans plus tard en Espagne, que dans certaines paroisses de campagne, un diacre alternait avec un prêtre pour le service hebdomadaire, mais que, le dimanche, prêtre, diacre et clercs de-

1. Morey, *Notes historiques sur les curés de campagne en Franche-Comté*, p. 4.

vaient être présents, ce qui permet de conclure que la messe était célébrée. L'insuffisance de leurs pouvoirs pour l'utilité des fidèles fit que les diacres finirent par être éliminés des paroisses rurales. Les prêtres des *vici* importants ou éloignés furent les premiers à y pouvoir célébrer le saint sacrifice. On leur donnait le nom de *plebani* ou de *parochi*. Ceux qui desservaient les chapelles des *villas*, considérés comme attachés au service de particuliers, n'y pouvaient célébrer les jours de grande fête[1]. Le concile d'Orléans, en 511 (can. 25), défend de célébrer dans les *villas* à Pâques, à la Pentecôte et à Noël. Seuls, les prêtres malades y sont autorisés. Le concile de Clermont (can. 14), en Auvergne, renouvelle la même prohibition pour les prêtres des *villas* qui n'appartiennent ni au clergé de la ville, ni à celui de la campagne. Des oratoires de *villas* pouvaient donc être déjà desservis par les membres du clergé des paroisses; les *villas* à leur tour devinrent ensuite des paroisses, quand leur importance se fut accrue.

Ainsi, peu à peu, les prêtres des *vici* et même ceux des *villas* furent dégagés de l'obligation de se rendre auprès de l'évêque pour l'exercice de leurs fonctions et spécialement pour la célébration du sacrifice dominical. En même temps, et toujours pour la plus grande commodité des chrétiens éloignés de la paroisse épiscopale, leurs pouvoirs reçurent des accroissements successifs. Déjà, en 402, le synode romain d'Innocent I (can. 7) avait attribué au prêtre et au diacre le droit de baptiser au nom de l'évêque dans le temps pascal, et au prêtre seul celui de baptiser

1. Concile d'Agde, can. 21.

en tout temps dans les cas pressants. Plus d'un siècle après, en 529, le second synode de Vaison (can. 2), dans la province d'Arles, fit une obligation aux prêtres des villes et des campagnes de prêcher dans toutes les églises, tandis que dans les âges précédents cet office était réservé à l'évêque. Les chefs de ces églises avaient d'ailleurs avec eux un personnel plus ou moins considérable de clercs et de diacres sur lequel ils avaient autorité, mais contre lequel ils ne pouvaient sévir à l'insu de l'évêque[1]. Ces clercs appartenaient en général à la paroisse même. Le second synode de Vaison disait dans son premier canon : « Dans les paroisses, tous les prêtres doivent, ainsi que la très salutaire coutume s'en est déjà introduite dans toute l'Italie, prendre dans leurs maisons les jeunes lecteurs qui ne sont pas mariés, afin de les instruire dans le chant des psaumes, dans les leçons de l'Église et dans la loi du Seigneur, pour se préparer par là d'habiles successeurs. » Cette prescription ne faisait que rappeler une constitution de l'empereur Honorius, en 398, en vertu de laquelle on ne devait ordonner comme clercs d'une église que des sujets originaires de la localité où se trouvait cette église[2].

« Le prêtre n'était pas ce qu'il est trop souvent de nos jours, un étranger envoyé dans une église qu'il doit quitter tôt ou tard. Il était né, avait grandi dans sa paroisse. Il sortait du milieu qu'il était appelé à gouverner. Mille liens, en dehors même des liens religieux, ceux de la famille, des intérêts, les souvenirs de l'enfance l'attachaient à ses fidèles. Il pouvait être un chef parce qu'il restait toujours un ami ; et comme

1. Ve Synode d'Arles, en 554, can. 4.
2. *Code de Théodose*, XVI, 2, 33.

l'évêque dans la cité, il pouvait se dire le représentant naturel d'hommes dont il était en même temps le concitoyen. Si on se rappelle maintenant qu'il ne pouvait espérer de changement, qu'il était pour la vie attaché à sa paroisse, qu'autour de lui se groupait un clergé, diacres, sous-diacres, clercs inférieurs, qu'il avait recruté et instruit, on comprend l'influence qu'il dut avoir [1]. »

A la paroisse, il fallait des ressources assurées pour l'entretien de son clergé et les dépenses qu'occasionnait le service religieux. D'ordinaire, elle était dotée par l'évêque ou le propriétaire qui fondaient une église sur leurs domaines. La dotation s'accroissait des donations faites par les fidèles. Mais l'évêque gardait la haute main sur les biens paroissiaux, soit pour en régler le partage, soit pour en empêcher l'aliénation. Le concile d'Orléans en 511 (can. 15), décida que les biens offerts à une paroisse par les fidèles devaient être mis sous la sauvegarde de l'autorité épiscopale, et le concile tenu en 517 à Épaon (can. 7), dans le diocèse de Vienne, déclara nulle la vente d'un bien d'Église et obligea l'acheteur à le rendre.

L'évêque avait droit au tiers des offrandes faites aux églises qui dépendaient de sa juridiction [2]. Mais à lui incombait la charge de nourrir et de vêtir les pauvres et les lépreux, de faire soigner les malades, de secourir et d'hospitaliser les étrangers et les

1. Imbart de la Tour, *Les paroisses rurales du IVe au XIe siècle*, Paris, 1900, p. 64. Le synode africain de Milève, en 402, avait défendu à tout clerc de quitter une église dans laquelle il avait exercé ses fonctions pour passer dans une autre.
2. Concile d'Orléans, en 511, can. 15.

clercs[1]. Les revenus qui restaient à la paroisse devaient servir à l'entretien des clercs et à la réparation de l'église[2]. Une partie était aussi employée à l'assistance des pauvres. Le concile de Tours, en 567 (can. 5), décide que chaque commune doit nourrir ses pauvres et que ceux-ci ne doivent pas courir çà et là dans les villes étrangères. C'est ce qui portait les évêques du troisième synode de Paris, en 557 (can. 1), à excommunier les détenteurs illégitimes des biens d'Église en les appelant « meurtriers des pauvres »[3].

La décentralisation progressive qui aboutit à l'autonomie des paroisses rurales aurait pu contribuer à relâcher les liens de l'unité hiérarchique. Mais la constitution de l'Église avait assez de souplesse pour n'avoir rien à craindre de l'organisation nouvelle. L'évêque seul pouvait ordonner les prêtres et les autres ministres de l'Église; il avait le droit de les reprendre et de les déposer. Il visitait leurs paroisses et veillait à ce que tout s'y passât conformément aux règles canoniques. Les prêtres et les diacres de la campagne ne pouvaient recevoir que de lui le chrême nécessaire à l'administration du baptême[4]. En tout, le clergé du diocèse restait sous sa dépendance immédiate. Les chorévêques qui apparurent en Occident au ve siècle, à l'imitation de ce qui se passait en Orient, et auxquels certains évê-

1. Conciles d'Orléans, en 511, can. 16; de Lyon, en 583, can. 6; de Tolède, en 589, can. 3; d'Aix-la-Chapelle, en 813, can. 12; etc.

2 Conciles de Carpentras, en 527; d'Orléans, en 538, can. 5.

3. Sur la propriété ecclésiastique à cette époque, voir Bondroit, *De capacitate possidendi Ecclesiæ necnon de regio proprietatis vel dispositionis dominio in patrimonio ecclesiastico ætate merovingica*, Louvain, 1900.

4. Concile de Vaison, en 442, can. 3.

ques déléguèrent plus ou moins totalement leurs pouvoirs, n'eurent qu'une existence éphémère et locale. Dès le VIIe siècle, les conciles limitèrent leurs attributions, et leur fonction disparut totalement au Xe [1]. Quant aux archiprêtres, assez souvent mentionnés à l'époque mérovingienne, ce sont en général les titulaires d'églises situées dans les *vici*, ayant juridiction sur des chapelles de *villas* avoisinantes qu'ils desservent à l'aide de leur clergé, et dirigeant eux-mêmes les prêtres, diacres et clercs qui composent leur communauté. Ils n'ont aucun pouvoir en dehors de leur circonscription paroissiale, et, sous ce rapport, ils demeurent les égaux des prêtres qui sont à la tête de centres religieux moins considérables. Les archiprêtres de cette époque ne sont donc pas des intermédiaires entre l'évêque et le reste du clergé. Leur titre paraît purement honorifique.

Les raisons qui avaient amené l'Église à accorder une assez grande autonomie aux prêtres des paroisses rurales n'existaient pas dans les villes où résidait l'évêque. Aussi les *titres* ou églises qui relevaient directement de son autorité mirent-ils beaucoup plus de temps à se transformer en paroisses. A Alexandrie, au IVe siècle, chaque église de la ville épiscopale avait son prêtre particulier, qui y exerçait le ministère ecclésiastique au profit de la population environnante [2]. Mais cette situation était exceptionnelle. A Rome et ailleurs, les prêtres urbains continuèrent longtemps à n'être que les délégués de l'évêque. Au VIe siècle, trois basiliques de Cons-

1. HEFELE, *Histoire des Conciles*, t. II, p. 164; MARTIGNY, *Dict. des antiquités chrétiennes*, Paris, 1877, p. 171.
2. S. ÉPIPHANE, *Hérésies*, LXIX, 1.

tantinople, celles de Sainte-Marie, de Théodore et d'Irène, n'avaient pas encore de clercs à elles ; des prêtres de l'église-cathédrale y venaient célébrer les offices[1]. Les prêtres délégués aux *titres* urbains virent progressivement étendre leurs pouvoirs et fixer leur situation. Au VIe siècle, ils offraient le saint sacrifice dans leurs églises. Une inscription de cette époque suppose toute une hiérarchie établie dans le *titre* romain de Saint-Chrysogone; elle nomme « les prêtres Pierre, prieur, Chrysogone, second, Catellus, troisième, et Gaudiosus, quatrième ». Le prieur ou premier était le titulaire, et les autres ses auxiliaires[2]. A Paris, où se tint un synode dès 360, il y avait une église épiscopale ou cathédrale, dédiée à saint Étienne, une église de Notre-Dame, contiguë à la précédente, un baptistère indépendant, sous le vocable de Saint-Jean le Rond, et d'autres oratoires qui, avec le temps, devinrent des paroisses distinctes.

Les paroisses urbaines durent attendre plusieurs siècles à jouir d'une autonomie analogue à celle des paroisses rurales. Ce qui caractérisait la paroisse proprement dite, c'était l'église avec sa circonscription territoriale, l'affectation de prêtres spéciaux au service de cette église, avec le droit d'autel et de baptistère, celui de prêcher, d'administrer les sacrements et de rendre aux fidèles, avec la juridiction ordinaire accordée par l'évêque, tous les services spirituels qu'ils étaient en droit de réclamer. Vers le Xe siècle, les chanoines qui menaient la vie régulière

1. *Novelles* de Justinien, II, 1.
2. MARUCCHI, *Éléments d'archéologie chrétienne*, Paris, 1902, t. III, p. 7 et 13.

auprès des cathédrales commencèrent à se fatiguer de cette existence assujettissante. Ils réclamèrent le partage des biens qu'ils possédaient en commun et finirent par obtenir gain de cause, malgré les efforts de certains évêques pour le maintien de la vie commune. Ceux d'entre eux qui entrèrent en jouissance des biens attachés aux églises urbaines se fixèrent naturellement auprès de ces églises et se mirent à les desservir dans les conditions où la cathédrale était desservie par ceux de leurs collègues restés auprès de cette église principale. Ces derniers firent opposition aux prétentions du clergé des églises urbaines. La force des choses triompha de leur résistance. Le concile de Limoges, de 1031,[1] décida qu'on pouvait baptiser et prêcher dans ces églises urbaines. Celles-ci furent ainsi constituées en paroisses analogues aux paroisses rurales.

1. MANSI, t. XIX, p. 543.

CHAPITRE III

LA PAROISSE DU VIIe AU XIe SIÈCLE

A partir du VIIe siècle, le régime paroissial se généralisa sur tout le territoire de l'ancienne Gaule. De nouveaux monastères se fondèrent alors en grand nombre et exercèrent une action décisive sur la diffusion du christianisme dans les campagnes, particulièrement dans la partie septentrionale du pays. Les moines créaient des paroisses sur leurs domaines. De leur côté, les évêques, dont les sièges s'étaient multipliés, continuaient à faire de même.

En même temps, le roi étendait ses domaines, les forêts étaient défrichées et les terres mises en valeur. Les *villas* nouvelles, créées pour le besoin de la culture, ne pouvaient se passer d'oratoires ou d'églises. Il arrivait ainsi que l'accroissement de la population obligeait à diviser des paroisses anciennes. Des *villas* dont les églises étaient jadis rattachées à celles des *vici* devenaient des paroisses à part ; des groupements de *villas* ne formant qu'une paroisse se désagrégeaient pour en former plusieurs, et même la *villa*, devenue trop considérable, se morcelait elle-même en autant de paroisses que le besoin l'exigeait. En somme, le roi, les évêques, les moines et les seigneurs travaillaient de concert à cette multiplication des paroisses. Leur but principal était d'attacher les populations à la terre qu'elles habitaient, en leur ménageant la facilité d'y remplir leurs obligations religieuses et d'y recevoir tous les secours spirituels et même temporels que l'Église assurait à ses fidèles. Mais chaque église ainsi fondée devenait le noyau d'une agrégation destinée elle-même à se perpétuer sur le sol de la France et de toute l'Europe chrétienne, sous forme de bourg ou de village.

Le *vicus* cessait dès lors d'être le principal siège de l'unité religieuse dans la campagne. De nombreuses paroisses, issues du morcellement des *villas*, devenaient les égales de leur aînée, et même, dès le VIIIe siècle, le terme de *vicus* commençait à tomber en désuétude, pour être remplacé par celui de *parœcia* ou *parochia* « paroisse ». Toutefois, l'Église veillait à ce que le morcellement des *villas* ou paroisses ne dégénérât pas en émiettement. Les *villas* étaient d'étendue très inégale. On n'y créait de nouvelles paroisses qu'autant que les ressources le permettaient et que le nombre des fidèles était suffisant pour occuper la vie d'un prêtre.

Tout dépendait d'ailleurs de la nature du pays. Dans les régions montagneuses ou à sol ingrat, la paroisse se composait d'une collection de hameaux. En Bretagne, la paroisse s'identifiait avec la *plebs* ou *plou*, groupe de hameaux ou de petits domaines. Quand la *plou* devenait trop populeuse, on la divisait elle-même en *trèves* ou *tref*, avec chapelle ou église appelée à devenir à la longue un centre paroissial.

L'autorité ecclésiastique tenait grand compte des

droits acquis en même temps que de l'utilité des populations.

Le concile de Meaux, en 845 (can. 54), invite les évêques à régler selon les lois canoniques et de manière honorable, sans revenir sur ce qui a été une fois établi, l'administration des titres cardinaux fondés dans les villes et les faubourgs. Ces titres cardinaux ne sont autre chose que des églises urbaines devenues paroisses. Hincmar [1], à la même époque, recommande instamment à ses archidiacres et leur ordonne même au nom du Christ de respecter la situation des églises de campagne, sans chercher à les unir ni à les diviser, pour plaire à un ami, favoriser un solliciteur ou s'assurer un gain. Il ne veut pas non plus qu'on réduise à l'état d'annexes des églises qui depuis longtemps ont un prêtre à leur tête.

Le curé de la paroisse continuait à être choisi parmi les membres de la communauté locale [2]. Le peuple indiquait son choix, l'évêque l'approuvait, ordonnait l'élu, s'il n'était encore que clerc, et le faisait installer par son archidiacre. Le curé était inamovible. L'évêque ne pouvait le déposer qu'en observant les règles prévues et pour des motifs déterminés d'avance. La loi ecclésiastique et la loi civile pourvoyaient au maintien de l'autorité et de l'obéissance à tous les degrés de la hiérarchie. Le concile d'Arles, de 813 (can. 17), oblige les évêques à visiter leurs paroisses une fois l'an. A la diète

1. *Capit. archidiaconis data*, P. L., t. CXXV, col. 799-804.

2. Ces communautés paraissaient indispensables. Saint Augustin, à Hippone, et saint Martin, à Tours, en avaient eu de semblables. Charlemagne souhaitait que tous les prêtres fussent « vrais moines et vrais chanoines », c'est-à-dire menant la vie en commun.

d'Aix-la-Chapelle, la même année, Charlemagne [1] confirme cette mesure et ordonne aux évêques d'améliorer ce qui laisse à désirer et, au besoin, d'en appeler à son autorité s'ils y sont impuissants. Chaque année, les curés se rendaient au synode épiscopal pendant le carême, y renseignaient le prélat sur la manière dont ils s'acquittaient de leurs devoirs, et en recevaient le chrême consacré, qu'il ne leur était pas permis de demander à un autre [2]. Au-dessous de l'évêque et en son nom, la surveillance sur les paroisses était exercée par l'archidiacre, qui était comme un vicaire général exerçant la juridiction épiscopale et s'occupant surtout du temporel des paroisses. Enfin, les doyens de l'époque carolingienne, succédant aux archiprêtres de l'époque précédente, exerçaient le contrôle sur les prêtres de leur district [3].

Malgré cette organisation, tout n'était certainement pas parfait dans la pratique. Souvent les règlements étaient transgressés; l'esprit d'indépendance portait certains prêtres à déserter leur poste et à errer sans vouloir être attachés à aucune paroisse. Ces désordres trouvent leur cause atténuante dans l'insécurité des temps.

Les églises paroissiales ont leurs charges et leurs ressources déterminées. Préoccupé d'assurer l'instruction des clercs, Charlemagne exige la création d'une école dans chaque cathédrale et chaque monastère. Il veut assurer même aux laïques la facilité de s'instruire. Le capitulaire de 802 invite les pères à envoyer leurs enfants aux écoles. Les évêques Théo-

1. *Excerpta canonum*, 16.
2. Concile de Vaison, en 442, can. 3.
3. HINCMAR, *Capit. decanis data*, P. L., t. CXXV, col. 111-119.

dulphe d'Orléans, Hérard de Tours, Hincmar de Reims, se préoccupent de fonder une école dans chaque paroisse, non plus seulement, comme jadis, pour la formation des jeunes clercs de la communauté presbytérale, mais pour tous les enfants de la *villa* ou du hameau. C'est le curé qui dirige l'école, par lui-même ou par quelqu'un de ses clercs. On y apprend à lire, à écrire et à chanter, et, pour cet enseignement, aucune rétribution n'est exigée.

En tous les temps et dans tous les pays, l'Église s'est fait honneur de prendre soin des pauvres avec une libéralité maternelle. Les textes sont innombrables sur ce sujet.[1] Le concile d'Aix-la-Chapelle de 816 (can. 16), s'inspirant de la règle de saint Chrodegang, indique en ces termes l'usage que l'Église faisait de ses biens : « Les fidèles, enflammés par l'ardeur de leur foi et l'amour du Christ, et ayant en vue le bien de leurs âmes et le désir de la céleste patrie, ont enrichi l'Église de leurs propres ressources, pour l'entretien des soldats du Christ, l'ornementation des sanctuaires, l'assistance des pauvres et le rachat des captifs suivant les circonstances. » La part des pauvres n'est pas seulement assignée en théorie[2]. Chaque paroisse a sa *matricule*, c'est-à-dire sa corporation de pauvres officiellement inscrits et secourus. On n'y admet que des paroissiens rendus inhabiles au travail par l'infirmité ou par l'âge. Le concile de Paris, de 829 (can. 31), oblige même l'évêque dont les revenus sont suffisants à abandonner aux églises paroissiales et à leurs pauvres la part qu'il avait

1. THOMASSIN, *Vetus et nova Eccles. disciplina*, III, III, cap. 26-33.
2. Concile de Nantes, en 658, can. 10 ; d'Aix-la-Chapelle, en 813, can. 12 ; de Mayence, en 847, can. 10 ; etc.

droit de prélever sur les dîmes et les offrandes locales. Les voyageurs et les étrangers ne devaient pas être oubliés, quand ils se trouvaient dans le besoin. Hérard de Tours [1] n'est que l'écho d'un grand nombre de conciles, quand il rappelle aux chefs de paroisse qu'il est de leur devoir d'exercer l'hospitalité et d'avoir grand soin des veuves, des étrangers, des orphelins et des malades. Il ajoute qu'ils auront chaque année à rendre compte de leur gestion charitable à l'évêque ou à ses représentants. L'assistance publique ainsi exercée dans les paroisses ne laissait pas que de constituer pour elles une lourde charge, dans un temps où la misère était fréquente.

L'entretien de l'église elle-même s'imposait aussi au clergé. C'était alors la maison commune, qui ne servait pas seulement aux réunions religieuses, mais dans laquelle se traitèrent abusivement des affaires purement civiles [2]. Le paysan y mettait son trésor en sûreté et s'y réfugiait à l'approche de l'ennemi. Le droit d'asile s'y exerçait en faveur du coupable digne de mort [3]. Les églises mérovingiennes, de construction très simple, peu solides et souvent en bois, ont péri par l'incendie ou les ravages des barbares et du temps. Celles qui échappèrent à ces causes de destruction furent trouvées trop modestes à l'âge suivant et remplacées par des édifices mieux construits. A l'époque carolingienne, les églises de bois furent encore nombreuses, avec une ornementation qui mêle ensemble les formes romaines et les conceptions barbares, tantôt géométriques et tantôt fantastiques.

1. *Capitulaire*, c. 18, 35.
2. Conciles d'Arles, en 813, can. 22 ; de Mayence, en 813, can. 40 ; etc.
3. Concile de Mayence, en 813, can. 39.

Quand on construisait en pierre, on s'appliquait à reproduire, autant que possible, le style et la décoration des églises de bois. Ces monuments, surtout dans les campagnes, étaient fort simples. Il reste en France quelques types des constructions carolingiennes, spécialement la petite église bien conservée de Germigny-les-Prés, voisine de Saint-Benoît-sur-Loire, celle de Savenières, en Maine-et-Loire, et d'autres [1]. Les églises ordinaires étaient loin de pouvoir défier le temps. Il fallait les réparer souvent, les remplacer quelquefois, les orner, les meubler, les mettre quelque peu à la hauteur de l'idée qu'elles représentaient.

Enfin, si les seigneurs laïques et les abbés des monastères élevaient de nouvelles églises dans leurs domaines, les curés étaient obligés de construire des chapelles de secours sur le territoire soumis à leur juridiction, quand le besoin de leurs paroissiens le requérait. Ces chapelles étaient desservies par les prêtres de l'église principale, dont plusieurs finissaient par résider dans la succursale avec le titre de vicaires perpétuels ou temporaires, en attendant que ces églises secondaires devinssent le centre de nouvelles paroisses.

Pour subvenir à ces charges multiples, les églises paroissiales empruntent leurs moyens à quatre sources distinctes : le domaine territorial [2], les dîmes, les offrandes et les droits divers payés par les paroissiens.

Chaque paroisse a un *mansus* légal, comprenant au minimum douze bonniers, soit environ seize hec-

1. C. Enlart, *Manuel d'archéologie française, Architect. relig.*, Paris, 1902, p. 125, 155.
2. Concile d'Orléans, en 541, can. 33.

tares de terre, une *curtis* ou ferme et quatre esclaves[1]. La dot apportée quelquefois par les clercs et les libéralités des fidèles augmentaient fréquemment ce premier fonds. Mais comme les biens d'Église étaient exempts de l'impôt et du service militaire, les rois interdirent de faire, sans leur autorisation, des donations qui les privaient eux-mêmes d'une partie de leurs droits. La paroisse peut concéder une partie de ses terres en précaire ou bail et en bénéfice, moyennant un cens annuel, avec retour des fonds à l'église après la mort du détenteur.

La seconde source de revenus ecclésiastiques est la dîme. Il est conforme à l'équité que ceux qui consacrent leur vie au bien spirituel du peuple reçoivent de lui ce qui est nécessaire à la vie corporelle. C'est là du reste une règle appliquée, dans l'intérêt général, à toutes les fonctions sociales. Un peuple est obligé d'entretenir les chefs qui le gouvernent, les soldats qui le défendent, les juges qui protègent ses droits, les maîtres qui l'instruisent, les artisans qui travaillent pour lui, en un mot tous ceux qui lui rendent quelque service. La société serait impossible sans cet échange réciproque des biens que chaque membre du corps social peut apporter à la communauté. L'Église, dont les ministres sont assujettis aux mêmes nécessités matérielles que les autres hommes, a toujours fait un devoir à ses fidèles de l'aider de leurs ressources. Saint Paul, faisant allusion à la dîme que prélevait le sacerdoce juif, écrit aux Corinthiens : « Ne savez-vous pas que ceux qui remplissent les fonctions sacrées vivent du temple, et

1. *Capitulaire* de 816, c. 10.

que ceux qui servent à l'autel ont part à l'autel? De même aussi le Seigneur a ordonné à ceux qui annoncent l'Évangile de vivre de l'Évangile[1]. »

Sans doute, cette nécessité de vivre de l'autel a créé pour le prêtre un double péril, celui de mécontenter les fidèles, dans les temps et dans les pays où leur foi et leur charité sont peu développées, et surtout celui d'outrepasser les droits que leur confère l'Évangile. « Si nous avons la nourriture et le vêtement, nous serons satisfaits », disait encore saint Paul[2]. Il faut évidemment davantage pour réaliser tout le bien spirituel et corporel que le prêtre est appelé à procurer. Mais son ministère sacré n'a jamais gagné à ce que de trop grands profits personnels y fussent attachés. Saint Jérôme[3] le remarquait déjà de son temps : « Des apôtres jusqu'à notre malheureuse époque, l'Église du Christ a paru au monde et a grandi; elle s'est accrue dans les persécutions et a été couronnée par les martyres; puis, arrivée aux princes chrétiens, elle a vu augmenter sa puissance et ses richesses, mais elle s'est amoindrie en vertus. » Le principe rappelé par saint Paul n'en garde pas moins son incontestable légitimité. Les Pères de l'Église les plus autorisés, saint Augustin, saint Épiphane, saint Grégoire de Nazianze, saint Grégoire de Nysse, saint Jean Chysostome, saint Césaire d'Arles, rappellent aux fidèles, avec autant de délicatesse que d'instance, le devoir qui s'impose à eux à ce sujet.

Les conciles s'occupent aussi des dîmes et pres-

1. I Corinthiens, IX, 13, 14.
2. I Timothée, VI, 8.
3. *Vie de Malchus*, 1.

crivent leur exact acquittement [1]. Ils ordonnent qu'il soit fait quatre parts du produit des dîmes, pour le clergé local, pour la fabrique de l'église, pour les pauvres et pour l'évêque [2]. Hérard de Tours [3] ne veut pas que les prêtres recueillent les dîmes par voie de procès et de querelles, mais seulement en rappelant publiquement l'obligation de les payer. La dîme est due à la paroisse par tous les habitants qui possèdent quelque bien sur son territoire. En 1078, un synode de Gérundum (can. 10), près d'Auch, prescrit de prélever la dîme au profit de l'église du district, même dans les localités habitées par des Juifs. Ceux-ci en effet n'ont pu acquérir une terre qu'en endossant les charges dont elle était grevée. Celui qui, avec l'assentiment de l'évêque, construit une église sur son domaine n'en est pas moins tenu à ne point priver l'église paroissiale de ses biens et de ses dîmes [4]. Quand une nouvelle paroisse est créée, l'évêque doit répartir les dîmes en conséquence [5].

La dîme porte sur toute terre, quelle que soit la condition des propriétaires et la manière dont ils possèdent. Elle atteint les produits du sol, le croît du bétail, et même le produit du travail industriel [6].

1. Conciles de Mâcon, en 585, can. 5; de Rouen, vers 650, can. 3; d'Aschaïm, en Bavière, en 754, can. 5; de Paderborn, en 785, can. 16; de Francfort, en 794, can. 25; de Frioul, en 796, can. 14; d'Aix-la-Chapelle, en 802, can. 7, et en 809, can. 10; d'Arles, en 813, can. 9; de Reims, en 813, can. 38; de Mayence, en 813, can. 38; de Châlon, en 813, can. 19; de Mayence, en 847, can. 10; de Soissons, en 853, can. 9; etc. Ainsi c'est dans tous les pays catholiques que la prescription de la dîme était en vigueur.

2. Conciles de Nantes, en 658, can. 10; de Mayence, en 847, can. 10; etc.

3. *Capitulaire*, 132.

4. Concile de Salz, en Franconie, en 803, can. 3.

5. Synode de Mayence, en 847, can. 11.

6. Conciles d'Arles, en 813, can. 9; de Trosly, près de Soissons, en 909, can. 6.

La dîme semble avoir été la principale source de revenu pour la paroisse. Si cette redevance paraît lourde, il ne faut pas oublier qu'elle servait à rémunérer des services sociaux très importants. D'ailleurs les paroisses n'ont guère pu s'assurer la jouissance intégrale de leur dîme. On la leur contesta de bonne heure et de puissants seigneurs ne tardèrent pas à en accaparer le profit.

Aux biens-fonds et aux dîmes s'ajoutent les oblations. Tous les dimanches, les fidèles offrent le pain et le vin[1]. D'autres offrandes en nature, rarement en argent, sont reçues pour l'église et pour les pauvres[2], surtout à l'occasion de certains événements heureux ou malheureux, ou bien en vue d'obtenir quelque faveur. L'ancien usage d'offrir les prémices de la récolte[3] se conserve également. Le tiers des offrandes présentées à l'autel des paroisses appartient à l'évêque[4].

Enfin, les prêtres de paroisse perçoivent certains droits pour l'administration des sacrements, les sépultures, la rédaction des actes passés devant le curé dans l'atrium de l'église, la réparation de sévices exercés contre un prêtre, etc. C'est par un abus condamnable que l'administration des sacrements est taxée. Cependant, malgré les objurgations réitérées de l'Église, les curés d'alors, victimes de rapacités qui les privent de leurs moyens légitimes d'existence, sont trop fréquemment obligés d'en venir à cette extrémité.

1. Concile de Mâcon, en 585, can. 4.
2. Synode de Francfort, en 794, can. 46.
3. *Canons apostoliques*, 5.
4. Conciles d'Orléans, en 511, can. 15; de Tarragone, en 516, can. 8, etc.

Ces biens d'Église sont administrés par le curé, sous la surveillance de l'évêque, qui d'ailleurs ne doit rien vendre des biens de la paroisse[1]. Un synode de Châlon, en 644 (can. 5), défend de confier à des laïques le gouvernement de ce patrimoine. « Ce qui a été fondé pour l'entretien des églises doit être administré conformément à la volonté du donateur, par l'évêque ou le prêtre, ou bien par les clercs qui desservent cette église[2]. » La fabrique n'est alors que la réunion de ces clercs qui s'occupent de la gestion du temporel paroissial, sous la direction du curé et la haute surveillance de l'évêque ou de son archidiacre. Les *Capitulaires* d'Hincmar et la règle de saint Chrodegang (can. 34), évêque de Metz, appellent *matricularii* des pauvres inscrits à la matricule, et qui, capables de rendre certains services faciles, sont utilisés dans la maison épiscopale et dans les églises urbaines ou rurales. Ils ont donné leur nom aux marguilliers actuels qui font le service dans nos églises de campagne.

Des renseignements qui précèdent ressort le caractère essentiellement familial de la paroisse jusqu'aux IXe et Xe siècles. C'est la population elle-même qui fournit à son église locale et le clergé et les ressources pour la faire vivre. Ce clergé rend à ses compatriotes tous les services spirituels. Il s'occupe de leurs enfants, de leurs pauvres, de leurs principaux intérêts. Il a leur genre de vie, leurs habitudes, leurs idées dont il s'efforce de corriger les écarts. Il contribue ainsi à maintenir l'unité paroissiale, très vivante et toujours originale. L'Église est en effet la

1. Concile de Reims, en 624, can. 13.
2. Concile de Paris, en 615, can. 6.

seule institution sociale qui soit en rapport quotidien avec l'habitant, qui exerce une influence réelle sur sa vie, et qui la forme peu à peu à des mœurs plus cultivées, tout en respectant ce que les coutumes locales ont de légitime. Aussi la variété est grande entre les paroisses. Chacune a sa physionomie personnelle, son saint patron, ses assemblées, quelquefois ses dévotions un peu terre à terre, le tout encadré dans la large unité catholique. La paroisse est une société qui saisit l'homme dans la totalité de son être; c'est vraiment par elle que vivent la cité, le *vicus* et la *villa*.

Mais voici qu'entre le IXe et le XIe siècles, une transformation radicale va s'opérer dans le régime des paroisses. A l'origine, l'évêque exerçait son autorité directe sur toutes les paroisses. Quand les particuliers se mirent à construire des églises dans leurs *villas*, ils comprirent qu'ils ne pouvaient les soustraire à la juridiction épiscopale, essentielle à l'organisation catholique. Leur qualité de fondateurs leur conférait néanmoins certains droits sur l'église qu'ils bâtissaient et sur la paroisse qu'ils créaient [1]. L'autorité ecclésiastique reconnaissait et sanctionnait ces droits. Le neuvième synode de Tolède, tenu en 655 (can. 2), déclare que « ceux qui ont fait construire des églises ont sur ces églises des droits de surveillance et peuvent présenter à l'évêque des recteurs capables de les administrer. S'ils n'en présentent pas de capables, l'évêque peut nommer d'autres personnes avec leur consentement; mais si l'évêque nommait à

1. Une loi de Justinien, en 541, reconnaît à ceux qui fondent et dotent des églises, ainsi qu'à leurs héritiers, le droit de présenter à l'évêque des prêtres dignes de les desservir.

ces postes sans prendre l'avis du fondateur, la nomination serait nulle ». Le synode tenu à Paris[1] en 829, porte une décision analogue : « Afin de couper court à toutes les difficultés provenant du droit de présentation, les laïques ne doivent présenter aux évêques que des clercs capables, et, de leur côté, les évêques ne doivent refuser personne sans faire connaître les motifs de leur refus. »

Le « patronage » s'établit ainsi naturellement sur les églises privées que des propriétaires, évêques ou seigneurs, érigeaient sur leurs terres, l'évêque du lieu ayant toujours juridiction incontestable sur ces fondations[2]. Cette juridiction, énergiquement revendiquée par tous les conciles, empêchait le desservant de l'église privée de devenir un simple client du propriétaire. Quand l'église privée est érigée en paroisse, le fondateur étend son patronage sur la paroisse même. Mais, vers le xe siècle, un tel trouble règne dans la société que les faibles sentent le besoin de se placer sous la protection des puissants. Des évêques, des abbés, des clercs se « commendent » au roi. Les prêtres des paroisses se mettent pareillement sous la protection d'un puissant voisin, le propriétaire de la *villa*, et entrent dans sa clientèle. Les conciles[3] avaient protesté très vivement à la première apparition de cette forme atténuée de sujétion. Mais la force des choses tend de plus en plus à l'imposer. Peu à peu, les défenseurs laïques de la paroisse s'immiscent dans

1. Can. 22. Le concile tenu à Orléans, en 541, can. 7, avait déjà défendu d'admettre des clercs étrangers dans les oratoires des *villas* sans la permission de l'évêque.
2. Concile d'Orléans, en 511, can. 17.
3. Concile de Clermont, en 535, can. 4; d'Orléans, en 538, can. 4; d'Éauze, en 551, can. 4; de Paris, en 614, can. 5.

sa direction[1]. Il faut que les conciles[2] leur interdisent de prendre le titre ou d'exercer la fonction d'archiprêtres. Un synode franc, probablement tenu à Paris vers 615 (can. 11), concède cependant la nomination d'un laïque comme archiprêtre, « si l'évêque regarde cette promotion comme tout à fait nécessaire à la défense de l'Église ».

Insensiblement, le droit de patronage et de défense se généralise, sur le désir des paroisses elles-mêmes. Puis, par une évolution qu'expliquent différentes causes, ce droit tend à se changer en droit de propriété. Ce n'est pas que l'Église se prête le moins du monde à cette transformation; elle exige au contraire que tout fondateur abandonne en toute propriété à la paroisse la dot qui lui permettra de vivre. Mais le roi dans le royaume, le seigneur dans son domaine, se croient tout permis au nom de la force. Ils envahissent volontiers le domaine ecclésiastique à la mort d'un titulaire, s'emparent des donations, révoquent des dotations constituées à titre inaliénable par leurs devanciers et traitent comme leur appartenant de plein droit l'église située dans le périmètre de leur domaine. Ces usurpations, commencées dès le VIIe siècle, se multiplient au IXe et au Xe. Mais elles ne peuvent constituer de titre juridique à la propriété.

Pour expliquer la transformation du patronage en propriété, il faut tenir compte d'une idée commune à cette époque et dérivant de la pratique admise à la fin de l'empire romain. On distinguait dans la propriété le droit et l'usage. Le droit s'affirmait par une

1. Synode de Châlon, en 644, can. 5.
2. Synode de Reims, en 624, can. 19; etc.

redevance exigée sur le produit de la terre ; l'usage découlait d'un bail perpétuel, d'une emphytéose ou bail à long terme, ou de quelque autre convention. En réalité, le vrai propriétaire d'une église et de ses biens, c'est le saint qui en est le titulaire. Le personnage le plus puissant du lieu peut donc très bien, tout en respectant le haut domaine du saint, s'attribuer l'usage de la donation qu'il a faite, et, de patron et défenseur, devenir en réalité seigneur et maître. C'est ce qui arriva fatalement. L'Église, qui avait besoin de protection, ne put s'y opposer autrement que par des réclamations platoniques, sans droit assez fort pour évincer les usurpateurs.

Charles Martel, dans la première moitié du VIIIe siècle, porte les plus rudes coups à l'organisation de la propriété ecclésiastique. Se proposant de briser les forces féodales déjà en formation, il dépose de sa propre autorité des évêques et des abbés, pour distribuer aux siens les vastes domaines sur lesquels ils jouissent de l'immunité. Même quand il respecte les pasteurs des églises, il ne se gêne pas pour donner leurs terres à ses fidèles comtes. A l'exemple d'Ébroïn, qui avait inauguré le système, il se croit autorisé, quand les domaines royaux ont été aliénés, à mettre la main sur ceux de l'Église. Celle-ci garde sa propriété ; il n'y a donc pas de sécularisation proprement dite ; les revenus seuls sont attribués par Charles Martel à des hommes qui n'ont rien d'ecclésiastique, mais que la pénurie du trésor royal ne permet pas de récompenser autrement [1].

Pépin et Charlemagne [2] légifèrent pour assurer à

1. LAVISSE et RAMBAUD, *Histoire générale*, t. I, p. 283, 284.
1. *Capitulaires* de 756, 794.

l'Église les redevances qui lui sont dues. Mais les terres ecclésiastiques continuent à être données en jouissance à des hommes du roi, moyennant une certaine somme d'argent ou des services déterminés. Parfois l'Église donne elle-même, sur la demande du roi[1]; souvent le roi attribue directement, et, quelle que soit l'origine de l'attribution, les bénéficiaires royaux sont placés sur le même rang, acquittant leur redevance, les uns envers le roi, les autres envers l'Église. Ces derniers ont toujours une tendance marquée à se dérober à leurs obligations. En tous cas, les seigneurs laïques traitent l'église paroissiale comme leur propriété; ils en vendent les terres, les lèguent en héritage à leurs enfants, les concèdent en dot à leurs filles, et, sans aucun scrupule, aliènent à vil prix les objets mêmes qui servent au culte. Quant aux dîmes et aux autres revenus paroissiaux, ils passent aux mains du seigneur au même titre que les biens-fonds.

La législation carolingienne consacre cet état de choses, tout en s'efforçant de maintenir les droits des évêques. « La royauté a cru concilier tous les intérêts contraires qui s'agitaient autour d'elle : l'organisation religieuse, telle que l'Église l'avait établie, et les formes nouvelles du patronage, telles que le temps les avait faites. En réalité, ces mesures marquent une conquête du séniorat. Par elles, dans la société religieuse, il se fait place, comme il s'est fait reconnaître dans la société civile. Une idée, très contraire à la théorie canonique, entre dans le droit : celle qu'une église peut être la propriété d'un homme, et

1. *Capitulaire* de 779.

cette idée seule nous montre les progrès du laïcisme. La reconnaissance de ce droit de propriété, le nombre croissant des paroisses fondées sur les terres du roi, des grands, ne pouvaient être, en effet, qu'une des formes de la sécularisation [1]. »

La loi, consacrée par les faits et les mœurs, était trop puissante pour que l'Église pût s'y opposer efficacement. Celle-ci se contenta de réclamer en faveur de l'immunité de la dot paroissiale et de la juridiction épiscopale sur le patrimoine ecclésiastique et les desservants. Elle essaya de faire entrer les églises privées dans son domaine. Elle n'y réussit guère. « L'union se fait de plus en plus étroite entre la paroisse et la seigneurie, dans un milieu social où la vie économique et politique se concentre dans les limites étroites d'un domaine. D'autre part, les donations d'églises profitèrent surtout aux couvents, et elles rendirent plus redoutable encore à l'épiscopat même la force des grandes abbayes... On peut dire qu'au XIe siècle l'unité religieuse du diocèse n'existe plus. Au lieu d'une grande communauté, divisée en communautés plus petites, administrée par l'évêque et ses délégués, nous voyons dans les cadres anciens du diocèse une foule de petits groupes isolés, morcelés, et sur lesquels très souvent le pouvoir religieux de l'évêque est nominal, intermittent ou combattu [2]. »

Dans les testaments de cette époque, il est souvent question d'églises léguées à des héritiers avec tous leurs biens ; parfois même les églises sont partagées entre plusieurs maîtres, qui s'octroient chacun une

1. IMBART DE LA TOUR, *Les paroisses rurales*, p. 221.
2. IMBART DE LA TOUR, *Ibid.*, p. 229.

part de ses revenus, et en arrivent à posséder des autels différents dans le même sanctuaire. Le seigneur, propriétaire d'une église, en nomme le desservant, qui peut être un serf, un illettré, un étranger, auquel l'évêque seul conférera la juridiction, mais qu'il sera souvent obligé d'agréer et d'ordonner, malgré son insuffisance. A l'homme de son choix, le seigneur remet l'église sous forme de précaire ou bail, d'usufruit ou de bénéfice. Il n'est pas rare que cette concession se fasse à titre onéreux. L'église s'obtient moyennant des dons ou des services stipulés. De son côté, le desservant réclame des garanties pour que sa possession soit viagère.

L'église est « commendée » au desservant, avec ses dépendances, à charge de payer au seigneur un cens annuel et d'acquitter certaines redevances. En pareil cas, la dot de la paroisse reste intacte ; le revenu est seul diminué, et cette diminution a sa répercussion sur les œuvres qu'alimentait ce revenu. D'autres fois, le seigneur ne laisse au prêtre qu'une partie du domaine ecclésiastique et exploite le reste à son profit. Cette division devint tellement usuelle que la législation la sanctionna, de manière cependant à laisser au desservant au moins une part affranchie de toute charge. Le *Capitulaire ecclésiastique* de 818 (art. 10) dit en effet : « Que chaque église ait un *manse* intact, libre de tout service ; que les prêtres qui y sont établis ne soient tenus à aucun service sur les dîmes, les oblations des fidèles, les maisons, les *atria*, les jardins établis près de l'église, sauf au service prescrit par les canons. Si l'église a une dotation plus considérable, que les prêtres s'acquittent alors envers leur seigneur du service qui lui est dû. » Le *manse* comprend le sol occupé par l'église, le presbytère et ses dépendances, et celui que cultive ou dont jouit le desservant.

Ce domaine, même ainsi réduit, n'est pas respecté. Le seigneur revendique l'église, la change de place et la dispose à sa convenance, transfère dans l'édifice nouveau les reliques des saints, exige une place privilégiée dans le sanctuaire et une sépulture près de l'autel. Pour sauver ce qu'ils peuvent, les évêques abandonnent l'église aux seigneurs laïques, et gardent sous leur dépendance l'autel, auquel ils rattachent les revenus provenant des dîmes, des offrandes, des sépultures et des sacrements. Les seigneurs réussissent à s'emparer même de ces revenus que leur origine spirituelle aurait dû sauvegarder.

S'autorisant de l'exemple des évêques et des abbés, qui lèvent les dîmes sur leurs terres, sans les attribuer régulièrement ni intégralement aux paroisses qui les fournissent, les seigneurs laïques prétendent aux mêmes droits et les exercent. Tantôt ils partagent avec le desservant, tantôt ils gardent le tout, sous prétexte qu'ils ont l'église à restaurer ou à entretenir. De fait, cette redevance ecclésiastique, dont la population pouvait comprendre et constater l'utilité, se trouve transformée, au xe siècle, en redevance seigneuriale.

Là ne s'arrête pas l'usurpation laïque. Du IXe au XIe siècle, les seigneurs introduisent et généralisent l'usage de s'attribuer les offrandes de toute nature, en partie ou en totalité, les prémices, les droits de sépulture, les taxes sur l'administration des sacrements, parfois même les honoraires de messes[1]. Le

1. IMBART DE LA TOUR, *Les paroisses rurales*, p. 275-279.

prêtre n'a plus que son presbytère et une petite partie des anciens droits de sa paroisse; encore ce lot est-il souvent amoindri par les redevances qui pèsent sur tous les tenanciers du maître, les corvées, les prestations, les amendes et toutes les exigences décorées du nom de « coutumes ». La paroisse devient un fief exploité par le seigneur; plus elle prospère, plus celui-ci s'enrichit.

De son côté, le maître de l'église la cède à un tiers en concession viagère, sous forme de précaire[1], d'usufruit ou de bénéfice. Les évêques, les abbés, les rois, les seigneurs cèdent en précaire ou en usufruit les églises situées sur leurs terres. Le précariste est dès lors substitué au seigneur et met la main sur tous les revenus, à charge de subvenir à l'entretien du prêtre et aux frais du culte. Pour se créer une clientèle de vassaux, les rois, et, à leur exemple, les seigneurs ecclésiastiques et laïques, donnent en bénéfice[2] des domaines avec les églises qu'ils contiennent. En retour, le bénéficier doit le service militaire,

1. Le mot *précaire* désigne originairement un prêt consenti à quelqu'un sur sa prière. Dans le droit ecclésiastique, le précaire est la concession d'un bien d'Église faite à un laïque. Le précaire a deux origines possibles. Quelqu'un donne ses terres à une église et stipule comme usufruit le revenu de ces biens avec une double majoration, ou simplement un revenu triple sur le domaine de l'église. D'autres fois, c'est la concession d'un bien d'Église, moyennant un cens annuel à payer et un service personnel à fournir, faute desquels la concession peut être révoquée.

2. Le *bénéfice*, sous l'empire romain, était un bien-fonds pris sur le domaine de l'État et accordé à des généraux ou des légionnaires, à charge par eux de servir à leurs frais. Le mot fut employé à désigner, dans le droit ecclésiastique, les biens d'Église usurpés par les laïques et à eux abandonnés finalement par les évêques et les conciles, à charge de défendre l'Église et l'État. Ces biens gardèrent le même nom, quand ils furent restitués aux paroisses ou aux monastères. Par la suite, on donna le nom de bénéfices à tous les titres et à toutes les dignités ecclésiastiques.

diverses redevances et un cens assez élevé, l'entretien de l'église, mais seulement dans la proportion de ses revenus. Le précaire et l'usufruit sont viagers mais essentiellement révocables à la volonté du bienfaiteur. Le bénéfice est conditionnel et révocable au cas où le titulaire manque à ses obligations. Il doit être renouvelé à la mort du concédant. Mais, dès la fin du IXe siècle, il devient de plus en plus irrévocable et tend à se confondre avec la propriété.

Par le fait de ces transformations successives, les paroisses sont démembrées, sinon quand elles dépendent d'un établissement stable, comme un évêché ou un monastère, du moins quand elles font partie d'une seigneurie laïque et deviennent sujettes à la loi du partage. L'unité religieuse subsiste, sans doute; mais les conditions d'existence de la paroisse sont profondément modifiées. L'église, humble et basse, à côté de l'altier château fort, voilà bien le symbole de la paroisse tenue en servitude par le seigneur.

L'Église proteste énergiquement contre le nouvel ordre de choses, à mesure qu'il tend à se produire. Elle défend de s'attaquer aux biens ecclésiastiques et ordonne à ceux qui en ont pris de les rendre[1]. Elle condamne ceux qui s'approprient les dîmes[2], soumet à une triple compensation celui qui a enlevé un bien à elle appartenant[3], recommande le respect de ses droits, particulièrement au roi et aux grands[4], oblige à la restitution des biens ecclésiastiques même quand il y a prescription[5], défend aux laïques de se faire

1. Concile de Cologne, en 887, can. 2, 4.
2. Synode de Metz, en 888, can. 2.
3. Synode de Tribur, près de Mayence, en 895, can. 7.
4. Synode de Trosly, au diocèse de Soissons, en 909, can. 1.
5. Synode espagnol de Coyaca, en 1050, can. 9.

enterrer dans l'église[1], de placer ou de déplacer un prêtre sans la permission de l'évêque, de s'approprier les offrandes des fidèles[2], de posséder un autel[3], d'avoir aucun pouvoir sur une église[4], de s'arroger les revenus et les redevances ecclésiastiques[5], de posséder en propre le bénéfice d'un prêtre[6]. Elle porte l'anathème contre le laïque qui ose vendre ou donner à quelqu'un, à titre de bénéfice, une partie des offrandes ou des aumônes de l'église, une place pour la sépulture ou un tiers des dîmes[7]. Elle ne veut pas qu'un prêtre ait plus d'une église[8], ni qu'une église soit partagée entre plusieurs prêtres[9]. Elle s'élève contre la simonie ou achat des choses saintes à prix d'argent[10]. Elle défend aux prêtres de rien exiger pour l'administration des sacrements[11], de recevoir une église des mains d'un laïque, soit gratuitement, soit à prix d'argent, sauf l'autorisation de l'évêque[12], enfin elle prohibe l'achat et la vente des églises[13].

Cette législation se heurta à des coutumes contraires que les transformations sociales rendaient pour ainsi dire invincibles. En vertu du système féodal qui s'imposait, les grands, évêques ou comtes, abbés ou fonctionnaires, faisaient partie de la clientèle royale.

1. Synode de Tribur, en 895, can. 17.
2. Synode d'Ingelheim, en 948, can. 4, 8.
3. Synode de Reims, en 1049, can. 3.
4. Synode de Coyaca, en 1050, can. 3.
5. Synode de Narbonne, en 1054, can. 12-14.
6. Synode de Toulouse, en 1056, can. 8.
7. Synode de Tours, en 1060, can. 8.
8. Synode de Metz, en 888, can. 3.
9. Synode de Coyaca, en 1050, can. 3.
10. Synode de Metz, en 888, can. 5.
11. Synode de Bourges, en 1031, can. 3-12; de Reims, en 1049, can. 5.
12. Synode de Rome, en 1059, can. 6; de Tours, en 1060, can. 4.
13. Synode de Rouen, en 1072, can. 13.

Au degré inférieur, tout homme libre, le prêtre aussi bien que les autres, devait avoir un seigneur qui le protégeait et lui venait en aide, mais dont il dépendait d'autant. Les résistances de l'Église retardèrent le mouvement d'absorption, mais ne l'arrêtèrent pas.

Au XIe siècle, l'église paroissiale est mise au pouvoir du prêtre par une investiture analogue à celle qui permet à un tenancier de s'établir sur un domaine. A ce dernier, le seigneur remet une motte de terre; au desservant, il présente l'étole, les clefs de l'église et la corde de la cloche. On ne connaît plus guère alors d'églises indépendantes. Elles appartiennent toutes à un évêque, à un monastère ou à un seigneur. Quelques paroisses de *vici* plus importants conservent seules un semblant d'autonomie, quand le maître est éloigné.

Les conséquences de cette sujétion sont déplorables. Beaucoup de prêtres ruraux se sécularisent, portent les armes pour le service du seigneur et se marient. La fiscalité seigneuriale jette son dévolu sur le bien de l'Église et sur celui des pauvres. La pratique de la religion se matérialise et s'abaisse. La liberté nécessaire aux ministres de Dieu est remplacée par une servitude qui paralyse tout effort pour le bien.

Saint Bernard [1] décrit et stigmatise à la fois l'état auquel le système féodal avait réduit les paroisses dans la première moitié du XIIe siècle : « De jeunes écoliers, des jeunes gens à peine sortis de l'enfance sont promus aux dignités ecclésiastiques, à cause de la noblesse de leur race, et ils échappent à la férule

1. *Des mœurs et des devoirs des évêques*, VII, P. L., t. CLXXXII, col. 826, 827.

pour prendre rang parmi les prêtres, plus heureux d'être soustraits aux verges que d'avoir mérité un commandement. Et ce n'est que le commencement. Avec le temps, leur insolence grandit, ils savent bientôt s'attribuer des autels, vider la bourse de leurs subordonnés. Les maîtres qui les forment à cette conduite sont l'ambition et l'avarice... Celui qui est devenu, dans une église quelconque, doyen, préposé, archidiacre ou quelque chose d'analogue, n'a pas assez d'une dignité dans une église; il lui en faut plusieurs, autant d'honneurs qu'il peut en acquérir, dans une même église et aussi dans plusieurs. »

CHAPITRE IV

LA PAROISSE DU XIe AU XIVe SIÈCLE

Il fallait une volonté intrépide et une main ferme pour porter remède aux abus introduits dans l'Église par l'ingérence laïque. Après avoir constaté de près la grandeur du mal sous quatre pontificats successifs, Grégoire VII fut chargé par la Providence de relever le clergé de sa déchéance sociale et morale. L'année même de son élection, en 1074, le nouveau pape tint un synode à Rome et décréta les canons suivants : Quiconque a obtenu à prix d'argent son ordination ou sa charge, ne peut plus servir dans l'Église. — Quiconque a obtenu une église par le même moyen en est privé, et à l'avenir il est défendu de vendre ou d'acheter des églises, pour jouir des biens qui y sont attachés. — Tout clerc qui vit dans l'inconduite ne peut plus servir dans l'Église. — Le peuple ne doit plus assister aux fonctions liturgiques célébrées par des prêtres qui ne tiennent pas compte des précédentes injonctions.

Ce dernier article constituait une grave menace à l'adresse des obstinés : l'exécution de la sentence papale se trouvait ainsi confiée aux fidèles mêmes. Sous la pression des populations chrétiennes, la réforme allait ainsi s'appliquer jusqu'aux plus humbles paroisses. La même année, un synode se tint à Rouen, par les soins de Guillaume le Conquérant, afin de traduire en actes les mesures arrêtées par le Pontife, spécialement contre la simonie consistant à vendre ou à acheter une abbaye, un archidiaconé, un doyenné ou une paroisse [1].

Dans un synode tenu au Latran, en 1078, Grégoire VII renouvela les règles formulées quatre ans auparavant : défense de recevoir une investiture ecclésiastique de l'empereur, du roi ou d'un laïque quelconque, sous peine d'excommunication ; interdiction aux évêques de faire payer des prébendes, d'ordonner des clercs à prix d'argent et sans l'assentiment du clergé et du peuple, enfin de tolérer, moyennant paiement, la mauvaise vie des clercs (can. 2, 3, 4, 11). Au synode de 1080, le pape se montra encore plus sévère sur la question de l'investiture. Il ordonnait de tenir pour nulle toute attribution d'évêché, d'abbaye ou de paroisse faite par un laïque, et il prononçait l'excommunication contre ce dernier (can. 1, 2). Le vaillant Pontife ne s'en tenait pas à des condamnations générales. L'empereur Henri IV dut plier devant lui. Le roi de France, Philippe Ier, fut l'objet de ses remontrances et de ses menaces, à cause des ventes et des pillages qu'il se permettait au sujet des biens d'Église [2]. Les évêques et les seigneurs ne furent pas épargnés, quand ils usèrent des mêmes procédés injustes.

Grégoire VII posa ainsi, d'une main énergique, les

1. Can. 1. On voit apparaître ici une division du diocèse identique à celle qui est encore en usage.
2. Lettres de S. Grégoire VII, I, 35, 75, 76 ; II, 18.

bases d'une réforme qui devait affranchir les paroisses des deux plus grands abus dont elles souffraient : la sujétion à des maîtres laïques et cupides et l'exercice du ministère sacré par des pasteurs scandaleux. Aussi a-t-il encouru la haine de tous ceux dont il interrompait les jouissances et condamnait le relâchement. L'histoire a mis parfois beaucoup trop de complaisance à se faire l'écho de ces rancunes. En plaçant Grégoire VII au nombre de ses saints, l'Église a entendu proclamer que ce Pontife avait bien mérité et d'elle et de tout le peuple chrétien.

Quand le droit n'a pas pour lui la force matérielle et qu'il ameute contre lui des intérêts et des passions, il a peine à triompher. Les mesures prises par Grégoire VII demandèrent du temps pour entrer partout dans la pratique. Mais le branle était donné. Des synodes se réunirent en Espagne, en Angleterre, en Allemagne, pour appliquer les règles canoniques. La France ne resta pas en arrière. En novembre 1095, un grand synode se tint à Clermont sous la présidence du pape Urbain II. Entre autres questions, on régla les suivantes : Nul ne doit acheter à prix d'argent un poste ecclésiastique (can. 6). — Les ministres sacrés doivent vivre dans le célibat sous peine de déposition (can. 9). — Nul ne doit recevoir d'un laïque une charge ecclésiastique (can. 15). — Aucun évêque ou prêtre ne doit jurer le *ligium fidelitatis* à un laïque [1] (can. 17). — Les laïques ne peuvent garder pour eux ni autels ni églises (can. 20). — Enfin, comme les monastères avaient fondé beaucoup de paroisses sur leurs terres, le synode décida que les moines ne doivent placer

1. Ce serment obligeait à servir le seigneur ou roi contre toute espèce de personnes.

aucun prêtre dans leurs églises paroissiales sans l'assentiment de l'évêque; c'est l'évêque qui doit donner la paroisse à un prêtre choisi avec l'autorisation de l'abbé, et ce prêtre doit rendre compte de son ministère paroissial à l'évêque et de son administration temporelle à l'abbé (can. 33).

Un autre synode tenu l'année suivante à Nîmes, sous la présidence du même pape, reproduit la plupart des canons de Clermont. Il ajoute deux dispositions nouvelles : Celui qui a hérité d'une église ou de son bien, ne peut jouir d'aucun bénéfice ecclésiastique tant qu'il ne rend pas la liberté à cette église (can. 7). — Nul ne doit reprendre à une église les donations faites soit par ses ancêtres, soit par lui-même (can. 14). Le synode de Poitiers, en 1100, s'attaque aussi à la simonie et à l'ingérence laïque, et déclare que les moines ne doivent exercer aucune fonction paroissiale (can. 3, 7, 9, 11, 14). A Troyes, en 1107, sous la présidence du pape Pascal II, on condamne encore l'investiture laïque et on exclut des fonctions ecclésiastiques les prêtres mariés ou de mauvaise conduite (can. 1, 4). Mêmes mesures au synode de Reims, en 1111, sous la présidence de Calixte II, contre les investitures laïques, la simonie et le mariage des prêtres (can. 2-5). Le concile général de Latran, en 1123, sanctionne de son autorité les règlements formulés depuis Grégoire VII (can. 1, 3, 7, 17, 18, 21). La même législation est encore rappelée au synode de Clermont, présidé par Innocent II, en 1130, au synode de Reims, en 1131, au second concile général de Latran, en 1139, dans lequel sont repris les canons de Clermont et de Reims, au synode de Reims présidé par Eugène III, en 1148 (can. 3, 5, 7, 8, 16).

La répétition des mêmes injonctions pendant près d'un siècle montre que les abus cédaient difficilement. Un synode d'Avranches, en 1172, en signale même de nouveaux. On donnait à des enfants des bénéfices comportant charge d'âmes; des fils de prêtres héritaient des charges de leurs pères; les laïques continuaient à avoir part aux offrandes; de petites églises étaient louées pour un an à un vicaire, de grandes n'avaient qu'un prêtre, d'autres se louaient « à ferme » pour un an (can. 1-5, 7). Le synode condamna ces désordres. Au troisième concile général de Latran, en 1179, la simonie et l'incontinence des clercs furent encore l'objet d'anathèmes (can. 11-13). On voit, par un canon de ce concile (can. 14), que certains personnages retenaient jusqu'à six églises et plus, alors qu'ils auraient eu peine à en administrer seulement deux.

Jusqu'au concile de Trente, les plaintes des synodes indiquent que, si l'immoralité disparaît de plus en plus dans le clergé des paroisses, celles-ci ne cessent guère d'être victimes de la rapacité des grands.

Les paroisses ne sont considérées que comme des bénéfices, c'est-à-dire des établissements rapportant un gain déterminé au patron qui les possède. Le patron, à cette époque, est un évêque ou son chapitre, un laïque ou enfin une abbaye.

L'évêque est naturellement le seul maître spirituel et temporel des paroisses situées sur les terres de son évêché. A partir du XIIe siècle[1] surtout, des chapitres sont en possession de nommer à certaines cures, établies sur des domaines appartenant à la ca-

1. Troisième concile de Latran, en 1179, can. 8.

thédrale, ou attribuées aux chanoines par la libéralité d'un évêque ou d'un seigneur. Déjà, dès le VIe siècle, la cathédrale de Paris possédait des terres considérables dans la plaine qui environnait la ville, dans le diocèse de Sens, en Touraine, et même en Provence, pour la fourniture de l'huile des lampes [1]. Dès la même époque se fondait, dans les terres situées à l'ouest de la Cité, l'église de Saint-Germain, émanée de la cathédrale. Les paroisses fondées par des chapitres ou par des abbayes s'appelaient des églises *filiales*, terme qui indiquait à la fois la part active que les églises *mères* avaient prise à leur fondation et l'autorité qu'elles exerçaient sur elles. Notre-Dame de Paris avait sous sa juridiction, au XIIe siècle, Saint-Merry, le Saint-Sépulcre, Saint-Benoît et Saint-Étienne des Grès, qu'on appelait les *quatre filles de Notre-Dame*, et aussi Saint-Jean le Rond, l'ancien baptistère, Saint-Denis du Pas, Saint-Christophe, l'église de l'Hôtel-Dieu et la chapelle de Saint-Aignan. L'évêque avait aussi ses *filles*, Saint-Germain l'Auxerrois, Saint-Marcel, Saint-Honoré et Sainte-Opportune. De plus, la tradition s'était conservée à Paris, conformément à l'usage des anciennes églises épiscopales, d'avoir autour de l'évêque des « prêtres cardinaux » pour l'assister aux jours de fête. A Noël, à Pâques et à l'Assomption, treize curés de paroisse venaient remplir cet office à la cathédrale ou envoyaient un remplaçant [2].

1. LEBOEUF-COCHERIS, *Histoire de la ville et de tout le diocèse de Paris*, Paris, 1863, t. I, p. 6.

2. Ces treize prêtres venaient des paroisses de Saint-Paul, Saint-Martin des Champs, Saint-Jacques, Saint-Séverin, Saint-Benoît, Charonne, Saint-Étienne des Grès, Saint-Gervais, Saint-Julien le Pauvre, Saint-Merry, Saint-Laurent, Saint-Jean en Grève; l'abbé de Saint-Victor se joignait à eux.

L'évêque nommait directement les curés dans les paroisses qui ne dépendaient d'aucun patron. Ces paroisses ne formaient en général qu'une minorité parmi toutes celles d'un diocèse [1]. Dans les paroisses qui étaient à la nomination d'un chapitre, d'une abbaye, d'un patron laïque, le candidat choisi était présenté à l'évêque, qui pouvait seul l'instituer et lui donner la juridiction spirituelle. Nul n'était en droit d'administrer une paroisse s'il n'avait reçu cette juridiction [2].

Le quatrième concile de Latran (can. 65) défend aux évêques d'attendre qu'on leur donne de l'argent pour instituer un curé. Toutefois, avant d'en envoyer un dans une paroisse, ils ont à s'assurer qu'il y trouvera de quoi vivre [3].

Beaucoup de paroisses ont pour patrons des sei-

1. Le diocèse de Paris, par exemple, était formé des trois archidiaconés de Paris, de Josas et de Brie, divisés eux-mêmes en doyennés, et en outre, du doyenné de Champeaux, qui ne relevait d'aucun archidiaconé. Or, sur près de 469 cures ou vicairies perpétuelles que comprenait le diocèse, il n'y en avait que 215 à la nomination de l'évêque. Le chapitre de Notre-Dame nommait à 17, l'abbé de Saint-Martin des Champs à 27, les abbés de Sainte-Geneviève et de Saint-Germain des Prés chacun à 9. Le reste dépendait de différents autres patrons. Parmi les cures de la ville elle-même, l'évêque ne nommait qu'à 3 sur 30. La proportion était analogue en province. A Grenoble, l'évêque disposait de 221 cures sur 515; à Chartres, de 68 sur 943; à Limoges, de 323 sur 868; à Bordeaux, de 236 sur 390, et dans la ville de une sur 15; à Besançon de quelques-unes seulement, tandis que l'abbé de Saint-Claude nommait à 108 et celui de Luxeuil à 44. Dans toute la France, sur 392 archiprêtrés, 371 dépendaient de patrons, 21 seulement des évêques. Voir Lecler, *Pouillé de Limoges* de 1773, p 52; Morey, *Notes historiques sur les curés de Franche-Comté*, p. 12; dans l'*Anjou historique*, mars 1904, *Les paroisses du diocèse d'Angers avant le Concordat;* Imbart de la Tour, *Les origines de la réforme*, dans le *Correspondant*, 10 août 1903, p. 525; Sicard, *La nomination aux bénéfices ecclésiastiques avant 1789*, Paris, 1896; Allain, *Un diocèse français sous l'ancien régime*, dans le *Congrès scient. internat. des catholiques*, Bruxelles, 1895, 5e sect., p. 369.

2. Statuts de Tolède, en 1324, can. 4.

3. Synode de Mauriac, au diocèse d'Auch, en 1326, can. 34.

gneurs laïques. Quand une église vient à vaquer, celui qui a le droit de patronage doit, dans les six mois, présenter son candidat à l'évêque. Le candidat assure par serment qu'il n'a rien donné ou promis, par lui-même ou par d'autres, pour être présenté. Si l'évêque le trouve capable, il lui confie la paroisse, à charge de la desservir par lui-même, d'obéir à ses supérieurs, de défendre les biens de son église et de revendiquer ceux qui ont été enlevés. Le candidat agréé doit avoir vingt-cinq ans, prendre possession de son poste dans les six mois et, dans cet intervalle, se faire ordonner prêtre, s'il ne l'est déjà. Autrement la cure est considérée comme vacante et donnée à un autre[1]. Le patron se réservait parfois la majeure partie des revenus de la paroisse, au point que certains curés du XIIIe siècle n'ont pour vivre qu'un seizième de ces revenus. Quelques patrons allèrent même jusqu'à empêcher par la violence et l'homicide la nomination du nouveau titulaire, afin de jouir dans son intégralité du produit de la paroisse[2]. Les faits de ce genre sont si communs en France que, dans un synode de Bourges, présidé par un légat du pape Grégoire X, en 1276 (can. 1), on porte des peines sévères contre ceux qui recourent aux voies de fait et aux meurtres pour prolonger indéfiniment la vacance des cures.

La législation ecclésiastique qui protège l'indépendance des paroisses contre les seigneurs laïques est d'autant plus opportune que ces derniers sont plus puissants et détiennent un plus grand nombre

1. Synodes d'Avignon, en 1209, can. 14; de Saint-Quentin, en 1231, can. 3; concile de Lyon, en 1274, can. 13; synode d'Angers, en 1365, can. 7, 8.

2. Quatrième concile de Latran, en 1215, can. 32, 45.

d'églises. Ne voit-on pas déjà, à la fin du xe siècle, le comte de Rouergue, Raimond, posséder une soixantaine d'églises et de chapelles, le vicomte de Béziers une vingtaine, le comte de Toulouse, Garsinde, donner en une fois sept églises et neuf chapelles à Saint-Pons, le comte de Carcassonne, Roger, donner cinq églises à Saint-Hilaire [1]? Les églises des anciens *castra* ou des bourgs, étaient généralement aux mains des comtes. Le comte de Carcassonne possédait les églises de la ville [2]. Il en était de même à Châteaudun, à Brou, à Archiac en Saintonge, à Tonnerre, à Avallon, dans la plupart des *plou* de Bretagne, et dans une multitude de localités [3]. Ainsi, non seulement d'humbles paroisses de campagnes, mais d'importantes paroisses de villes fussent devenues la proie de rapacités effrénées, si l'Église n'avait lutté pied à pied pour les défendre. C'était son intérêt, mais surtout celui du peuple, auquel elle ménageait la possibilité d'une vie spirituelle et au sein duquel elle entretenait un élément irréductible de résistance contre un retour aux anciennes tyrannies païennes.

L'Église ne put cependant récupérer tout ce qui avait été soustrait aux paroisses. Les seigneurs, en beaucoup d'endroits, continuèrent à percevoir les dîmes « inféodées », c'est-à-dire annexées au domaine seigneurial, se contentant d'assurer au curé sa subsistance. Cet état de choses existait encore en 1789 dans beaucoup de diocèses.

1. D. Vaissette, *Histoire générale du Languedoc*, t. V, nos 111, 126, 134, 150.
2. *Ibid.*, no 280.
3. Imbart de la Tour, *Les paroisses rurales*, p. 323.

D'autres paroisses sont établies sur le territoire des abbayes. Il est de principe invariable qu'il y a incompatibilité entre les devoirs du moine et ceux du curé. Une paroisse ne peut donc être gouvernée par des moines, même si elle appartient à l'abbaye, ou si les moines l'ont achetée, ce qui d'ailleurs leur est interdit aussi bien qu'aux clercs et aux laïques [1]. Les moines ne peuvent recevoir d'église paroissiale à administrer; s'ils obtiennent un bénéfice, ils doivent faire prendre soin de la paroisse par un prêtre séculier, sous la direction de l'évêque, et tout ministère paroissial leur est interdit [2]. Le premier concile de Latran, en 1123 (can. 17, 18), renouvelle cette interdiction et veut que toute paroisse ait à sa tête un prêtre nommé par l'évêque et répondant du soin des âmes [3]. Les moines eurent sans doute quelque peine à se plier à cette règle; car, en 1179, le troisième concile de Latran (can. 10) juge encore opportun de la rappeler. A cette interdiction se joignaient d'autres prescriptions destinées à protéger la vie paroissiale. Telle est celle qu'édicte le concile d'Arles de 1260 (can. 15) : « Les moines ne doivent pas attirer dans les églises de leurs couvents, les jours de dimanche et de fête, les fidèles d'une paroisse. Ils ne doivent pas non plus prêcher pendant qu'a lieu le service divin à la paroisse. » L'année suivante, un synode de Mayence (can. 49) veut qu'avant de permettre à des moines de s'établir quelque part dans le diocèse,

1. Synode de Rouen, en 1072, can. 13.
2. Synodes de Rouen, en 1074, can. 3; de Poitiers, en 1078, can. 6, et en 1100, can. 11.
3. Ce soin des âmes, *cura*, a valu au prêtre chargé d'une paroisse le nom de *curatus*, en bas-latin, d'où le nom français de « curé ».

l'évêque s'assure qu'il n'en résultera aucun dommage pour l'église paroissiale.

Cette discipline resta en vigueur jusqu'au concile de Trente, qui n'eut qu'à la confirmer. On n'y fit exception, de loin en loin, que pour des raisons graves et avec l'autorisation formelle des évêques. Les paroisses qui dépendaient des abbayes étaient évidemment dans une situation spirituelle plus avantageuse que celles qui étaient passées aux mains des seigneurs laïques. Assez habituellement il en était de même au point de vue temporel. Il est certain néanmoins que l'organisation hiérarchique et constitutionnelle de l'Église eût souffert, si des groupes de fidèles avaient pu être soustraits à la direction des évêques pour recevoir celle des abbés, et si, à côté de paroisses formées selon l'esprit général de l'Église par le clergé séculier, on en eût trouvé qui eussent porté une autre empreinte, celle d'un ordre religieux, n'ayant d'ailleurs ni vocation, ni grâce d'état pour le ministère paroissial.

Moins considérable que celui des paroisses à patrons laïques, le nombre des paroisses situées sur un territoire abbatial était encore assez grand. Ainsi aux IXe et Xe siècles, on constate que Saint-Germain des Prés détient déjà trente-six églises et trois chapelles ; Saint-Remi, treize églises ; Saint-Germain d'Auxerre, dix ; l'abbaye de la Grasse, onze et plus ; Montolieu, quinze ; Saint-Hilaire, treize ; Saint-Cyprien, plus de trente-trois[1]. Ces chiffres s'accrurent avec le temps.

La même incompatibilité n'existait pas entre la vie

1. IMBART DE LA TOUR, *Les paroisses rurales*, p. 230.

des chanoines réguliers et le ministère des paroisses. Aussi est-il permis à ces chanoines de diriger les paroisses situées sur leur domaine. Les chanoines réguliers de Sainte-Geneviève ont de bonne heure, dans la crypte de leur basilique, une paroisse de Saint-Jean pour les habitants du Mont. En 1225, ils bâtissent, en dehors de la basilique, l'église paroissiale de Saint-Étienne, qu'ils desservent. Ils sont également curés à Saint-Médard, à Nanterre, à Rosny, à Vanves, à Épinay, à Jossigny, sur leurs terres, en attendant que d'autres paroisses leur soient confiées.

La paroisse desservie par les chanoines réguliers s'appelle ordinairement un *prieuré*. Pour pouvoir y continuer la vie commune et régulière qu'ils ont embrassée, les chanoines doivent se trouver au moins trois dans le prieuré, d'après les bulles d'Alexandre III, en 1168, et de Célestin III, en 1195. C'est pour cette raison que les chanoines réguliers de Saint-Victor font desservir par un prêtre séculier les paroisses qui leur appartiennent, quand ces paroisses n'ont pas un revenu suffisant pour faire vivre au moins deux chanoines[1]. Ils abandonnent dans les mêmes conditions des paroisses qu'ils desservaient à l'origine et qui sont devenues trop pauvres pour constituer un prieuré[2]. Le titulaire de la cure est généralement le supérieur ou prieur de la petite communauté. Sauf privilège d'exemption, l'abbé présente à l'évêque un de ses chanoines, pour que ce dernier reçoive l'institution et les pouvoirs nécessaires, ainsi que le stipulent les bulles d'Alexandre III

1. Synode de Saumur, en 1276, can. 10.
2. F. Bonnard, *Histoire de l'abbaye de Saint-Victor de Paris*, Paris, s. d., t. I, p. 253-256.

et de Célestin III. L'abbé ne peut ni placer en paroisse ni déplacer un curé-prieur sans le consentement de l'évêque [1]. Cependant il visite ou fait visiter les paroisses, veille sur l'administration du temporel et exerce une assez grande autorité sur les prieurs-curés, surtout dans les paroisses annexées à l'abbaye elle-même, le principal du droit épiscopal et curial restant cependant à l'évêque [2].

Pour se garantir contre les vexations injustes et les violences, l'Église ne cesse pas de se servir des armes qui sont entre ses mains. Elle excommunie ceux qui détiennent ses biens et attentent à ses droits, s'ils ne donnent satisfaction dans le délai d'un mois; puis, elle frappe d'interdit le lieu où ces biens sont séquestrés, ou celui dans lequel les juges civils se refusent à protéger les clercs contre les exactions et les voies de fait trop fréquentes [3].

Elle prend soin, de son côté, que les fidèles n'aient aucune raison sérieuse de se plaindre de leurs pasteurs. Le quatrième concile de Latran (can. 30) ôte le droit de nomination aux prélats qui ne choisissent pas, pour occuper les bénéfices, les plus dignes et les plus capables. C'est une règle absolue que personne ne doit être titulaire de deux paroisses à la fois [4]. Celui qui accepte un second bénéfice ayant charge d'âmes perd de droit le premier, s'il n'a dispense de l'évêque [5]. Il est clair qu'un curé chargé de deux paroisses, surtout si elles sont distantes l'une de l'autre,

1. Synode de Pont-Audemer, en 1279, can. 24.
2. Féret, *L'Abbaye de Sainte-Geneviève*, Paris, 1883, t. I, p. 251-256.
3. Synode d'Avignon, en 1326, can. 12-14; de Paris, en 1347, can. 1.
4. Synodes de Rome, en 1059, can. 8; troisième concile de Latran, en 1179, can. 13; synodes de Paris, en 1213, can. 19; de Nantes, en 1264, can. 6.
5. Synode de Saumur, en 1276, can. 3.

ne peut prendre un soin suffisant des âmes qui lui sont confiées. Il néglige nécessairement les unes au profit des autres, quelquefois même les unes et les autres à la fois.

La loi défendant la pluralité des cures était éludée par des curés qui, déjà chargés d'une paroisse, en affermaient une autre qu'ils faisaient desservir par un prête-nom, tout en gardant pour eux le principal des revenus [1]. En 1260, un synode de Bordeaux [2] défend à celui qui dessert déjà une église d'en prendre une autre à ferme, sous peine de perdre la première. Parfois, avec la permission de l'évêque, un curé peut affermer une autre église, mais à condition d'y entretenir un vicaire et d'acquitter les charges [3]. Cette location ne doit jamais être à vie et ne peut être faite qu'à des clercs et seulement pour cinq ans [4]. Les titulaires des chapelles sont tenus de les desservir par eux-mêmes ou de les faire desservir par des vicaires [5].

Un synode de Rouen, en 1190 (can. 24), interdit à celui qui a obtenu la survivance pour une église, de soulever des difficultés à celui qui l'occupe actuellement, afin de l'amener à lui faire une pension. Par la suite, on coupa court à cet abus en défendant d'attribuer des prébendes qui ne devaient vaquer que plus tard [6].

La résidence est naturellement imposée à tout titu-

1. Synode de Londres, en 1237, can. 9.
2. Can. 13; synode de Nantes, en 1264, can. 6.
3. Synodes de Rouen, en 1231, can. 18; de Langeais, dans la province de Tours, en 1278, can. 8.
4. Synode de Narbonne, en 1374, can. 7.
5. Synode de Rouen, en 1335, can. 4.
6. Synodes de Château-Gonthier, dans la province de Tours, vers 1231, can. 7; de Nantes, en 1264, can. 6.

laire d'une paroisse[1]. Le quatrième concile de Latran (can. 32) insiste sur ce point. Il ordonne à celui qui a la charge d'une église paroissiale de la desservir personnellement, et non par un vicaire, à moins que cette paroisse soit annexée à une prébende ou à une dignité, c'est-à-dire à une cathédrale ou une collégiale. Dans ce dernier cas, le titulaire de l'église paroissiale remplit sa charge dans la grande église et confie la paroisse à un vicaire perpétuel, capable et canoniquement constitué.

La législation ecclésiastique de l'époque n'admet pas qu'un prêtre desserve une paroisse autrement qu'à titre définitif. Toute église doit avoir son propre prêtre et non un pasteur temporaire et à gages [2]. Le deuxième concile de Latran, en 1139 (can. 10), généralise cette prescription. D'autre part, le prêtre ne peut être déposé de la charge curiale que sur un jugement canonique de l'évêque ou de l'archidiacre [3]. Le synode provincial de Rouen, en 1231 (can. 29-33), règle différents points intéressants pour la bonne tenue des paroisses. Les clercs qui sont suppléés dans une paroisse par un vicaire perpétuel doivent consacrer leur temps à l'étude de la théologie; les clercs incapables de grandes études sont employés immédiatement au service des paroisses. Si le vicaire perpétuel meurt ou abandonne son poste, celui qu'il remplaçait doit desservir l'église en personne. Pendant la vacance d'une cure, un autre prêtre, deux au besoin, font le service et reçoivent les honoraires convenables sur les revenus de l'église. Avec les revenus ordinaires,

1. Synode de Nantes, en 1264, can. 6.
2. Synodes de Reims, en 1131, can. 8; de Tours, en 1163, can. 5.
3. Synode de Reims, en 1148, can. 10.

les vicaires perpétuels, et, s'ils ne le peuvent, les titulaires du bénéfice, ont la charge de faire élever sur les terrains de l'église les bâtiments nécessaires aux différents services.

Le quatrième concile de Latran (can. 66) renouvelle la prohibition d'exiger quoi que ce soit pour la célébration des obsèques et pour les bénédictions nuptiales, les revenus de l'église étant jugés suffisants pour l'entretien du prêtre; mais il approuve la coutume introduite par les fidèles de faire une offrande à cette occasion. Un synode d'Apt, en 1365 (can. 11), défend aux clercs de vendre à des laïques ce qui leur revient de leur ministère spirituel.

Ainsi organisées et maintenues dans un état normal par une autorité toujours vigilante, les paroisses gardaient assez d'indépendance pour défendre les intérêts de la population chrétienne et la former progressivement à une civilisation moins imparfaite, dans un temps où la force et la violence remplaçaient si souvent le droit. Au XIe siècle, de nombreux synodes avaient travaillé à mettre un terme aux hostilités sans cesse renaissantes entre les seigneurs, au grand détriment des paysans pour lesquels la sécurité n'existait plus. L'interdit fut d'abord jeté sur les belligérants; puis, l'on essaya l'établissement d'une vaste ligue de la paix, dont les membres s'engageaient par serment. A un synode de Bourges, en 1038, on obligea les fidèles, âgés de plus de quinze ans, à prêter ce serment et à promettre de défendre la paix même par les armes, s'il était nécessaire. Les clercs devaient porter les bannières devant le peuple, quand celui-ci marchait contre les ennemis de la paix. Ces moyens ne réussirent guère contre des seigneurs habitués au métier des armes.

La Trêve de Dieu, ou *treuga Dei,* eut plus de succès. Elle prohibait les hostilités du mercredi soir au lundi matin, du premier jour de l'Avent à l'octave de l'Épiphanie, du lundi avant le Carême à l'octave de la Pentecôte, et à un certain nombre de fêtes de la sainte Vierge et des saints [1]. Le synode de Rouen, en 1096, interdit même d'inquiéter les laboureurs au travail et de toucher aux bœufs et aux chevaux qu'ils employaient au labour. C'était l'époque des croisades et l'intérêt commun fit accepter dans toutes les provinces et respecter la Trêve de Dieu. La sécurité fut ainsi à peu près rendue aux habitants des paroisses.

Le droit d'asile était aussi destiné à soustraire l'homme du peuple à la vengeance ou à la justice sommaire du seigneur. Une loi de Théodose le Jeune[2] l'étendait non seulement à l'église, mais encore à tous les bâtiments qui en dépendaient. Les rois francs reconnurent ce droit [3]. Le concile de Clermont, en 1095 (can. 29, 30), l'attribua également aux croix établies le long des chemins. De nombreux conciles avaient revendiqué pour l'Église le droit d'asile. Le coupable n'était livré qu'à condition que le juge lui laisserait la vie et l'intégrité de ses membres. Comme l'usage de ce droit donna lieu à des abus, déjà Charlemagne [4] défendit aux

1. Synode de Clermont, en 1095, can. 1 ; HEFELE, *Histoire des conciles,* t. VI, p. 277-283.

2. *Cod. Theod.*, IX, 45, 4.

3. Synodes d'Orléans, en 511, can. 1 ; de Reims, en 625, can. 7, 24 ; de Mayence, en 813, can. 39.

4. *Capitulaire* de 779, c. 8.

clercs d'excuser le coupable et de le nourrir. En 1276, un synode de Bourges (can. 12) frappait encore d'excommunication celui qui violait le droit d'asile, déjà notablement méconnu, et en 1326, le synode de Mauriac (can. 11), au diocèse d'Auch, reprenait le même canon. Au XVIe siècle seulement, ce droit fut à peu près complètement aboli [1].

Une transformation politique, du plus haut intérêt pour les paroisses, se produisit aux XIe et XIIe siècles. La bourgeoisie des communes, qu'avait enrichie le commerce et dont la situation était devenue plus importante depuis les croisades, finit par trouver trop pesant le joug des seigneurs. Peu à peu, par entente volontaire ou forcée, ceux-ci furent amenés à octroyer aux communes des chartes de franchise. Le roi Louis VI favorisait ce mouvement qui lui ménageait l'alliance des bourgeois contre les seigneurs féodaux. En certaines villes, Reims, Laon, Vézelay, Cambrai, ce furent les seigneurs ecclésiastiques qui furent vivement pris à parti et durent composer. Ailleurs, les évêques étaient avec les bourgeois. Au Mans, par exemple, l'évêque et les prêtres de chaque paroisse, portant la croix et les bannières des saints, s'élancent avec les habitants à l'assaut du château de Silly [2]. « Les clercs avaient souvent à se plaindre des violences des seigneurs qui jalousaient leurs richesses et multipliaient les

1. Jusqu'en 1746, on voyait suspendu vers le haut du pignon de la basilique de Sainte-Geneviève un large et gros anneau de fer, qui était anciennement à la porte de l'église, et dans lequel passaient leur bras ceux qui recouraient au droit d'asile. COCHERIS-LEBOEUF, *Histoire de la ville et du diocèse de Paris*, t. II, p. 578; *Biblioth. de l'école des Chartes*, 3e sér., t. V, p. 163.

2. D. BOUQUET, *Rerum gallic. et franc. scriptores*, t. XII, p. 540.

incursions sur les terres de l'Église. Dans la plupart des villes où la suzeraineté appartenait à un seigneur laïque, le clergé fit cause commune avec le peuple, parce que leurs souffrances étaient les mêmes et semblable aussi leur intérêt à la défaite et à la punition du suzerain[1]. » Quant aux seigneuries ecclésiastiques, elles étaient moins armées que les autres pour une résistance effective. Elles cédèrent assez facilement au désir d'affranchissement que manifestèrent les communes. D'ailleurs, en vertu de leur immunité, les terres d'Église étaient considérées comme un prolongement du domaine royal. Le roi affirmait son droit par la *régale*, en vertu de laquelle il percevait les revenus des évêchés vacants. Il n'était pas fâché d'établir plus expressément son autorité sur ces seigneuries en se conciliant la sympathie de la bourgeoisie dont il secondait les efforts.

Dans les paroisses de campagne, les mêmes tendances se firent jour. Au XIIe siècle, les paysans étaient à peu près tous libres; mais les *villains*, comme on les appelait, n'avaient pas de garanties suffisantes contre les abus dont ils n'étaient que trop souvent victimes, dans leur personne ou dans leurs biens. Eux aussi, ils réclamèrent et obtinrent leurs chartes d'affranchissement. Il en résulta au moins pour eux un peu plus de sécurité qu'auparavant.

Ainsi le progrès s'accomplit lentement mais utilement. « Les chartes d'affranchissement en sont l'expression et la preuve formelle. Elles nous montrent la liberté personnelle qui se développe, l'administra-

1. GASQUET, *Institutions politiques de l'ancienne France*, t. II, p. 200.

tion qui se règle, l'industrie qui s'étend, la condition matérielle qui s'améliore. Si l'on demande à qui l'on doit cette révolution, il faut en attribuer le principal mérite au christianisme et à l'Église. Ce fut d'abord sur les terres ecclésiastiques que l'administration se montra plus paternelle [1], plus régulière, et que les lois devinrent plus favorables à la liberté. Ce furent les trêves de Dieu qui précédèrent les chartes civiles et qui les préparèrent. Ce fut la législation canonique qui travailla la première aux affranchissements dans une pensée d'égalité chrétienne, et offrit ainsi à la législation civile le modèle à suivre... Ce furent deux papes du XIIe siècle, Adrien IV et Alexandre III [2], qui donnèrent à ce grand mouvement d'émancipation l'impulsion la plus vive ; ce fut Rome enfin qui, en suscitant partout l'opinion publique, entraîna les gouvernements [3]. »

La paroisse profitait de toutes ces améliorations pour devenir plus indépendante et aussi plus vivante. Le peuple s'intéressait davantage à son église quand il s'y sentait un peu plus le maître. Cette église était, du reste, comme le centre de toutes les affaires de la commune. « Les ventes, les donations, et tous les actes publics ou privés des citoyens étaient passés ou mis en écrit dans leur église. C'était au coin de l'autel que les affranchissements étaient célébrés, de manière que le serf, après avoir trouvé dans le

1. On connaît le proverbe allemand, rapporté par l'historien Anton : « Il fait bon vivre sous la crosse ».

2. Alexandre III, en 1159, déclara canoniquement valables les mariages contractés par les paysans sans le consentement de leurs seigneurs, et réduisit à une simple amende l'infraction au *formariage*, ou droit qu'avait le seigneur à s'opposer au mariage de personnes dépendant de lui.

3. DARESTE, *Histoire de France*, t. II, p. 40.

temple un asile contre l'emportement de son maître, venait encore y recevoir le bienfait de la liberté. Les églises servaient d'archives publiques; on en faisait aussi, surtout dans les campagnes, la grange ou le grenier du village... On allait donc au temple non seulement pour les offices, mais pour ses affaires. Un maître s'y rendait pour réclamer son esclave qui s'y était réfugié; les prêtres lui faisaient jurer qu'il ne le maltraiterait pas, et son esclave lui était remis... Voulait-on se purger d'une accusation, on allait à l'église avec ses cojurateurs et l'on y prononçait, sur l'autel, le serment d'usage... Non seulement le peuple était appelé à l'église par son culte et par ses affaires, mais il y était encore attiré par ses plaisirs... Le temple était à la fois pour le peuple son théâtre, son forum et son hôtel de ville... C'était le centre de tous les intérêts, le refuge de tous les malheureux, et les malheureux composaient alors presque toute la nation... De patrie, le peuple n'en avait point d'autre que l'Église, et l'Église était tout pour lui... On préférait de beaucoup l'assemblée des fidèles à celle des scabins [1] ou des hommes d'armes; on fuyait les plaids et les champs de mars ou de mai pour accourir aux temples; on était bien plus puni d'être privé dans l'église de son rang, de la participation aux offrandes, aux eulogies [2], à la communion, que du droit de porter les armes et de juger : en un mot, on tenait bien plus à l'exercice de ses droits religieux qu'à celui de ses droits politiques, parce que l'état religieux était bien supérieur à l'état politique,

1. Ou échevins, juges et administrateurs des cités.

2. Choses bénites et distribuées aux fidèles, en particulier le pain bénit.

et que, hors de l'Église, tous les devoirs et tous les droits de l'homme étaient à peu près méconnus [1]. »

Cette centralisation d'intérêts divers dans l'église paroissiale y entretenait une vie intense et pittoresque, mais ne laissait pas de présenter des inconvénients assez sérieux. Aussi les conciles durent-ils aviser pour mettre progressivement chaque chose à sa place. Comme l'église était d'ordinaire, après le château féodal, le monument le plus solidement construit du bourg ou du village, on s'y réfugiait en cas d'alerte et on la mettait en état de défense [2]. Mais cette situation ne pouvait se perpétuer, de manière à changer l'église en forteresse. Le danger passé, les travaux de défense devaient être détruits [3]. On enfermait également dans l'église le froment, le foin, des meubles et différents objets que l'on tenait à soustraire au pillage. Cet encombrement de l'édifice sacré, justifiable en temps de guerre, ne devait pas être toléré quand la sécurité régnait suffisamment [4].

En poursuivant son œuvre, la législation ecclésiastique élimina peu à peu, mais non sans peine, quantité d'autres usages étrangers au culte. Elle interdit dans les églises et dans les cimetières qui les entouraient les séances judiciaires, surtout quand elles devaient entraîner l'effusion du sang [5], les marchés [6],

1. GUÉRARD, *Cartulaire de l'église N.-D. de Paris*, 1850, t. I, préf., p. 23, 52, 53.

2. Synode de Saint-Omer, en 1099, can. 1.

3. Synodes d'Avignon, en 1209, can. 9; de Mayence, en 1310, can. 109.

4. Quatrième concile de Latran, 1215, can. 19; synode de Bourges, en 1286, can. 21.

5. Synodes de Rouen, en 1190, can. 18; de Saumur, en 1253, can. 6; de Ruffec, en 1258, can. 10; de Trèves, en 1310, can. 64.

6. Synode de Londres, en 1268, can. 35; conciles de Lyon, en 1274, can. 25; de Bâle, en 1435, XXIe sess., can. 11.

les banquets, les jeux, les danses, les pièces de théâtre et tous les amusements profanes qui avaient lieu à l'occasion de certaines solennités [1]. La fréquence des interventions synodales montre que ces derniers abus étaient fortement enracinés et qu'il fallut les combattre longtemps, avant d'arriver à les détruire. Des conciles généraux, celui de Lyon et celui de Vienne, jugèrent même à propos d'appuyer de leur autorité les prohibitions des conciles provinciaux. La fête des Fous, réformée à Paris, dès 1198, par l'évêque Eudes de Sully, fut interdite par le concile de Bâle dans sa XXIe session [2].

Plusieurs synodes de cette période reviennent sur la défense de donner dans l'église des représentations théâtrales. C'est qu'en effet, à partir du XIe siècle, le clergé avait commencé à ajouter le drame liturgique aux cérémonies religieuses proprement dites. « A certaines époques de l'année, surtout au temps de Noël et de Pâques, les principaux mystères du christianisme furent représentés dans l'église devant le peuple, par des prêtres et des clercs. Le dialogue, en langue latine et en prose, était court ; à l'origine, une simple paraphrase des textes sacrés. Les vêtements sacerdotaux, à peine modifiés, suffisaient aux acteurs ; le drame liturgique primitif n'était guère qu'une prolongation de l'office, non moins grave ni moins reli-

1. Synodes d'Avignon, en 1209, can. 17 ; de Paris, en 1213, can. 16 ; de Trèves, en 1227, can. 6 ; de Rouen, en 1231, can. 14 ; de Cognac, en 1260, can. 2 ; de Bourges, en 1286, can. 22 ; concile de Vienne, en 1314, can. 9 ; synode de Paris, en 1428, can. 3.

2. L'Église n'avait pas réussi à épurer totalement la religion populaire. Beaucoup de superstitions subsistaient encore et mêlaient aux pratiques catholiques de vieux restes du paganisme ancien. On trouvera des détails intéressants sur ce sujet dans THIERS, *Traité des superstitions*, 1679, et dans *Curiosités théologiques*, par un bibliophile, Paris, s. d.

gieuse que l'office lui-même [1]. » Peu à peu, par des transformations naturelles, la langue vulgaire fut substituée au latin, le drame se joua non plus dans l'église mais sur le parvis, les acteurs laïques se substituèrent aux prêtres, et des confréries se formèrent pour représenter des pièces toujours religieuses, mais de plus en plus variées. A la fin du XIVe siècle, commencèrent les « mystères » proprement dits, qui représentaient l'histoire de la religion avec introduction des personnages les plus divers, depuis Dieu jusqu'aux êtres les plus vils [2]. Le peuple avait grand goût pour ces spectacles. On croyait faire œuvre pie en y assistant, et, de fait, il y avait là un enseignement de la religion à la fois très saisissant et très populaire. Vers la fin du XVIe siècle, ces représentations devaient cesser, pour céder la place à des spectacles profanes. L'immense succès des mystères permet de constater la place que la religion tenait dans la vie des populations du moyen-âge, puisqu'elles la mêlaient intimement même à leurs distractions. On comprend néanmoins que l'introduction de certains personnages dans les drames religieux et le langage qu'on leur faisait librement tenir, aient été de bonne heure incompatibles avec le respect dû au lieu saint.

Il ne suffisait pas de fermer l'église aux réunions profanes. Il fallait appeler les paroissiens aux offices religieux et les habituer à y prendre part avec les

1. PETIT DE JULLEVILLE, *Les mystères*, dans *La France chrétienne dans l'histoire*, Paris, 1896, p. 238.

2. *L'ordre de la triomphante et magnifique monstre du mystère des saints actes des apostres*, faite à Bourges, le dimanche dernier jour d'avril 1536, Bourges, 1836, ne demande pas moins de 56 pages in-8° pour la description du cortège.

sentiments qui conviennent. En 1229, un grand synode tenu à Toulouse (can. 25, 26) oblige les paroissiens, surtout le mari et la femme de chaque maison, à assister, les jours de dimanche et de fête, au sermon et à tout l'office divin, et à ne pas sortir avant la fin de la messe. Si l'un des deux se trouve légitimement empêché, l'autre ne doit pas manquer de venir. L'infraction non motivée entraînait une amende de douze deniers de Tours [1], dont moitié pour le seigneur du lieu et moitié pour le prêtre ou pour l'église. Le même synode exhorte les paroissiens à visiter leur église dans la soirée du samedi, en l'honneur de la sainte Vierge. C'est dans l'église de la paroisse que les fidèles ont à entendre la messe [2]. Il est d'ailleurs recommandé au prêtre de ne pas célébrer trop lentement, pour ne pas fatiguer l'attention des fidèles [3]. La pluralité des prêtres ou au moins des clercs dans les églises de campagne permettait d'y assurer non seulement la messe, mais encore tout l'office divin, comme dans les cathédrales ou les collégiales [4]. En 1274, le concile général de Lyon (can. 25) insiste sur la tenue religieuse que les curés doivent recommander à leurs paroissiens dans les églises : « Le culte du Seigneur requiert le respect et le calme ; qu'on entre à l'église avec humilité et dévotion ; qu'on s'y applique aux solennités sacrées avec des cœurs attentifs et qu'on s'acquitte des prières avec des âmes dévotes ; qu'on en éloigne tout ce qui

1. Soit un sou, vingtième partie de la livre d'argent, qui valait un peu moins que le franc actuel.

2. Synodes de Marciac, au diocèse d'Auch, en 1326, can. 26 ; d'Apt, en 1365, can. 12.

3. Synodes de Cologne, en 1279, can. 7 ; de Lambeth, au diocèse de Cantorbéry, en 1330, can. 1.

4. Synode de Béziers, en 1246, can. 30.

peut troubler l'office divin ou blesser les regards de la divine majesté, de peur que, dans le lieu même où l'on vient implorer le pardon, on trouve une occasion de pécher et on constate qu'en effet des péchés sont commis. »

Les jours de fête à célébrer en dehors du dimanche ne sont qu'au nombre de seize dans les statuts synodaux de saint Boniface [1]. L'assemblée d'Oxford, en 1222 (can. 8), en compte une quarantaine ; le synode de Toulouse (can. 26), de 1229, tout autant. Ces fêtes étaient annoncées au peuple le dimanche précédent [2]. Leur nombre variait d'ailleurs selon les diocèses et selon les époques, et les serfs, puis ceux qui travaillaient pour le compte d'un seigneur, ne se plaignaient pas que ce nombre s'accrût. Mais les abus ne tardèrent pas à en résulter. Simon, archevêque de Cantorbéry, dans une lettre de 1332, se plaint que, les jours fériés, beaucoup s'adonnent à la paresse et fréquentent les auberges plus que l'église. Au synode de Reims de 1408, Jean Gerson formula le vœu que le nombre des fêtes fût diminué ; huit ans plus tard, Nicolas de Clémangis écrivit un livre pour demander qu'on n'instituât pas de fêtes nouvelles [3].

Le clergé s'appliquait à rendre les fêtes aussi attrayantes que possible. Les églises étaient décorées ; souvent on jonchait le pavé de fleurs et de verdure [4] ;

1. Synode de Mayence, en 753, can. 36.
2. Synode de Bénévent, en 1331, can. 63.
3. KELLNER, *Heortologie oder das Kirchenjahr*, Fribourg-en-B., 1901, p. 11-20.
4. A la fin du XIIIe siècle, les jonchées étaient fournies à Notre-Dame de Paris, pour la fête de l'Assomption, par les prieurs de certaines églises, à tour de rôle chaque année, Limours, Orsay, Palaiseau, Saint-Remi, Chevreuse, Marly, Versailles, etc. GUÉRARD, *Cartulaire de N.-D.*, p. 171.

les cérémonies se déroulaient avec toute la pompe que permettaient le personnel et les ressources locales. La fête du saint qui était le patron du lieu était solennisée avec des réjouissances particulières, tant à l'église qu'au dehors.

Quand les corporations ouvrières prirent leur grand développement, au XIIIe siècle, chacune d'elles fut amenée à constituer une confrérie ou famille spirituelle dans laquelle pouvaient entrer, à côté des ouvriers en activité, les anciens ouvriers et les bienfaiteurs qui aidaient la corporation de leur influence et de leurs richesses. Toute confrérie tenait à avoir sa chapelle dans l'église, la châsse de son patron, sa bannière, ses processions. Elle se réunissait à l'occasion des mariages ou des funérailles de ses membres, et l'on frappait d'une amende ceux qui n'assistaient pas à ces cérémonies religieuses. Chaque confrérie avait un patron spécial, adopté par toutes les corporations de même nature ou désigné par des circonstances locales. La fête de ce saint était célébrée par la confrérie avec tout l'éclat possible; on rivalisait de magnificence, pour l'honneur de la confrérie. Saint Joseph était fêté, à titre de patron, par les charpentiers et les menuisiers; saint Éloi, par les orfèvres et les ouvriers en métaux; saint Isidore, par les laboureurs; saint Fiacre, par les jardiniers; saint Vincent, par les vignerons; saint Blaise, par les maçons et les tisseurs de laine; saint Jean-Baptiste, par les tailleurs; saint Michel, par les merciers et les marchands, etc.[1].

1. HURTER, *Tableau des institutions et des mœurs de l'Église au moyen-âge*, Paris, 1843, t. III, p. 192; TOUSSAINT-GAUTIER, *Dictionn. des confréries*, Paris, 1855; CLAIR, *Les confréries ouvrières*, Paris, 1873; *Association catholique*, t. XIII, 1882, p. 283.

Ces confréries étaient très fermées. La paroisse elle-même formait une vraie famille, uniquement composée d'habitants nés dans la commune même ou fixés depuis longtemps sur son territoire. Cependant, en France, on n'allait pas jusqu'à exclure de l'église les étrangers qui prétendaient y assister à la messe du dimanche, comme cela se pratiquait en Bohême [1], et dans la basse Italie [2].

Les ressources paroissiales continuaient à s'alimenter du produit des biens-fonds, des dîmes, des offrandes et des donations. Les paroissiens faisaient quelquefois ces dernières de leur vivant. En 1039, un certain Reynaud « donne à Dieu et à la sainte Trinité tous ses biens et lui-même comme serf [3] ». Des motifs de piété, d'espérance, de crainte ou de réparation inspiraient les donateurs. Plus fréquemment, quelqu'un faisait une donation à l'église de sa paroisse par testament, avec ou sans charges déterminées, « pour le salut de son âme ».

Plus que tous les autres, les rois de France exercèrent de grandes libéralités envers l'Église, qu'ils regardaient comme l'indispensable soutien de la société. Animés eux-mêmes de sincères sentiments religieux, ils croyaient faire œuvre pie et utile à leur âme en fondant ou en dotant des églises. Ainsi fit saint Louis [4]. Ainsi firent beaucoup d'autres, avant et après lui. Malgré la brièveté de son règne, Philippe le Long prend le temps de fonder des églises et des chapelles, de donner aux prêtres des

1. Synode de Prague, de 1349, can. 32.
2. Synode de Bénévent, de 1378, can. 68.
3. *Monast. Vindocinense*, dans GASQUET, *Institut. polit. de l'ancienne France*, t. II, p. 277.
4. JOINVILLE, *Histoire de saint Louis*, CXXIX, 690; CXLII, 723, 724.

marques de sa bienveillance, de faciliter le recrutement du bas clergé en affranchissant ceux de ses serfs que signale leur piété, et enfin de favoriser l'établissement de confréries religieuses. Il agissait ainsi pour « assurer son salut et celui de ses prédécesseurs », pour « l'accroissement du service de Dieu », pour « le salut de son âme », pour celui « de sa femme et de ses parents [1] ».

Les mêmes sentiments, la même préoccupation de l'autre vie animaient tous les donateurs, grands ou petits. L'Église veillait en conscience à l'exécution de leurs volontés; c'était son devoir, parce que leur intérêt spirituel d'abord, son intérêt temporel ensuite, s'y trouvaient engagés. C'est pourquoi la législation canonique revient très fréquemment sur la question des testaments. Ils doivent être faits en présence de témoins et du curé de la paroisse ou d'un clerc [2]. Anathème est prononcé contre celui qui conteste la valeur d'un testament en se basant sur l'absence d'un juge civil [3]. Si le curé n'a pu assister à la confection du testament, le notaire doit, dans les huit jours, lui donner copie des dispositions qui le concernent [4]. L'évêque a la haute surveillance sur tout ce qui concerne les testaments. Dans les dix jours, les actes doivent lui être apportés à lui-même ou à son official, pour qu'il veille à ce que les exécuteurs testamentaires ne distraient rien;

1. LEHUGEUR, *Histoire de Philippe le Long*, Paris, 1897, t. I, p. 347-350.
2. Synodes de Narbonne, en 1227, can. 5; de Toulouse, en 1229, can. 16; de Rouen, en 1231, can. 21; de Béziers, en 1246, can. 44; d'Isle, au diocèse d'Avignon, en 1251, can. 6; d'Albi, en 1254, can. 37, 38; de Ruffec, en 1258, can. 7; d'Arles, en 1275, can. 8.
3. Synode de Bourges, en 1276, can. 9.
4. Synode de Riez, en 1285, can. 16.

c'est à lui que les témoins font connaître les volontés de celui qui est mort sans testament[1]. L'Église portait ces prescriptions en faveur des testateurs et des héritiers, à une époque où seule elle exerçait dans les paroisses une influence assez forte pour se faire obéir. Les testaments mentionnaient parfois des restitutions à faire ou des aumônes à distribuer; la présence du curé était alors requise, ou du moins le notaire devait l'informer dans la huitaine[2]. Cette intervention des curés dans les questions testamentaires, si énergiquement réclamée par les synodes du XIIIe siècle, fut admise en France jusqu'à la Révolution[3].

On pourrait croire que les curés abusèrent du rôle qui leur était attribué pour influencer en leur faveur la volonté des testateurs. Si l'abus se présenta quelquefois, il ne fut pas fréquent.

Le troisième concile de Latran, en 1179 (can. 15), avait décrété que si un clerc oubliait son devoir jusqu'à s'enrichir personnellement à l'occasion de ses fonctions ecclésiastiques, ses biens devaient retourner à l'Église après sa mort, qu'il les eût légués à d'autres ou fût mort sans testament. Le curé ne pouvait donc guère insister qu'en faveur de sa paroisse et des pauvres. Il n'y manquait pas, il faut en convenir[4]; mais il avait d'autre part grand intérêt à ne pas mécontenter les héritiers naturels

1. Synodes de Tours, en 1235, can. 7; de Paris, en 1248, can. 22; de Bourges, en 1286, can. 28.
2. Synode d'Avignon, en 1326, can. 20.
3. Une ordonnance d'août 1735, art. 25, étend même la faculté de recevoir les testaments aux desservants qui remplacent provisoirement les curés.
4. DUCANGE, *Gloss.*, *Intestatus*, *Testamentum*.

qui étaient ses paroissiens et avec lesquels il se trouvait en contact quotidien. Pour couper court à toute pensée de cupidité, le synode de Paris[1] de 1213 prend même soin d'avertir les testateurs qu'ils ne sont nullement obligés de laisser au curé une somme destinée à dire des messes pour eux.

La loi canonique mettait quelquefois obstacle à la confection ou à l'exécution des testaments. Ainsi celui qui, pendant toute une année, demeurait sous le coup d'une excommunication et par conséquent se mettait hors d'état de remplir son devoir pascal, était inhabile à hériter[2]. Comme l'excommunication avait été encourue pour une faute grave et scandaleuse, on obligeait ainsi le coupable à donner satisfaction à la société chrétienne dont il faisait partie. Un usurier ne pouvait faire de testament avant d'avoir désintéressé ceux qu'il avait lésés[3]. Le peuple ne pouvait que trouver son compte à cette exigence de l'Église. D'ailleurs, chaque dimanche, dans toutes les églises, les usuriers étaient menacés d'excommunication ou même excommuniés, et, s'ils persistaient dans leurs pratiques, on les privait de la sépulture ecclésiastique[4].

Cette période du XIe au XIVe siècle, après avoir vu à son début les efforts de Grégoire VII et de saint Bernard pour la réforme du clergé et la défense des

1. Can. 11. Cette règle fut insérée, en 1236, dans le Statut, can. 8, de saint Thomas de Cantorbéry. Un autre synode se plaint que les évêques demandent trop pour la confirmation des testaments, ce qui empêche de servir les legs laissés aux œuvres pies; mais c'est un synode anglais, tenu à Londres, en 1321, can. 1.

2. Synode de Langeais, au diocèse de Tours, en 1278, can. 6.

3. Synode de Bourges, en 1286, can. 17. Le synode de Mayence de 1261, can. 44, avait formulé la même règle.

4. Synode de Château-Gonthier, en 1231, can. 30.

droits de l'Église, avait atteint son apogée au XIIIe siècle. Les superbes églises qui s'étaient alors élevées de toutes parts et la science sacrée qui florissait dans les grands centres témoignaient d'un immense progrès accompli. Les paroisses, sans doute, n'en éprouvaient qu'une lointaine influence; leur église restait assez modeste et leur condition médiocrement prospère. Néanmoins elles aussi avaient gagné avec le temps. Les évêques avaient réussi à les dégager des entraves par trop gênantes, en imposant le respect de la loi canonique aux patrons des églises, en faisant restituer une partie des biens usurpés par les seigneurs laïques, en retirant aux moines le service paroissial, en contrôlant par eux-mêmes le ministère des curés nommés par d'autres, en célébrant de nombreux synodes pour corriger les abus et amener tous les prêtres à un genre de vie digne de leur ministère, enfin en assurant à l'Église une cohésion, une liberté et une activité faites pour lui concilier le respect, la confiance et la reconnaissance des peuples.

Le curé était, dans sa paroisse, le représentant de cette Église qui prenait les petits sous sa tutelle et dont la force morale réussissait assez souvent à s'imposer même aux puissants. Bien que la commune eût, depuis le XIIe siècle, ses magistrats civils, majeurs, maires, échevins, le curé y gardait une situation prépondérante. Il était appelé dans les conseils de la communauté, dont les affaires se débattaient régulièrement sous l'auvent de l'église ou sur une place voisine; il traitait en chaire des intérêts communs à tous, dans l'ordre religieux, l'ordre moral et même quelquefois l'ordre matériel. Seul il avait à s'occuper des grands événements de chaque famille, naissances, mariages, funérailles, testaments. Il veillait sur les enfants par l'école dont il avait la charge, sur les pauvres par la charité qu'il exerçait officiellement envers eux, sur tous les paroissiens par l'autorité que lui conféraient à la fois son caractère sacré et les services rendus. Quand il était à la hauteur de ses fonctions, le curé n'avait pas de peine à être vénéré comme le père de la grande famille paroissiale[1].

Évidemment, cet idéal n'était pas toujours réalisé. Aux progrès succédaient les décadences. L'Église veillait à ce que ces dernières ne fussent jamais définitives.

1. Dès l'époque de Charlemagne, en 813, cap. 14, il est prescrit de prêcher de manière que le commun du peuple comprenne bien. Les conciles de Reims, 813, can. 15, et de Tours, 813, can. 17, ordonnent aux évêques de traduire les homélies des Pères, qu'on lit le dimanche, en langue romane ou germanique, pour que le peuple les comprenne. Les prêtres de paroisse, quand ils parlaient à leurs fidèles, étaient bien obligés de se servir, non plus du bas latin, mais de la langue vulgaire, langue d'oc ou langue d'oïl. A. DARMESTETER, *Cours de grammaire historique*, t. I, p. 34-37; HURTER, *Tableau des instituts et des mœurs*, t. III, p. 318-320.

CHAPITRE V

LA PAROISSE DU XIVe SIÈCLE A LA RÉVOLUTION

Les paroisses de France constituaient le fond solide sur lequel s'appuyait la prospérité religieuse du pays. Mais à la suite des progrès réalisés aux XIIIe et XIVe siècles, des causes de nature diverse remirent les paroisses dans un état de malaise auquel le concile de Trente chercha à les arracher.

Tout d'abord, le système adopté pour le gouvernement des paroisses donnait lieu à de graves abus dont souffraient à la fois les pasteurs et leur troupeau. Une des principales ressources de la paroisse avait été originairement la dîme. On distinguait les grosses dîmes, prélevées sur le blé, le vin et le gros bétail, et les menues dîmes, portant sur le menu bétail, la laine, le lin, les fruits, les légumes. Les moines étaient restés les patrons d'un grand nombre de paroisses fondées par eux ; de plus, la plupart des paroisses autrefois possédées par des seigneurs laïques leur avaient été confiées. Comme les règles de l'Église ne leur permettaient pas de garder personnellement le service des paroisses, ils y plaçaient des prêtres séculiers qu'on appelait desservants. A titre de gros décimateurs, ils s'attribuaient le revenu de la paroisse et ne laissaient au desservant qu'une pension alimentaire souvent insuffisante. Le quatrième concile de Latran (can. 32) avait exigé qu'on assurât à ces desservants *congruentem portionem*, une part convenable, d'où le nom de « portion congrue » attribué à la pension alimentaire, et celui de « congruistes » donné à ceux qui la recevaient. De plus, à titre de curés primitifs, les titulaires des bénéfices prétendaient affirmer leur droit en officiant aux principales fêtes et en traitant le desservant comme un chapelain amovible à leur gré.

Le curé primitif ou décimateur avait une triple obligation : entretenir le chœur de l'église, fournir les vases sacrés et les ornements nécessaires au culte et payer la portion congrue. Lui-même était en contestation continuelle avec les tenanciers et les paysans tenus à la dîme. Ceux-ci mettaient toute leur habileté et souvent toute leur mauvaise foi en jeu pour payer le moins possible. En conséquence, le décimateur se montrait récalcitrant quand il lui fallait acquitter ses charges, et le congruiste subissait le contre-coup des mécontentements successifs des décimateurs et des dîmés[1].

L'intervention des ordres mendiants dans la pré-

1. Il en était ainsi même quand le curé primitif était une personne ou un corps ecclésiastique. L'abbé B. Poulhès en fournit un exemple dans son livre intitulé : *Monographie historique ou l'ancien Raulhac depuis ses origines jusqu'à la grande Révolution*, Aurillac, 1903, t. I. Le titulaire de la cure de Raulhac était d'abord le prévôt du chapitre cathédral de Saint-Flour, puis, à partir du XVIIe siècle, le chapitre lui-même; mais l'évêque était le collateur. Il est probable que le vicomte de Carlat, fondateur de l'église, avait anciennement cédé son droit de patron à l'évêque, et que celui-ci avait assigné les revenus de Raulhac au prévôt dont la prébende était insuffisante. Or le chapitre de Saint-Flour se montrait ordinairement très « dur à la détente » quand le pauvre congruiste réclamait.

dication populaire et dans le soin des âmes ne fut pas de nature à améliorer la situation du clergé séculier, au moins dans bien des paroisses. Les religieux mendiants accusaient les curés d'incapacité, et, forts des approbations que leur avaient accordées Boniface VIII et Clément V, ils attiraient à eux les fidèles et parfois se donnaient le tort de se substituer aux curés dans l'exercice du saint ministère. Les curés se plaignaient à bon droit qu'on détournât d'eux leurs paroissiens. Sans doute, la formation intellectuelle des prêtres séculiers n'égalait pas en général celle des religieux. Les séminaires n'existaient pas encore pour préparer les jeunes clercs au sacerdoce. Mais, malgré les services éminents rendus par les religieux, les malheureux congruistes, qui pratiquaient la pauvreté sans en avoir fait le vœu, étaient fort excusables de réclamer, quand ils constataient que leurs fidèles et leurs revenus se détournaient de la paroisse. Il y eut naturellement des exagérations de part et d'autre ; il surgit des conflits regrettables, que les papes s'efforcèrent de calmer. La situation n'en restait pas moins assez tendue. L'Université de Paris s'en mêla sans aboutir à une solution satisfaisante. A tort ou à raison, le clergé séculier continua à se plaindre. En 1516 seulement, le cinquième concile de Latran (XIe sess.) affirma les droits des curés sur l'administration des sacrements de mariage et d'extrême-onction, et l'obligation pour les moines de se soumettre, en des cas déterminés, à l'autorité des évêques.

Les bénéfices ecclésiastiques étaient, depuis le XIVe siècle, l'objet de mesures prises par la cour pontificale pour subvenir d'abord à ses propres besoins, puis à des dépenses somptuaires. En se fixant à Avignon, de 1305 à 1378, la papauté vit diminuer considérablement les revenus fournis par les États de l'Église. Pour y suppléer, elle frappa de redevances spéciales les bénéfices de la chrétienté. Déjà, en 1154, Adrien IV, le premier, avait recommandé aux évêques et aux chapitres certains clercs dignes de recevoir des prébendes en récompense de services rendus à l'Église. Avec le temps, la recommandation pontificale devint un ordre. Elle visait les églises vacantes ou à vaquer. Les souverains Pontifes se firent ainsi attribuer la collation de certains bénéfices qu'on désigna sous le nom de *réserves*. Quand le titulaire vivait encore, mais qu'on prévoyait sa fin, ils accordaient par une bulle l'*expectative* de son bénéfice, c'est-à-dire le droit d'en jouir après lui. La *provision* était la bulle qui conférait un bénéfice, sans avoir égard au droit des patrons. Par la *commende*, on attribuait à titre provisoire un second bénéfice à celui qui était déjà titulaire d'un premier [1]. Par la *résignation*, un bénéficier se démettait en faveur d'un autre à qui il voulait assurer sa succession, et par la *confidence*, quelqu'un pouvait jouir des revenus d'un bénéfice dont un autre n'avait que le titre, ce qui facilitait et dissimulait le cumul [2].

Ces promesses, ces collations et ces tolérances constituaient une source de revenus pour la cour de Rome. De temps en temps, celle-ci levait aussi des décimes sur les églises. Le premier pape d'Avignon,

1. Le provisoire arrivait souvent, par privilège, à devenir une jouissance à vie. P. SARPI, *Histoire du concile de Trente*, Amsterdam, 1586, p. 233.
2. Voir l'abbé SICARD, *La nomination aux bénéfices ecclésiastiques avant 1789*, Paris, 1896.

Clément V, introduisit l'usage de verser au trésor pontifical les revenus des bénéfices vacants. Plus tard, on exigea des nouveaux titulaires les annates, soit une année de revenu pour les évêchés et les abbayes, et une demi-année pour les autres bénéfices. En France, toutes les classes sociales, les gouvernants, le clergé et le peuple furent unanimes à réclamer contre les prétentions pontificales. Une assemblée du clergé, présidée par le roi Charles VII, se tint dans la Sainte-Chapelle de Bourges, en 1438, et, en s'inspirant des décrets du concile de Bâle, rédigea la Pragmatique Sanction. Par cet acte, on supprimait les annates qu'on remplaça par une contribution d'un cinquantième, et on abolissait les réserves pour laisser le choix des titulaires de bénéfices aux chapitres et aux anciens patrons. Le roi, qui avait des droits de patronage très nombreux, et la noblesse, qui en possédait aussi beaucoup, applaudirent à ces mesures, qui leur permettaient d'avantager ceux qui leur étaient dévoués. Les Universités avaient vivement poussé à cette déclaration qui écartait les clercs étrangers de la jouissance des bénéfices du royaume.

Les paroisses avaient souffert des charges qui, finalement, pesaient en grande partie sur elles. Le grand schisme, qui venait de désoler l'Église pendant quarante ans, avait d'ailleurs contribué à affaiblir le respect pour l'autorité souveraine, en même temps qu'il multipliait les sacrifices d'argent réclamés des fidèles, puisqu'il y avait deux cours pontificales à entretenir. Or ces malheurs de l'Église coïncidaient avec ceux de la France. Les Anglais occupaient la majeure partie du territoire. Partout, ils pillaient, incendiaient, ravageaient, détruisaient, comme le fait un vainqueur insolent qui a besoin de subsister sur le sol conquis [1]. De son côté, le roi de France était forcé de grever d'impôts la population qui lui restait fidèle, afin de subvenir aux frais de la guerre. La détresse régnait partout; il y avait vraiment « grand pitié au royaume de France ». Dans toutes les paroisses, c'était la pénurie, la désolation, le découragement, et, comme conséquence, un affaiblissement notable de la vie religieuse.

Cet affaiblissement ne se constatait pas seulement dans le peuple chrétien. Déjà les plus riches prébendes se donnaient aux cadets de familles nobles, qui entraient dans l'Église sans vocation et y vivaient souvent sans retenue. Le clergé inférieur, presque tenu en servage, n'avait pas assez de ressort pour réagir contre le mauvais exemple venu d'en haut. L'opinion se répandait que le concubinage n'était pas une faute grave [2]; on proposa même, au concile de Bâle, l'abolition du célibat. Le peuple ressentait ce qu'il y avait de lamentable dans cette décadence des idées et des mœurs. On murmurait sourdement, on appelait la réforme.

La réforme vint, mais tout d'abord fort différente de celle qu'on attendait. L'apparition du protestantisme en France fut l'occasion de luttes sanglantes, à la fois désastreuses pour le pays, pour la religion et pour les paroisses. Ces dernières eurent terriblement à souffrir; car, partout où les Huguenots se trouvaient les plus forts, leur haine s'en prenait avec

1. Sur les ravages des Armagnacs, des Bourguignons et des Anglais, de 1418 à 1453, voir IMBART DE LA TOUR, *Les origines de la Réforme*, dans le *Correspondant*, 10 août 1903, p. 513, 514.

2. Synode de Sens, 1429, can. 23.

acharnement aux églises, aux monastères, qu'ils ruinaient et incendiaient, aux prêtres qu'ils torturaient et mettaient à mort, aux catholiques qu'ils poursuivaient de leurs violences. Ceux-ci se défendirent et imitèrent trop souvent les atrocités dont ils voulaient se venger [1]. Dès lors, dit un auteur du temps [2], le royaume fut à la merci « de toutes sortes de gens qui avaient désir de mal faire, ayant de là pris une habitude de piller les peuples et les rançonner, de tous âges, qualités et sexes, saccager plusieurs villes, raser les églises, emporter les reliques, rompre et violer les sépultures, brûler les villages, ruiner les châteaux, prendre et s'emparer des deniers du roi, usurper les biens des ecclésiastiques, tuer les prêtres et religieux, et bref, exercer par toute la France les plus détestables cruautés qu'il était possible d'inventer ». Dans la Beauce seulement trois cents églises furent détruites. Les autres provinces eurent à subir des désastres sans nombre, et une foule de monuments vénérables furent mutilés [3].

1. On peut lire à ce sujet un résumé de la conduite odieuse des protestants, avant même le massacre de Vassy, en 1562, auquel ils prétendent faire remonter la responsabilité des événements subséquents, dans A. BAUDRILLART, *L'Église catholique, la Renaissance, le Protestantisme*, Paris, 1904, p. 224-248.

2. CASTELNAU, *Mémoires*, chap. IV.

3. Ainsi, pour donner un exemple, « la ville de Bourges fut prise et pillée par les protestants, conduits par le comte de Montgomery. Les édifices du culte catholique, et notamment l'église cathédrale, furent ravagés ; les statues, tableaux et morceaux d'architecture furent mutilés ou détruits. Les riches tombeaux de saint Ursin, de saint Guillaume, de sainte Jeanne, du duc Jean et autres, furent renversés et profanés. Le comte de Montgomery emporta lui seul six cent cinquante-un marcs d'or et d'argent, provenant des reliquaires, autels et couvents qu'il avait spoliés. Pendant trois mois que dura cet affreux pillage, les beaux-arts firent en la ville de Bourges une perte irréparable ». LABOUVRIE, *Relation du mystère des SS. Actes des Apostres*, Bourges, 1836, p. 208.

6

De leur côté, les paysans rançonnés par tous les partis se refusaient à payer les redevances et les dîmes.

Malgré tant de misères, le protestantisme ne triompha en France ni du bon sens populaire, ni de la vieille foi catholique, implantée depuis des siècles et cultivée dans chaque paroisse par une suite ininterrompue de pasteurs. « Tandis que, partout ailleurs en Europe, la masse du peuple se laissa vaincre et reçut, par indifférence, par surprise ou par force, la réformation de la main avide et brutale de ses chefs, la masse du peuple français ne se laissa ni séduire ni dompter. Elle défendit sa foi contre tout ennemi, par tout moyen et l'imposa même à son roi; c'est une des pages les plus grandioses d'une histoire féconde en traits généreux [1]. » On sait en particulier avec quelle fougue des curés de Paris, entre autres, Boucher, curé de Saint-Benoît, se mirent à la tête de la ligue. Quoi qu'on puisse reprocher à l'intransigeance de leur zèle, ils n'en soutinrent pas moins le courage des Parisiens, qui surent combattre et souffrir pour le triomphe de leur foi.

Les ordres religieux, les Jésuites nouvellement institués, les Capucins et d'autres religieux mendiants contribuèrent puissamment à ce maintien de la foi catholique en France. On les voyait aller par les villes, les villages et les maisons, prêcher au peuple la réforme et la pénitence, lui rappeler les titres que la religion avait à sa fidélité, raffermir le courage des pauvres curés de paroisses rurales, imprimer au clergé une direction ferme et sûre, et montrer à tous,

1. Baudrillart, *L'Église catholique, la Renaissance, le Protestantisme*, p. 132.

autant par l'exemple que par la parole, ce qu'était la vraie réforme et d'où elle pouvait venir [1].

Lorsque Henri IV devenu catholique entra dans Paris, en 1594, il y avait déjà près de cinquante ans que le concile de Trente avait établi les principes de cette vraie réforme. Voici les décrets qu'il porta dans l'intérêt des paroisses :

Le 13 janvier 1547, dans la VIe session (cap. 2), le concile oblige à la résidence tous ceux dont les bénéfices la réclament, et interdit toute dispense permettant la jouissance des revenus malgré l'absence continue.

Le 3 mars, dans la VIIe session, il décide que les cures ne seront données qu'à des sujets dignes et capables (cap. 3), que celui qui gardera plusieurs bénéfices incompatibles sera privé de tous (cap. 4), que ceux qui, par dispense, détiennent plusieurs de ces bénéfices devront y mettre des vicaires en mesure de satisfaire aux besoins des âmes et recevant une part convenable des revenus (cap. 5), que dans les cures unies à d'autres bénéfices, les évêques placeront des vicaires perpétuels jouissant d'une part des revenus, et qu'eux-mêmes visiteront ces cures chaque année (cap. 7, 8), enfin que les sujets promus à des cures par d'autres que l'évêque devront au préalable être examinés par lui (cap. 13).

Le 25 novembre 1551, dans la XIVe session, le concile règle que nul, ecclésiastique ou laïque, n'ob-

1. BAUDRILLART, *Op. cit.*, p. 162. Le peu de succès que le protestantisme a obtenu en France est accusé par ce fait, qu'après trois cent cinquante ans d'efforts, malgré tant de causes extérieures qui le favorisent depuis un demi-siècle surtout, il ne compte que 650.000 fidèles sur une population voisine de 40 millions de Français. *Agenda-annuaire protestant*, Paris, 1905, p. 153.

tiendra désormais droit de patronage sur une église s'il ne l'a fondée, construite ou dotée, l'évêque devant toujours garder le droit d'institution et, par conséquent, le candidat ayant à lui être présenté (cap. 12, 13).

Le 16 juillet 1562, dans la XXIe session, il est statué que, dans chaque paroisse, il y aura un nombre de prêtres suffisant, avec le curé, pour la célébration du culte et le soin des âmes, qu'au besoin de nouvelles paroisses seront créées par les évêques, en prenant sur le revenu des églises-mères de quoi les alimenter ou en obligeant le peuple à entretenir ses prêtres (cap. 4), que les évêques pourront unir des églises trop pauvres pour subsister à d'autres bénéfices capables de les entretenir (cap. 5), que, dans les paroisses où les curés sont par trop illettrés, inhabiles ou même scandaleux, les évêques enverront des vicaires temporaires, en leur assignant une pension sur les revenus paroissiaux ou sur d'autres, les curés incorrigibles devant d'ailleurs être privés de leur charge (cap. 6), enfin que les églises paroissiales en mauvais état seront réparées ou remplacées à l'aide des revenus de ces églises, ou avec le concours de tous leurs patrons, ou même à la diligence des curés ; à défaut de ressources suffisantes pour bâtir ou réparer, les paroissiens auront à se rendre dans l'église-mère ou dans l'église la plus voisine (cap. 7).

Le 17 septembre 1562, dans la XXIIe session, le concile proclame la nullité de tout ce qui serait fait par des ecclésiastiques ou des laïques, quelle que soit leur dignité, pour accaparer la juridiction, les biens, les revenus de toute nature attachés à un bénéfice en faveur des prêtres qui le desservent ou des pauvres qu'on y assiste. L'anathème frappe les injustes détenteurs (cap. 11).

Le 15 juillet 1563, dans la XXIIIe session, on s'occupe de prescrire aux curés les règles à suivre pour remplir saintement leur ministère (cap. 1), et l'on rend le fameux décret sur l'institution des séminaires (cap. 18), dont l'action devait se faire sentir si heureusement pour le bien des paroisses.

Le 11 novembre 1563, dans la XXIVe session, le concile institue les synodes diocésains annuels (cap. 2), et oblige les évêques à faire tous les deux ans la visite de leur diocèse, par eux-mêmes ou par leur vicaire général (cap. 3). Il décide que les curés prêcheront chaque dimanche, les jours de fête, et au moins trois fois la semaine en Carême et en Avent; que les évêques inviteront leurs diocésains à assister aux prédications paroissiales; qu'aucun prêtre, pas même le régulier dans son église, ne pourra prêcher contre le gré de l'évêque, et que les enfants seront instruits, au moins les dimanches et fêtes, de leurs devoirs envers Dieu et envers leurs parents (cap. 4). Les curés doivent expliquer aux fidèles la doctrine des sacrements, les saintes Lettres et les règles à suivre pour assurer leur salut (cap. 7). Revenant sur la question des paroisses trop pauvres pour subsister par elles-mêmes, le concile invite les évêques à pourvoir à leurs besoins, si on ne peut les unir à d'autres bénéfices, au moyen de prémices et de dîmes, de cotisations entre les paroissiens, ou de quelque autre manière. En tous cas, on ne doit les unir ni à des abbayes, ni à des chapitres, ni à des collégiales, ni à des hôpitaux. Les églises paroissiales qui n'ont pas un revenu de cent ducats[1] ne doivent avoir la charge d'aucune pension ni d'aucune réserve. Enfin, chaque paroisse sera nettement délimitée et aura son propre pasteur inamovible (cap. 13). Le concile exige encore que la possession de deux bénéfices à charge d'âmes soit absolument prohibée et que ceux qui détiennent actuellement plusieurs paroisses soient mis en demeure de n'en garder plus qu'une dans un délai de six mois (cap. 17). Il règle que, quand une paroisse devient vacante, l'évêque doit aussitôt y envoyer un vicaire jusqu'à l'arrivée du nouveau curé; que les curés ne seront désignés qu'à la suite d'un examen passé devant des juges choisis par le synode diocésain, même s'ils ont été présentés par des patrons laïques (cap. 18). Le concile abolit absolument les provisions, les expectatives et les réserves de toute espèce (cap. 19).

Enfin, le 3 décembre 1563, dans la xxve et dernière session, le concile défend de prendre à ferme les revenus des églises ou les droits à exercer à leur sujet (cap. 11). Il frappe d'excommunication ceux qui refusent ou empêchent d'acquitter les dîmes dues aux églises (cap. 12), ordonne de payer la quarte funéraire[2] à l'église de la paroisse, quand un des paroissiens fait célébrer ses obsèques ailleurs (cap. 13), décide que les bénéfices à charge d'âmes ne devront jamais être convertis en bénéfices simples, même en les confiant à un vicaire perpétuel à portion congrue, et que ceux qui en sont actuellement réduits à cet état cesseront, à la démission ou à la

1. Environ 1175 francs.
2. Le quart de la dépense faite pour les funérailles.

mort du vicaire, d'être de simples vicairies pour redevenir des cures.

Cette législation, longuement délibérée dans les congrégations qui préparaient les sessions, peut être regardée à juste titre comme le code des droits et des devoirs paroissiaux. Elle tendait à rendre au ministère du clergé séculier l'indépendance et l'efficacité désirables. Elle assurait le bon choix des curés, leur inamovibilité, leur subsistance convenable et ne les assujettissait à aucune autre autorité qu'à celle de leur évêque. Elle réglait le service des paroisses de la manière la plus avantageuse pour le bien spirituel des fidèles. Sous ce rapport surtout, l'influence du concile de Trente fut durable et efficace.

En France, les conciles provinciaux, spécialement le concile provincial de Bourges, en 1584, s'empressèrent de mettre en vigueur la nouvelle discipline, au moins quant aux règles principales. Les parlements s'opposèrent, il est vrai, à la promulgation officielle des décrets du concile, sous prétexte que les libertés gallicanes ne pouvaient s'en accommoder. Aux états généraux de 1614, le clergé en était encore à réclamer que le concile de Trente fût admis, sauf les réserves absolument indispensables. La noblesse se joignit au clergé pour cette réclamation, mais le tiers état fit opposition, dans la crainte que cette admission alarmât les calvinistes et inquiétât l'ordre public[1]. Pratiquement, les règles formulées par le concile furent suivies en France dans la mesure que rendaient possible les

1. DARESTE, *Histoire de France*, t. V, p. 29, 30.

préjugés locaux, l'opposition des intérêts lésés et différentes circonstances politiques ou sociales. La plupart du temps, les édits royaux et les arrêts des parlements concernant les questions paroissiales s'inspirèrent des décisions de Trente.

Ainsi, en 1629, une ordonnance de Louis XIII prescrit que les paroisses annexées aux cathédrales, aux collégiales, aux abbayes ou aux prieurés, soient désormais administrées par des vicaires perpétuels, et que les églises-mères n'aient sur elles que des droits honorifiques. En 1659, Louis XIV réitère cette injonction et veut que les curés primitifs fassent instituer dans leurs paroisses des vicaires perpétuels et non des desservants temporaires.

Le concile de Trente[1] avait soumis à l'examen épiscopal tous les futurs curés, même présentés ou nommés par d'autres que l'évêque. De là l'institution des concours pour l'obtention des cures. Le concile exemptait cependant de l'examen les sujets présentés par les Universités, possédant par conséquent leurs grades en théologie ou en droit canon. En 1563, Charles IX voulait faire demander au concile que les nominations par les Universités fussent supprimées et qu'on s'en tînt au choix judicieux de l'évêque. Il ne fut pas donné suite à cette idée, dont l'exécution eût du reste suscité en France toutes sortes d'oppositions. Toutefois, le synode de Tours de 1583 (cap. 51) se plaignit vivement que beaucoup de clercs nantis de leurs grades et présentés par les Universités fussent dépourvus de sens pratique et même de doctrine. Il demanda que les

1. Sess. VII, cap. 13.

examens universitaires se fissent en public et avec plus de rigueur. Un synode de Bordeaux, célébré la même année (cap. IX, 14), déclara que l'évêque était en droit d'examiner les clercs pourvus de leurs grades qu'on lui présentait et même de les rejeter pour cause d'ignorance. Ces réclamations montrent que les grades s'accordaient souvent par complaisance. Des édits de Henri IV, en 1596, et de Louis XIII, en 1629, proclamèrent que les évêques avaient non seulement le droit, mais aussi le devoir d'examiner tous les sujets présentés et de les écarter, en dépit de leurs grades, s'ils étaient insuffisants [1].

Le concours n'en subsista pas moins, bien que fréquemment remplacé par un examen privé subi devant l'évêque, ou suivant le mode réglé par le concile provincial, ainsi qu'il avait été décidé à Trente [2].

Durant cette période, le clergé des paroisses comprenait des curés, décimateurs ou congruistes, des vicaires perpétuels ou amovibles, des prêtres habitués et des prêtres communalistes.

Les curés décimateurs vivaient de la dîme qu'ils percevaient eux-mêmes dans la paroisse et des biens-fonds attachés à leur cure. Leur presbytère ressemblait à une petite ferme, avec bestiaux, greniers, fourrages, instruments de culture. Il fallait que le revenu eût quelque importance pour que le curé se déchargeât sur un autre de sa modeste exploitation. Pour l'ordinaire, le presbytère était une

1. Voir SICARD, *La nomination aux bénéfices ecclésiastiques avant 1789*, p. 69, 76.
2. Sess. XXVI, cap. 18.

demeure très simple, dans laquelle le curé vivait pauvre au milieu de paysans pauvres, appliqué à ses devoirs d'état, hospitalier, content de son sort ou du moins résigné à une condition qui ne lui permettait d'espérer ni meilleur traitement ni avancement hiérarchique.

Les curés à portion congrue administraient les paroisses dont les revenus étaient aux mains de grands établissements ecclésiastiques, évêchés, chapitres, abbayes, collégiales ou hôpitaux. La question de la portion congrue resta à l'état litigieux jusqu'à la Révolution. Les juges désintéressés ne cessèrent pas de se montrer favorables à la condition des curés congruistes ; ceux qui étaient en mesure de le faire travaillèrent à l'améliorer avec le temps. Un édit de 1571 avait fixé la portion congrue à 120 livres. Les parlements l'élevèrent successivement à 150 et à 200. Mais le lot était encore fort modeste. Une ordonnance de 1629 (art. 13) signale les causes de cette parcimonie : « Les abbés, prieurs, chapitres et autres qui possèdent et jouissent des dîmes des paroisses, destinées à la nourriture de ceux qui administrent les sacrements, s'en déchargent en baillant peu de gros aux curés desdites paroisses, qui ne peut suffire à leur nourriture et entretènement, et sont lesdits curés et vicaires perpétuels réduits à demander des portions congrues qui leur sont arbitrées à si peu, eu égard au surcroît des prix de toutes choses, qu'ils n'ont moyen de s'entretenir. Ce faisant, lesdites cures sont destituées et ceux qui les desservent réduits à une si grande misère qu'ils ne peuvent suffire. »

L'ordonnance fixe la portion à 300 livres. On ne

l'accorda cependant qu'aux curés pourvus d'un vicaire. La portion était exempte d'impôts et augmentée des offrandes, du casuel et des novales [1]. Mais il n'en résultait pas un accroissement de ressources bien considérable, surtout quand le casuel se montait à 10, 20 ou 30 livres par an, comme dans la plupart des campagnes. Aussi, à la suite d'une enquête sur l'état des curés et des paroisses, on constata que la portion n'était plus suffisante. Depuis 1686, disait l'abbé de Broglie à l'assemblée du clergé de 1765, « le prix des denrées était plus que doublé et leurs revenus étaient toujours les mêmes, quoique celui des gros décimateurs eût reçu l'accroissement successif survenu dans tous les biens-fonds. » Trois ans plus tard, la portion fut élevée à 500 livres, mais avec suppression des novales et de la jouissance des biens de la cure. Plusieurs parlements, à Toulouse, à Bordeaux, en Provence, à Grenoble, à Pau, à Paris, à Rouen, à Douai, jugeant l'augmentation insuffisante, n'hésitaient pas à faire payer par les gros décimateurs 100 ou 130 livres de plus, pour frais de luminaire, de pain, de vin et de clercs.

Cependant il n'y avait là encore que des palliatifs. La diminution des vocations apparaissait d'ailleurs aux yeux du haut clergé comme une conséquence de la médiocrité des traitements. En 1780, l'archevêque d'Aix, de Boisgelin, l'avouait franchement : « Les choses nécessaires à la vie ne leur suffisent pas. Les soins importuns, les épargnes humiliantes, les cruelles privations, sont la source des peines, des

1. Dîmes portant sur les terres nouvellement mises en culture, et appartenant toujours au curé. CHÉRUEL, *Dictionnaire historique des institut. de la France*, t. II, p. 879.

langueurs et des maladies qui consument les années, et marquent souvent dans l'âge de la maturité le terme de la vieillesse et de la mort. » A Toulouse, l'archevêque Loménie de Brienne fit décider, dans son synode de 1782, que le taux de la portion congrue serait de 700 à 1000 livres. Il ne put être donné suite à cette décision; car tous les gros décimateurs n'étaient pas opulents; certains chapitres de cathédrales n'auraient même pas été en mesure d'augmenter la situation de leurs congruistes sans se ruiner eux-mêmes. Néanmoins, en 1786, un édit royal porta la portion congrue au taux de 700 livres.

Il se produisit alors un fait curieux. Quand le curé percevait lui-même les dîmes et que celles-ci équivalaient à la portion congrue ou la dépassaient, il s'en tenait là. Le cas se présentait en Artois, en Bretagne et dans différents diocèses où les curés, recevant ordinairement le quart des dîmes paroissiales, avaient lieu de se tenir pour satisfaits. Mais quand le produit des dîmes était trop faible, les curés y renonçaient et réclamaient la portion congrue, comme ils en avaient la faculté. De leur côté, les décimateurs qui percevaient les trois autres quarts des dîmes, évêques, chapitres, collégiales, et surtout abbayes, prieurés, monastères, s'effrayaient de voir augmenter leur charge, à laquelle s'ajoutaient la fourniture des livres, des ornements, des vases sacrés, et les réparations du chœur de l'église. Un édit de 1768 les mit en demeure de « fournir le supplément, à moins qu'ils n'abandonnent tous les biens sans exception qui composent l'ancien patrimoine de la cure, ensemble le titre et les droits de curés primitifs ». Beaucoup de décimateurs prirent le parti de tout abandonner, d'où conflits fréquents quand se présentait le cas d'une cure à maigres revenus, dont le curé réclamait la portion congrue aux décimateurs, tandis que les décimateurs préféraient faire abandon de revenus inférieurs à la portion qu'ils auraient eue à payer.

Pour mettre fin aux procès, les évêques eurent recours aux moyens préconisés par le concile de Trente, suppression, réunion, partage des bénéfices, et impositions sur les habitants. La modification des bénéfices était une opération longue et difficultueuse que les circonstances ne permirent guère d'exécuter. Quant aux impositions, les parlements s'y opposèrent, pour ne pas mécontenter des populations déjà accablées. Ils eurent raison, mais la difficulté n'en persista pas moins.

Dans les villes, la situation des curés était souvent moins favorable que dans les campagnes. Il n'y avait pas de dîmes à lever, le casuel étant censé suffire à tout. Il n'était pas permis aux curés de paroisses urbaines de réclamer la portion congrue. La plupart trouvaient à peu près le nécessaire; pour un petit nombre, la somme de tout ce qu'ils recevaient n'atteignait même pas celle de la portion congrue des curés ruraux.

Le casuel, insignifiant dans les campagnes, rapportait davantage dans les villes. Mais encore faut-il remarquer que, les cérémonies des mariages et des funérailles étant les mêmes pour tous, le casuel s'alimentait surtout de certains frais accessoires que les riches faisaient en ces occasions. Les curés étaient fréquemment amenés à ne rien exiger des paroissiens moins aisés. D'ailleurs, alors comme aujourd'hui, le casuel était impopulaire; le clergé lui-même n'y recourait qu'à contre-cœur. Dans les cahiers de 1789, on lit cette remarque des curés du bailliage de Mantes : « Tous les vœux se réunissent pour demander la suppression de tout casuel forcé. Cette espèce de revenu, d'une indispensable nécessité dans le système actuel, révolte toute âme honnête et avilit le plus respectable des ministères. »

Le culte des morts, auquel les populations se montraient fort attachées, fournissait des ressources assez notables au clergé des paroisses. A Paris, en particulier, il n'était guère de jour dans l'année où, dans chaque paroisse, il n'y eût à acquitter des fondations pour les défunts. Tantôt l'*obit* était simple, ne réclamant la présence que de quelques prêtres, tantôt il était solennel et requérait tout le clergé pour chanter les matines la veille au soir, le lendemain trois messes et l'absoute sur la tombe dans l'église même ou dans le cimetière contigu. Assez fréquemment, la fondation comportait l'assistance de vieillards et de pauvres écoliers. On fondait, aux mêmes intentions, des offices très solennels avec messe, vêpres et chants supplémentaires, de sorte que presque toutes les prières et les solennités de l'Église étaient accaparées pour les défunts [1]. Des seigneurs, des bourgeois léguaient à la cure une maison, un champ, un pré, une vigne, afin qu'après leur mort on dît des prières pour leur âme. Sous ce rapport, la province n'était pas en reste avec la capitale [2].

1. En 1402, par exemple, une Dame de la Grange fonda à Saint-Gervais la grand'messe et les heures canoniales pour tous les jours, avec l'obit de son mari au 25 novembre. LEBŒUF-COCHERIS, *Histoire de la ville et du diocèse de Paris*, t. I, p. 329.

2. Voici quelques chiffres intéressants sur le revenu de quelques

La multiplicité des sources de revenus donnerait à supposer que ceux-ci abondaient. Mais, sauf dans les grandes villes et dans quelques régions moins appauvries, plus généreuses et de foi plus vive, tous ces petits ruisseaux ne parvenaient pas à faire des rivières navigables. En fait, en 1789, la plupart des curés de France étaient à la portion congrue, et cette portion restait fort modeste. « La vie des prêtres de campagne passait pour fort misérable ; elle l'était en effet, et cependant il n'était pas de membres du clergé dont l'existence fût plus laborieuse et le ministère plus utile [1]. » Les prêtres ainsi traités ne pouvaient guère s'empêcher de comparer, non sans quelque amertume, leur pénurie avec l'opulence des prélats et des titulaires d'abbayes [2]. Ni eux ni leurs parois-

curés de Paris en 1790. Saint-Sulpice, 15.814 livres, dont 11.814 fournies par le casuel, mais avec 26.575 livres de charges ; il y avait alors sur cette paroisse 90.000 habitants ; les 36 prêtres de la communauté disposaient de 42.815 livres tant en rentes qu'en casuel. Saint-Eustache, 27.000 livres ; Saint-Paul, 13,000 ; Sainte-Madeleine de la Ville l'Évêque, 12.391 ; Saint-Germain l'Auxerrois, 10.000 ; Saint-Roch, 8.703 ; Saint-Gervais, 8.000 ; Saint-Étienne du Mont, 6.000 ; Saint-Nicolas du Chardonnet, 3.500 ; Saint-Médard, 2.800. Les curés n'étaient pas en peine pour employer ces revenus. Ainsi le curé de Saint-Nicolas des Champs, qui recevait 10.000 livres, accuse comme dépenses : décimes, 1.878 livres ; à la fabrique pour le logement des prêtres, 1.048 ; subsistance des prêtres, 4.000 ; logement des chantres, 380 ; enfant de chœur, 72 ; laïques pour les cérémonies, 300 ; prix des catéchismes, 600 ; frais de la Fête-Dieu et de la Fête patronale, 600 ; à quoi s'ajoutent 11.000 livres que le curé s'est engagé à payer pour une statue, 2.200 données à la ville et 4,000 de souscription patriotique. Le curé de Saint-Paul, avec ses 13.000 livres, verse 1,470 livres de décimes, 1,500 pour la communauté des prêtres, 1.200 pour la cire de l'église, 300 pour prix de catéchismes, 150 pour l'assemblée de charité, 150 pour l'entretien du presbytère, 100 à la fabrique pour droit de chapelle, etc. Sur toutes les questions concernant le temporel des curés et des paroisses, voir les articles très documentés de M. l'abbé SICARD, *Les curés avant 1789*, dans le *Correspondant*, 10 et 25 février 1890, p. 389-420 ; 693-730.

1. GASQUET, *Institutions politiques de l'ancienne France*, t. II p. 59.

2. Il y avait en France, en 1770, 800 abbayes d'hommes et 280 de femmes. Au moyen de la commende, un séculier ayant reçu la ton-

siens ne comprenaient que, sur des terres grevées de tant de dîmes et de redevances ecclésiastiques, on ne trouvât pas de quoi entretenir décemment un curé, réparer ou reconstruire une église, assurer la convenance du culte. Par des excitations de toutes sortes, les mécontents du régime cherchaient à soulever le clergé de second ordre contre les gros décimateurs. Les curés attendirent avec une certaine impatience l'occasion de faire valoir leurs revendications. Elle se présenta pour les élections aux États généraux de 1789.

« Dans cette situation et avec ces sentiments, il est manifeste que le bas-clergé traitera ses chefs comme la noblesse de province a traité les siens. Il ne choisira pas pour représentants ceux qui nagent dans l'opulence et qui l'ont vu toujours souffrir avec tranquillité. De toutes parts les curés se confédérèrent pour n'envoyer aux États généraux que

sure, même en bas âge, pouvait jouir des revenus et des honneurs attachés au titre abbatial. A la fin du XVIe siècle, des seigneurs calvinistes possédaient des abbayes par confidence. L'abbé se réservait la mense abbatiale, comprenant les deux tiers des revenus, laissait l'autre tiers aux moines, sous le nom de menses conventuelles, et faisait administrer ces derniers par un prieur. Deux fois sur trois, l'abbé commendataire appartenait à une famille noble, qui avait usé de tous les moyens pour acquérir le bénéfice et se le passer de génération en génération; lui-même vivait ordinairement à la cour et ne connaissait son abbaye que par les rentes qu'il en tirait. Les archevêchés et évêchés, au nombre de 139 en 1789, constituaient en général de riches bénéfices. Sur ce nombre, cinq évêchés seulement n'étaient pas aux mains de la noblesse. Encore n'est-il pas sûr que l'absence de particule fût toujours un signe de roture. SICARD, *L'ancien clergé de France*, Paris, 1893, t. I, p. 13, 106-140. Les rois maintinrent jusqu'à la fin cet état de choses qui leur permettait de récompenser la noblesse de ses anciens services et surtout de la tenir sous leur main. On sait que, depuis le XIVe siècle, les nobles avaient cessé de servir à leurs frais. GASQUET, *Instit. polit.*, t. II, p. 148; DE MANDAT-GRANCEY. *Le clergé français et le Concordat*, Paris, 1905, p. 161-165.

des curés, et pour exclure non seulement les chanoines, les abbés, les prieurs et tous autres bénéficiers, mais encore les premiers supérieurs, les chefs de la hiérarchie, c'est-à-dire les évêques. En effet, sur 300 députés du clergé, on compte aux États généraux 208 curés, et, comme la noblesse de province, ils apportent avec eux la défiance et le mauvais vouloir qu'ils nourrissent depuis si longtemps contre leurs chefs. On s'en apercevra tout à l'heure à l'épreuve. Si les deux premiers ordres sont contraints de se réunir aux communes, c'est qu'au moment critique les curés font défection[1]. »

Les vicaires perpétuels étaient de vrais curés, ayant tous les devoirs et tous les droits de ces derniers, mais administrant les paroisses au nom des curés primitifs, abbés, prieurs ou autres. Ceux-ci gardaient pour eux le titre et exerçaient, par eux-mêmes et non par des suppléants, quelques-unes des fonctions attachées à ce titre, comme de pouvoir officier aux quatre fêtes principales et à celle du patron, à condition toutefois d'avertir le vicaire perpétuel l'avant-veille. S'ils officiaient, ils avaient droit à la moitié des offrandes du jour ; mais ils ne pouvaient ni administrer les sacrements ni prêcher sans l'autorisation de l'évêque. Ils n'avaient pas le droit non plus d'assister à aucune réunion de prêtres ni de la fabrique[2].

Dans les paroisses un peu importantes, il y avait ordinairement un ou deux vicaires pour seconder

1. TAINE, *Les Origines de la France contemporaine, l'Ancien régime*, t. I, édit. 1902, p. 119.

2. JOUSSE, *Traité du gouvernement des paroisses*, Paris, 1769, p. 333-336.

le curé. Celui-ci les choisissait lui-même et avait le droit de les destituer, toujours cependant avec l'approbation de l'évêque. Il est question de vicaires pour la première fois en 1634. On assigna alors 100 livres de plus au curé ayant un vicaire. Puis, on attribua aux vicaires eux-mêmes une portion congrue de 150 livres en 1686, de 200 livres en 1768, et enfin de 350 livres en 1786, pour empêcher le délaissement de fonctions trop peu rémunérées. Cette dernière augmentation ne mettait pas les vicaires trop au large. Les vicaires n'étaient d'ailleurs pas très nombreux. En 1768, les cinquante et quelques paroisses de Paris ne comptaient que 63 vicaires et 8 sous-vicaires, c'est-à-dire seconds vicaires.

Un ou deux vicaires ne pouvaient évidemment suffire dans les paroisses tant soit peu populeuses. D'autres prêtres, plus ou moins nombreux, leur venaient en aide. On les appelait des prêtres habitués. Il y en avait 825 dans le clergé de Paris en 1768, dont 80 à Saint-Eustache, 60 à Saint-Nicolas des Champs et à Saint-Roch, 50 à Saint-Sulpice et à Saint-Paul, 40 à Saint-Gervais, 30 à Saint-Germain-l'Auxerrois et à Saint-Jean en Grève, 25 à Saint-Laurent, à Saint-Louis en l'Ile et à Saint-Sauveur, 24 à Sainte-Marguerite et à Saint-André des Arcs, 20 à Saint-Étienne du Mont et à Saint-Séverin, etc. [3]. Ces prêtres étaient nécessaires pour acquitter les obits et les messes de fondation, faire les offices des multiples confréries, aider dans leur ministère le curé et les vicaires. Ainsi, à Saint-Séve-

1. EXPILLY, *Dict. géographique de la France*, t. V, p. 470-480.

rin, il y avait chaque jour de 18 à 22 messes fondées par testament. Les honoraires de ces prêtres se composaient de la rente attachée à la chapelle qu'ils desservaient dans l'église, du petit casuel des convois et des obits et enfin de ce que leur attribuaient le curé ou la fabrique. Si celle-ci n'en avait pas les moyens, c'était le curé qui tâchait d'y suppléer. A la Madeleine de la Ville-l'Évêque, les cinq prêtres habitués recevaient du curé chacun 200 livres. Le curé de Saint-Nicolas des Champs donnait 4.000 livres à la communauté de ses 60 prêtres habitués. La situation de ces prêtres n'avait donc rien d'opulent. A la communauté des 50 prêtres réunis à Saint-Sulpice par M. Olier, on n'avait pour tout revenu que les aumônes des fidèles au profit desquels s'exerçait le saint ministère; on mettait tout en commun et l'on se contentait de la nourriture et du vêtement [1]. On trouvait aussi des prêtres habitués dans les grandes églises de province. Agréés par le curé et approuvés par l'évêque, ils étaient subordonnés aux vicaires, assistaient aux offices et rendaient à la paroisse tous les services qu'on pouvait attendre d'eux.

Enfin, au-dessous de ces organisations officielles, existaient des associations de prêtres, assimilables à des sociétés d'assistance, là où le nombre des clercs permettait un groupement. Même dans de simples bourgades, le clergé paroissial s'élevait parfois jusqu'à 15 ou 20 membres. Ceux-ci s'unissaient, formaient un patrimoine commun en terres ou en rentes, et échappaient ainsi à la misère et à

1. *Calendrier spirituel et historique de la paroisse Saint-Sulpice*, 1777, p. 8; *Le ministère de J.-J. Olier*, édit. de 1905, p. 34.

l'isolement. A la fin du XVᵉ siècle, ces sortes de fraternités s'étaient multipliées ; on en comptait 25 au Puy, 11 à Saint-Flour, 12 à Rodez, 7 à Mâcon, et d'autres au Mans, à Chartres et à Rouen [1].

Un type curieux de ces associations existait à Raulhac, en Auvergne. La paroisse avait un curé et deux vicaires. Dès le XVᵉ siècle, s'était fondée une association qui, au siècle suivant, se composait de 70 prêtres. Pour y être admis, un prêtre devait être né, avoir été baptisé et être domicilié dans la paroisse. La même règle d'admission était en vigueur dans toutes les fraternités analogues. L'association tenait des assemblées délibérantes, nommait un syndic, possédait des terres, ses droits casuels et ses dîmes inféodées. En 1789, le nombre des prêtres était tombé à 11 et les revenus se montaient à 4.465 livres. Les principaux prêtres de la paroisse vivaient au bourg, les autres dans les hameaux, sous le toit de leurs parents, menant une existence très simple au milieu des paysans qui savaient respecter leur caractère sacré. Quelquefois, plusieurs se réunissaient pour vivre ensemble. Ces prêtres n'hésitaient pas à exercer des professions manuelles et à se livrer à tous les travaux agricoles. Personne ne se scandalisait de les voir à l'œuvre; leur inaction eût bien davantage étonné. Entre temps, ces prêtres visitaient les malades du hameau, catéchisaient les enfants, tenaient les écoles, administraient les sacrements. Les 70 prêtres communalistes du XVIᵉ siècle ne manquaient pas d'occupation, car à cette époque la paroisse de

1. IMBART DE LA TOUR, *Les origines de la réforme*, dans le *Correspondant*, 10 août 1903, p. 530.

Raulhac comprenait 40 villages, 25 hameaux, 3 annexes ou succursales, 6 oratoires privées et 5 chapellenies [1]. Ces associations rappelaient à certains égards le *presbyterium* rural des premiers siècles. Elles se distinguaient des communautés urbaines de prêtres habitués par des caractères bien plus accentués d'autonomie et de confraternité familiale.

Dans le diocèse de Limoges, la plus ancienne association communaliste remontait au XIIe siècle. Beaucoup d'autres se fondèrent dans les siècles suivants, pour atteindre leur apogée aux XVIe et XVIIe siècles et décliner ensuite. Le diocèse en comptait encore 114 à la veille de la Révolution. Elles comprenaient d'ordinaire 8 ou 10 membres, quelquefois plus de 20. La plus florissante, celle de Beaumont, à Felletin, se composait de 39 prêtres en 1625, et de 30 au début du siècle suivant. Dans le diocèse de Clermont, les prêtres communalistes avaient un tel crédit au XVIIe siècle, qu'ils partageaient toutes les fonctions curiales [2].

Les paroisses possédaient des revenus indépendants de ceux du clergé et destinés à subvenir à toutes sortes de dépenses pour l'entretien du personnel, des bâtiments et les frais du culte. A son patrimoine primitif, ou du moins à ce que lui en laissaient les gros décimateurs, la paroisse ajoutait les donations successives qu'on lui faisait. « De tout temps, clercs ou fidèles s'étaient fait honneur de ces aumônes. Dans le partage de leurs biens, ils faisaient la part de l'Église, c'était celle de la prière et de la

1. POULHÈS, *L'ancien Raulhac*, t. I, p. 204-207.
2. AULAGNE, *La réforme catholique du XVIIe siècle dans le diocèse de Limoges*, Paris, 1905, p. 523-524.

7.

souffrance. Aussi, souvent dilapidé par les guerres, les convoitises, les désordres sociaux, ce trésor collectif était-il sans cesse renaissant. Grâce aux sources intarissables du dévouement et de la pénitence, ce grand fleuve des largesses recommençait à s'épandre et grossissait toujours. A la fin du XVe siècle, il coule plus abondant que jamais[1]. » Le clergé, les nobles, les bourgeois, les artisans eux-mêmes tiennent à laisser quelque chose à leur église. Des laboureurs lèguent quelques sous de rente ou quelques pièces de terre pour avoir part aux prières dites dans l'église de leur paroisse. A Paris, des paroissiens lèguent à leur église des maisons, des rentes pour faire brûler des cierges, pour fournir le vin de la messe, pour servir les honoraires des prédicateurs[2]. Les traditions de générosité, que nous avons constatées dans la période précédente, se continuent ainsi dans les paroisses.

Dès l'origine, l'Église se préoccupa de l'administration des biens qui lui étaient confiés. Mais ce soin incombait à des clercs. Saint Augustin et saint Grégoire le Grand ne comprenaient pas qu'il en fût autrement[3]. Il en fut ainsi pendant de longs siècles[4].

1. IMBART DE LA TOUR, *Les origines de la réforme*, p. 517.

2. Voici quelques chiffres, empruntés aux articles de M. Sicard, sur les recettes annuelles de quelques paroisses parisiennes en 1790 : Saint-Germain l'Auxerrois, 112.355 livres; Saint-Gervais, 68.378; Saint-Jean en Grève, 45.000; Saint-Jacques de la Boucherie, 43.062; Saint-Nicolas des Champs, 38.418; Saint-Eustache, 33.848; Saint-Laurent, 28.521; Sainte-Madeleine de la Ville-l'Évêque, 18.047; Saint-Médard, 16.614; Saint-Jacques du Haut-Pas, 12.269; Saint-Étienne des Grès, 11.091; Saint-Étienne du Mont, 5.986; Saint-Pierre aux Bœufs, 5.241; Saint-Josse, 1.363 livres. On voit quelle inégalité régnait alors entre les paroisses au point de vue des ressources.

3. POSSIDIUS, *Vita sancti Augustini*, 24; JEAN DIACRE, *Vita sancti Gregorii*, II, 15.

4. Les marguilliers, *matricularii*, dont il est parfois question dès

Un synode anglais tenu à Exeter, en 1287, est le premier qui fasse mention de cinq ou six paroissiens à choisir par les curés pour s'occuper de l'entretien de l'église et rendre leurs comptes chaque année. Le synode de Wurtzbourg, en cette même année, évince les laïques qui s'étaient ingérés dans l'administration paroissiale, parce qu'ils l'avaient fait sans l'agrément des supérieurs ecclésiastiques. A Cologne, en 1300, on trouve des administrateurs laïques du temporel de l'église; deux fois l'an, ils rendent leurs comptes au curé.

En France, c'est un synode de Lavaur, en 1368 (can. 91) qui fait la première mention de paroissiens choisis par les curés pour s'occuper des intérêts temporels de l'église. L'ensemble de tous les objets qui appartenaient à une église ayant pris, dès le xve siècle, le nom de « fabrique[1] », le nom fut étendu à la réunion de ceux qui administraient ces biens, et ces administrateurs furent appelés successivement fabrisseurs, fabriqueurs, fabriciers et fabriciens. Un concile de Mayence, en 1449, leur confia l'administration des revenus de l'église. La même règle fut adoptée en France. Le concile de Trente la suppose partout en vigueur, puisqu'il ordonne que « les administrateurs ecclésiastiques et laïques de la fabrique de chaque église... rendent compte chaque

les XIIe et XIIIe siècles, ne sont pas des administrateurs, mais des serviteurs de l'église. Ainsi, en 1204, on trouve mention de quatre, puis de huit marguilliers prêtres, à Notre-Dame de Paris, pour la garde de l'église. Avec eux sont des marguilliers laïques pour le service. GUÉRARD, *Cartulaire de N.-D.*, p. 173. Viscard, évêque de Troyes, établit de même, en 1304, quatre marguilliers laïques, qui passaient la nuit dans l'église une semaine à tour de rôle, et tous les quatre ensemble quand des objets précieux étaient exposés.

1. D'après le latin *fabrica*, œuvre d'un *faber*, édifice, construction.

année de leur administration à l'évêque [1] ». En somme, ce sont les ecclésiastiques qui, pendant les treize ou quatorze premiers siècles, ont été exclusivement chargés de la gestion du temporel des paroisses. Quand l'Église a jugé à propos de confier ce soin à des laïques, elle l'a fait de son plein gré et en stipulant formellement que les comptes seraient rendus à l'évêque [2].

Cependant, en France, il n'y avait uniformité ni dans la constitution des fabriques ni dans leur fonctionnement. En Provence, l'administration municipale s'occupait du temporel de l'église. A Toulouse, les fabriques ne furent instituées qu'en 1772. A Albi, on s'en passa. Les parlements arrêtaient les règles de l'administration fabricienne, mais en tenant compte des usages locaux qui variaient à l'infini. Ces règles étaient en général fort compliquées [3].

Les fabriques avaient deux sortes de réunions, celles des marguilliers ou fabriciens chargés du règlement des affaires courantes, et les assemblées de paroisse, qui comprenaient à la fois les fabriciens et les notables de la localité. Les premières réunions étaient mensuelles ou plus fréquentes; les assemblées de paroisse se tenaient au moins deux fois l'an. On voit que dans ces dernières étaient appelés non seulement les représentants ordinaires de la

1. Sess. XXII, cap. 9.

2. « Les ecclésiastiques ayant abusé de cette administration, on leur a substitué des laïques qui représentent le corps des paroissiens, et qu'on a chargés de ce soin. » JOUSSE, *Traité du gouvernement des paroisses*, p. 7. C'est un légiste qui parle de la sorte. On voit que l'histoire n'est pas tout à fait de son avis.

3. On en trouve, dans JOUSSE, p. 341-475, des spécimens, pour Saint-Jean en Grève, en 75 articles, pour Saint-Louis en l'Ile, en 70, pour Saint-Pierre de Bourges, en 42, pour Morangis, en 52, pour les trois paroisses de Saumur, en 46, pour Nogent-sur-Marne, en 62.

paroisse, mais encore ceux qui, à raison de leurs fonctions civiles, de leur influence ou de leur fortune, étaient plus à même de donner des conseils autorisés. Les attributions de ces assemblées consistaient à élire les nouveaux marguilliers [1], à arrêter les comptes, à régler tout ce qui concernait l'emploi des fonds, les achats, les ventes, les modifications aux usages paroissiaux, les pauvres et les écoles de charité. Les comptes étaient rendus à l'évêque ou à l'archidiacre, en cours de visite. Si cette visite n'avait pas lieu dans l'année, les comptes devaient être examinés et arrêtés par le curé, en présence des principaux habitants, pour être ensuite représentés à l'évêque ou à l'archidiacre à leur prochaine visite.

Les marguilliers étaient investis de pouvoirs assez étendus pour l'administration du temporel, la garde des biens et des objets mobiliers de l'église, la bonne tenue du monument, la convenance de l'office divin, le paiement des honoraires et des gages, l'acquittement des fondations, la nomination des serviteurs de l'église, l'exactitude de la grand'messe, et un certain nombre d'autres particularités. Ils avaient même le droit de choisir les prédicateurs de l'Avent, du Carême et des grandes fêtes. Quelquefois, les fabriciens des grandes villes ne demandaient qu'à étendre leurs pouvoirs et à régenter leur curé. Quand ils étaient animés de l'esprit qui distingua les légistes et les jansénistes, tous les moyens leur semblaient bons pour faire prévaloir leurs idées et exercer leurs fonctions avec une déplorable intransigeance. Ils pensaient déjà volontiers ce que Bailly

1. Le premier marguillier, appelé marguillier d'honneur, devait être élu tous les deux ans.

devait dire un jour au curé de Saint-Sulpice : « Quand la loi a parlé, la conscience doit se taire. » De là, mille tracasseries auxquelles heureusement l'autorité du roi mettait bon ordre[1].

En somme, ces écarts étaient rares; d'ordinaire la bonne entente régnait entre le clergé et les membres de la fabrique, surtout quand chacun y mettait du sien et restait dans son rôle. Il n'était pas mauvais d'ailleurs que les paroissiens prissent part à l'administration du temporel. Ils se rendaient mieux compte des ressources et des charges, et, quand le curé avait à exiger certaines redevances, les fabriciens partageaient avec lui la responsabilité de la réquisition[2].

Il y avait une charge qui, au moins à intervalles, pesait plus lourdement que les autres sur les fabriques : c'était l'entretien des bâtiments de l'église. Des règles précises s'imposaient à ce sujet. Les

1. A Saint-Jacques du Haut-Pas, en 1720, le marguillier Doujat prenait sur lui d'empêcher tout acquit de fondations. Le Châtelet et le Parlement durent se mêler de l'affaire et provoquer l'élection d'un autre marguillier. GRENTE, *Une paroisse de Paris sous l'ancien régime*, Paris, 1897, p. 144. A Saint-Étienne du Mont, de 1744 à 1754, le curé Bouëttin eut toutes sortes de difficultés avec ses fabriciens jansénistes. Un jour de Dédicace, ceux-ci, outrepassant leurs droits, mais soutenus par le Châtelet, invitèrent à prêcher un Augustin. L'archevêque s'y opposa et envoya à sa place un Cordelier. Mais le prédicateur trouva la chaire fermée à clef et ne put s'acquitter de son office. PINET, *Les tribulations d'un ancien curé de Paris*, dans la *Revue du clergé français*, 1er septembre 1896, p. 5-30. A Saint-Sulpice, où étaient en vigueur les règlements établis par M. Olier, et où le curé choisissait lui-même les prédicateurs, la paix régnait entre la fabrique et le clergé. Le *Calendrier spirituel et historique* de la paroisse pour 1777, fait à ce sujet, p. 10, une remarque qui en dit long : « Tous ces règlements établis par M. Olier ont maintenu la paix dans cette paroisse, et les tribunaux n'ont jamais retenti du bruit des divisions, qui sans eux se seraient peut-être élevées entre messieurs les curés et messieurs les marguilliers. Cette paroisse est peut-être la seule qui puisse se flatter de cet avantage. »

2. JOUSSE, *Traité du gouvernement des paroisses*, p. 117-178.

gros décimateurs, c'est-à-dire ceux qui, à un titre quelconque, percevaient les grosses dîmes de la paroisse, le curé compris, s'il était au nombre de ces derniers, avaient à réparer et à entretenir le chœur, le gros œuvre du clocher élevé au-dessus du chœur, et les chapelles absidiales bâties en même temps que l'église et situées sous la même voûte que le chœur. Souvent, il existait dans l'église des chapelles fondées par des particuliers qui y avaient droit de sépulture. Leur entretien était à la charge des fondateurs. La nef de l'église, le clocher bâti ailleurs que sur le chœur, les cloches et leur charpente, et tout ce qui n'était pas attribué aux gros décimateurs regardait les paroissiens, y compris le curé non congruiste, mais seulement au prorata de ses revenus paroissiaux. La fabrique commençait par employer aux réparations la portion disponible de ses revenus, et, à leur défaut, une partie des revenus de la commune. Si ces ressources ne suffisaient pas, les habitants étaient appelés à délibérer sur les voies et moyens d'exécution et à approuver soit un emprunt, soit une imposition extraordinaire, soit des souscriptions volontaires. Ces règlements expliquent pourquoi, dans la plupart des églises de campagne antérieures à la Révolution, le chœur est presque toujours d'une architecture plus riche et d'une construction plus soignée que la nef. Les simples paroissiens ne disposaient pas de ressources aussi abondantes que les gros décimateurs.

Les paroissiens devaient aussi entretenir la clôture du cimetière, et fournir un logement convenable pour le curé et ses vicaires, mais sans être tenus aux accessoires, comme meubles, granges, écuries, etc. Le cas échéant, ils avaient encore à réparer ou à reconstruire le presbytère, le curé restant chargé, surtout s'il n'était pas congruiste, des menues réparations usufruitière s.

Les dîmes n'existant pas dans les villes, toutes les grosses dépenses incombaient aux fabriques, et, en cas d'insuffisance de revenus, aux paroissiens eux-mêmes [1].

En reconnaissance des services qu'ils rendaient, les marguilliers en charge jouissaient de droits honorifiques ; ils avaient la préséance sur les autres paroissiens dans toutes les cérémonies du culte. Un édit de 1641 les dispensait d'être collecteurs de tailles pendant qu'ils étaient en exercice [2].

1. JOUSSE, *Traité du gouvernement des paroisses*, p. 13-20.

2. La taille était l'impôt levé sur les terres et les revenus des roturiers. Chaque année on choisissait, parmi les paysans les plus riches, ceux qui devaient être collecteurs de tailles. Ils passaient la moitié de leurs journées à courir chez les contribuables, parce qu'ils étaient responsables de la recette. GASQUET, *Institutions politiques de l'ancienne France*, t. I, p. 340.

CHAPITRE VI

LA VIE PAROISSIALE SOUS L'ANCIEN RÉGIME

Les offices de l'Église avaient une grande importance aux yeux de nos pères. Ils aimaient à les suivre, mais non d'une manière purement passive, comme beaucoup de chrétiens d'aujourd'hui. Ils s'y intéressaient vivement, y prenaient une part active, et, leur livre en main, chantaient et contemplaient les cérémonies liturgiques. Ces cérémonies et ces offices avaient à la fois l'unité, la simplicité et la variété propres à les rendre populaires. Les fidèles aimaient leurs églises, parce qu'ils y trouvaient tout ce qui pouvait charmer leurs yeux et leurs oreilles, occuper leur esprit et toucher leur cœur. Tout leur parlait et ils comprenaient tout. C'est là que chaque dimanche leur foi et leur courage aimaient à se retremper.

Dans les paroisses de quelque importance, on chantait chaque jour tout l'office ; dans les plus modestes, on le chantait au moins le dimanche. A la cathédrale de Paris, on eut toujours à cœur, jusqu'en 1790, de chanter les matines à minuit, comme dans les monastères. On constate même, en 1205, l'existence d'une confrérie de la Sainte Vierge composée de personnes pieuses qui se levaient la nuit pour assister aux matines de Notre-Dame. Cette confrérie subsista plusieurs siècles. Après sa disparition, la dévotion aux matines persista parmi les fidèles de la capitale [1]. La grand'messe et les vêpres réunissaient une bonne partie des paroissiens, surtout aux grandes fêtes de l'Église et aux fêtes locales. Dans les paroisses de campagne, l'affluence augmentait également ces jours-là. Au prône, le curé s'adressait à ses paroissiens et les tenait au courant de tout ce qui pouvait les intéresser. Il nommait ceux pour lesquels il y avait spécialement à prier. Le seigneur avait le droit d'être recommandé nominativement au prône et des prières devaient être dites pour lui. Le curé annonçait les fêtes de la semaine et les événements importants auxquels il fallait se préparer. Au prône, depuis le XIIe siècle, on faisait les monitoires, pour menacer ceux qui commettaient certains crimes, comme les usuriers, ou pour provoquer la révélation d'attentats en préparation. Les juges laïques se servaient parfois des monitoires pour obtenir la preuve de faits secrets [2]. En Vendée et en Bretagne, on

1. LEBOEUF-COCHERIS, *Histoire du diocèse de Paris*, t. I, p. 14, 38. Nos pères étaient du matin. A Saint-Sulpice, la première messe quotidienne était à 4 h. 1/2 en été et à 5 h. en hiver. *Calendrier*, p. 55. A Saint-Étienne du Mont, voici quel était l'horaire du dimanche et des fêtes : matines à 5 h., 5 h. 1/2 du matin, ou la veille au soir, suivant les saisons ; grand'messes à 7 h. et à 9 h ; le soir vêpres, sermon et salut, avec ou sans bénédiction. A Pâques, les matines se chantaient à 3 h. 1/2 du matin, et il y avait trois grand'messes, à 6 h., 7 h. 1/2 et 9 h. *Offices propres de Saint-Etienne*, Paris, 1771, p. XI, XII.

2. Ainsi, en 1661, on fit publier des monitoires au sujet des malversations de Fouquet et de beaucoup d'autres financiers. On peut voir dans JOUSSE, *Gouvernement des paroisses*, p. 559-568, des édits de Henri II et de Louis XIV, ordonnant de lire aux prônes de trois mois en trois mois, certaines ordonnances et condamnations.

annonçait au prône la chasse du seigneur. L'intendant se servait du même moyen pour faire communiquer aux paysans les ordonnances et les instructions du gouvernement. Turgot employa les curés à vérifier les rôles de la taille et à expliquer à leurs paroissiens le sens et la portée de ses réformes [1].

A la suite de ces avis de différents ordres venait l'instruction que le curé adressait à ses paroissiens, conformément aux prescriptions du concile de Trente. Cette instruction, simple et substantielle, entretenait dans les paroisses une foi qui permit à la plus grande partie de la population de traverser la période révolutionnaire sans trop oublier sa religion, et qui, dans certains pays, se traduisit par un véritable héroïsme, digne de l'âge des martyrs. Dans les grandes villes, des prédicateurs de renom complétaient par de grands discours les instructions plus simples des curés. Au XVIIe siècle, sous l'influence de saint François de Sales et du P. Sénault, de l'Oratoire, l'éloquence de la chaire avait renoncé au fatras d'érudition indigeste et au laisser-aller par trop vulgaire qui l'avait paralysée dans les âges précédents. Les prédications de Bourdaloue et de Bossuet ont enrichi la langue de chefs-d'œuvre, en présentant le dogme et la morale sous une forme à la fois très noble, très claire et très saisissante. Le roi et les grands de la cour consacraient souvent par leur présence l'autorité de ces solennelles prédications. On sait que les plus renommés des orateurs ne craignirent pas de faire entendre de dures vérités; ce ne fut pas toujours en vain [2].

1. GASQUET, *Institutions politiques de la France*, t. I, p. 339; t. II, p. 59, 60.

2. Voir dans LAURAS, *Bourdaloue, sa vie et ses œuvres*, Paris, 1881,

L'usage d'offrir le pain bénit à la messe de paroisse était un de ceux auxquels on paraît avoir le plus tenu dans les siècles passés, à en juger par les règlements et même par les arrêts de parlements qui s'occupent de la question. Dès le IVe siècle, la coutume existait de bénir du pain et de le donner aux catéchumènes, qui ne pouvaient encore recevoir la communion. Plus tard, en signe d'union, les évêques bénissaient des pains, pendant la cérémonie liturgique, et se les envoyaient mutuellement. On arriva à faire de même dans les messes solennelles qui ne comportaient pas la participation des fidèles à la sainte Eucharistie. Chaque paroissien avait l'obligation d'offrir à son tour le pain qui devait être bénit le dimanche. Quelques jours auparavant, le marguillier en charge faisait porter à l'intéressé le « chanteau », ou morceau de pain bénit du dimanche précédent, pour l'avertir que son tour arrivait le dimanche suivant. Des arrêts du Châtelet autorisaient le marguillier à exiger de chaque paroissien un pain bénit en rapport avec sa condition, et à le faire préparer aux frais du refusant [1].

En certaines circonstances, des cérémonies très

t. I, p. 89-100, le chapitre I, *La prédication à Paris au XVIe siècle.* La tenue du grand monde à ces prédications était souvent scandaleuse, les toilettes indécentes, les conversations inconvenantes, sans parler des marques d'improbation données aux prédicateurs par des personnages qualifiés. *Ibid.*, t. II, p. 69-82.

1. JOUSSE, *Gouvernement des paroisses*, p. 86-89. Par distinction, des parts plus considérables étaient présentées aux personnages de marque, selon les coutumes locales. Une curieuse délibération de la commune de la Norville, près de Montlhéry, décide, le 23 janvier 1791, qu'à l'avenir aucune distinction de rang n'aura plus lieu dans la distribution du pain bénit qui se fait dans l'église, à peine, pour le curé et les marguilliers, de dix livres d'amende, sans compter la suite. Ainsi l'exigeait le principe égalitaire. GENTY, *Histoire de la Norville*, Paris, 1885, p. 278.

expressives entraînaient toute la paroisse hors de son église et lui faisaient chanter les louanges de Dieu à travers les rues des villes et les chemins de la campagne. Telles étaient les processions des rogations, de la Fête-Dieu, de l'Assomption, du jour des Morts et des fêtes patronales [1]. Les pasteurs veillaient à ce que ce goût naturel pour les démonstrations extérieures ne dégénérât pas en pur formalisme. Dans la plupart des diocèses, il y avait un catéchisme des fêtes, annexé au catéchisme doctrinal, pour enseigner aux plus simples fidèles l'esprit qui devait les animer en ces solennités. Bossuet lui-même ne dédaigna pas de rédiger de brèves instructions pour expliquer à ses diocésains les prières liturgiques. Il traduisit à leur intention les oraisons de la messe, les psaumes, les cantiques, les hymnes en usage dans les offices publics, et composa de touchantes et substantielles prières pour aider leur dévotion [2].

L'organisation des paroisses tendait principalement à faciliter à tous la pratique des devoirs religieux, spécialement la réception des sacrements. Le bel ordre établi au XVIIe siècle dans la paroisse de Saint-Sulpice, par M. Olier, servit de modèle aux grandes églises de Paris et de la province, grâce à la formation que venaient chercher au séminaire des sujets de tous les diocèses. M. Olier avait divisé sa paroisse en huit quartiers; un prêtre était chargé de chacun d'eux et dix à douze autres aidaient les huit

1. Chateaubriand a donné une description poétique de ces manifestations religieuses dans son *Génie du christianisme*, IVe partie, liv. I.

2. *Œuvres*, Bar-le-Duc, 1870, t. X, p. 436-554.

premiers. Il y avait un prêtre pour présider l'office quotidien, un pour les offices extraordinaires, six pour administrer l'eucharistie et l'extrême-onction, cinq pour le baptême et le mariage, deux pour répondre à toute heure aux désirs des paroissiens, deux puis quatre pour entendre chaque jour les confessions, sans préjudice de celles qu'entendaient tous les autres prêtres, quatre pour assister les agonisants, un pour le soin des pauvres, quatre pour les sacristies, deux pour les affaires de l'œuvre [1], deux pour la préparation des objets nécessaires au culte, plusieurs pour le soin des confréries, deux pour délivrer les actes, deux pour les petites sépultures, trois pour le service de la prison, deux pour l'instruction des hérétiques, plusieurs au service des communautés situées sur la paroisse, et enfin douze surnuméraires pour remplacer les malades et les absents [2]. Telle était, au temps de M. Olier, l'organisation du service spirituel quotidien dans une grande paroisse de Paris. La situation demeurait à peu près la même en 1777.

Cette organisation, assez compliquée, ne pouvait s'établir que là où le clergé était assez nombreux. Ailleurs, le même prêtre cumulait plusieurs services rendus moins onéreux par le chiffre plus faible de la population. Dans les petites paroisses, quelques prêtres seulement suffisaient à tout. L'important était que les fidèles pussent toujours trouver un prêtre.

1. L'œuvre était la même chose que la fabrique. Anciennement les fabriciens étaient appelés les maîtres de l'œuvre. Le clerc de l'œuvre était le prêtre chargé de l'exécution des décisions de la fabrique et du soin du matériel à l'intérieur de l'église. Le banc d'œuvre est encore le banc des fabriciens.

2. *Calendrier spirituel et historique*, p. 7, 8.

à leur disposition pour répondre à leur appel et leur fournir les secours spirituels qu'ils réclamaient.

L'instruction des enfants, par le moyen des catéchismes, sollicitait avec raison l'attention des curés dans chaque paroisse. Il s'agissait de former à la vie chrétienne les jeunes générations appelées à constituer plus tard le fonds même de la paroisse. Dès le XVIe siècle, il se forma à Avignon une confrérie de personnes qui, par charité, se dévouaient à enseigner la doctrine chrétienne aux ignorants. Clément VIII approuva cette confrérie en 1592. Sous l'influence des conciles provinciaux et aussi par zèle pour le bien des âmes, des institutions analogues se créèrent successivement en France. César de Bus, fondateur de la confrérie d'Avignon, établit les Doctrinaires, qui enseignèrent le catéchisme dans les quatre provinces de Rome, d'Avignon, de Toulouse et de Paris. Sous la direction des Doctrinaires, les Ursulines s'appliquèrent au même enseignement partout où elles tenaient des écoles. A Saint-Nicolas du Chardonnet, à Paris, Bourdoise fit donner, tous les dimanches après vêpres, des leçons de catéchisme. Saint Vincent de Paul qui, avec son ferme bon sens et sa parfaite intelligence des besoins de l'Église, recommandait à ses Filles de la Charité d'être de « bonnes filles de paroisse », leur fit une règle d'enseigner le catéchisme aux enfants des pauvres. M. Olier institua à Saint-Sulpice de nombreux catéchismes. Il envoyait ses prêtres dans les maisons pour appeler les enfants, et les parents suivaient en grand nombre [1]. Saint Jean Baptiste de la Salle

1. *Le ministère pastoral de J.-J. Olier*, p. 42-48.

poursuivit la même œuvre dans ses petites écoles. A Lyon, en 1666, l'abbé de Saint-Just organisa un enseignement catéchistique qui fut adopté dans beaucoup de diocèses. On mettait sous les yeux des enfants une image représentant le mystère que le catéchiste expliquait. Chaque dimanche, une confrérie de jeunes filles enseignait la doctrine chrétienne aux femmes et aux enfants [1].

Ces auxiliaires volontaires aidaient puissamment le clergé des paroisses dans l'éducation chrétienne des enfants. On disposait ainsi ces jeunes âmes à la première communion. A Saint-Sulpice, la cérémonie avait lieu deux fois l'an, le jeudi de Quasimodo et le jeudi après l'octave de la Fête-Dieu. Des catéchismes spéciaux préparaient les enfants à ce grand acte. Les garçons n'y étaient admis qu'à treize ans, et les jeunes filles à douze. Une ordonnance de l'archevêque de Paris, en 1735, ne permettait pas que la première communion se fît hors de l'église paroissiale [2].

Les plus grands honneurs étaient rendus au Saint-Sacrement, même en dehors des églises, surtout depuis que le protestantisme s'était attaqué au dogme de la présence réelle. L'histoire a conservé le souvenir d'une splendide procession qui eut lieu à Paris, le 21 janvier 1535, sur la demande du roi François Ier, en réparation des outrages adressés par les hérétiques à la sainte Eucharistie. Toutes les paroisses de la ville se rendirent, avec leurs reliquaires, à Saint-Germain l'Auxerrois, et de là le Saint-Sacrement fut porté jusqu'à Notre-Dame, à travers les rues magnifiquement décorées. La cour et toutes les autorités y

1. Bézard, *Histoire du catéchisme*, Paris, 1900, p. 206.
2. *Calendrier*, p. 15.

assistaient et le roi suivait à pied, un cierge à la main [1]. Ces démonstrations produisaient grand effet sur le peuple. Aussi, les processions de la Fête-Dieu, auxquelles chaque paroisse donnait tout l'éclat possible [2], demeurèrent-elles si populaires que la Révolution elle-même ne put les supprimer qu'en supprimant les prêtres. Le 30 mai 1793, la procession se fit encore, à travers les rues de Paris, à la Madeleine, et surtout à Saint-Leu, ne rencontrant sur son passage que marques de respect, recevant même les honneurs militaires d'un corps de garde [3].

Des règlements publics prescrivaient la conduite à tenir dans les rues des villes, quand le saint Viatique était porté aux malades [4].

1. *Registre du Bureau de la ville*, t. II, p. 195; Bibl. Ste-Gen., ms. 1874.

2. Sur la célèbre Fête-Dieu d'Aix, en Provence, instituée par le roi René, en 1462, voir *Explication des cérémonies de la Fête-Dieu d'Aix*, Aix, 1777.

3. Schmidt, *Tableaux de la Révolution française*, t. I, p. 350-354.

4. Le *Calendrier de Saint-Sulpice*, p. 19, donne à ce sujet les indications suivantes : « Les ordonnances de nos rois ont pourvu au respect qui est dû au très saint Sacrement, surtout lorsqu'on le porte chez les malades. Les fidèles doivent lui rendre les hommages de corps et de cœur auxquels leur religion les oblige, et se mettre à genoux, ou au moins lorsqu'ils ne peuvent absolument faire autrement, s'arrêter et s'incliner profondément, sans attendre qu'on les en avertisse ; les hérétiques sous peine de punition, selon l'exigence du cas, doivent s'arrêter et se mettre en état de respect et de révérence, les hommes ôter leur chapeau et lui rendre les mêmes marques de vénération que les catholiques. Toutes les voitures quelconques doivent s'arrêter et personne ne doit précéder les lanternes ou flambeaux, mais accompagner le saint Sacrement, avec la plus grande décence, et les voitures s'en tenir très éloignées. Les militaires doivent prendre les armes, mettre leurs chapeaux sur la garde de l'épée, le genouil en terre, les armes présentées et le tambour battre aux champs...

« Nos rois exécutent eux-mêmes ces lois et ces usages avec la plus grande exactitude ; ils ne rencontrent jamais le très saint Sacrement, qu'ils ne descendent de leurs carrosses et se mettent à genoux à terre. Les princes et princesses du sang royal n'y manquent jamais. Leur exemple est suivi par plusieurs personnes, et

Malheureusement, à partir du milieu du XVIIe siècle, le jansénisme exerça une action funeste sur la piété chrétienne et sur la réception de la sainte communion. Un bon nombre de paroisses, surtout dans la moitié septentrionale de la France, s'en ressentirent. On voyait des groupements de chrétiens qui vivaient dans l'Église, mais sous la direction des nouveaux docteurs. Ils se faisaient remarquer par une grande assiduité aux offices de paroisse, mais aussi par un éloignement opiniâtre de la sainte communion, sous prétexte d'indignité. De sincères catholiques entraient parfois dans les mêmes idées au sujet de la communion; d'autres allaient à l'excès opposé. Il se trouva des prêtres et des curés pour partager les idées des jansénistes et s'inspirer de leur esprit. Ce fut la désolation spirituelle pour certaines paroisses. Le déplorable effet s'en fit sentir longtemps encore après la Révolution.

Dès le moyen âge, on avait compris combien l'association donne de puissance et de solidité aux efforts individuels. Aussi n'est-il pas de paroisse de l'ancien régime dans laquelle une élite de chrétiens plus pieux ne soit groupée dans quelque confrérie. Les corporations, les métiers avaient des confréries destinées à réunir tous leurs membres, sous la tutelle d'un patron céleste. Ils eussent été comme des corps sans âmes, si la pensée et la pratique religieuses n'avaient consacré ces groupements [1]. Certaines confréries se proposaient une œuvre déterminée. La

toutes devraient le suivre et ne pas se contenter, comme il n'arrive que trop souvent, de se mettre à genoux dans leurs voitures. »

1. P. Renard, *Un coutumier de l'ancienne église Saint-Pierre de Châteaudun*, Châteaudun, 1892, p. 18-23.

confrérie de la Passion, établie au xve siècle, s'appliquait à la représentation des mystères. Peu à peu, elle s'écarta de son but religieux et finit par être supprimée sous Louis XIV. Dans le midi de la France, florissaient les confréries de pénitents, composées de laïques associés pour se livrer à certains actes de pénitence, assister aux processions, célébrer les funérailles de leurs membres. Ces confréries eurent leur plus grande vogue au xvie siècle. Elles se recrutaient surtout dans la bourgeoisie. La couleur du sac dont se revêtaient les pénitents leur faisait donner les noms distinctifs de pénitents noirs, blancs, gris, pourpres, feuille-morte, etc. Malgré les sentiments religieux qui les animaient, on ne peut guère compter les pénitents comme auxiliaires de la paroisse. Car ils avaient en général l'esprit séparatiste et chicanier, trouvaient quelque satisfaction à n'être pas d'accord avec leur curé et cherchaient à avoir des prêtres dans leurs rangs, afin de pouvoir se passer de lui [1].

Il existait d'autres confréries d'un caractère plus paroissial et plus strictement religieux. Dès le xive siècle, on trouve à Paris des confréries en l'honneur de la Vierge Marie immaculée, d'abord à Saint-Séverin, puis à Saint-Paul. Beaucoup d'autres étaient fondées un peu partout, en l'honneur d'un patron local, sainte Geneviève, sainte Solange, saint Martial, d'un saint vénéré à un titre particulier, saint Loup, saint Hubert, saint Côme et saint Damien, saint Nicolas, en l'honneur de la Sainte Vierge, sous le vocable de Notre-Dame du Rosaire, Notre-

1. L. Guibert, *Les confréries de Pénitents de Limoges*, 1879.

Dame du scapulaire, Notre-Dame de Liesse, etc. Sous l'action des Jésuites, des congrégations de la Sainte Vierge ont réuni un nombre immense de jeunes chrétiens et les ont aidés à persévérer dans le bien. Les confréries du Saint-Sacrement n'étaient pas moins répandues. Elles entretenaient dans les paroisses le culte de la sainte Eucharistie, faisaient dire des messes et célébrer des saluts à cette intention et tenaient des réunions dans des chapelles contiguës à l'église, et spécialement affectées à cet usage.

Les confréries n'avaient d'existence légale qu'autant que l'autorité royale les autorisait [1]. Ainsi Philippe le Long autorisa la confrérie de Saint-Magloire et celle du Saint-Sacrement, et lui-même fonda celle de Notre-Dame de Boulogne [2]. A défaut de cette autorisation, des confréries même très anciennes furent supprimées [3]. La condition était d'importance, car elle conférait à ces associations le droit de recevoir des legs et des donations. Les synodes de Sens, en 1528, de Bourges, en 1584, et de Narbonne, en 1609, s'étaient occupés des confréries pour délimiter leurs devoirs et leurs droits. Aucune d'ailleurs ne pouvait être soustraite à l'autorité épiscopale.

La confrérie, dûment autorisée, avait donc le droit de posséder, d'élire des proviseurs pour gérer ses affaires, de pourvoir à la tenue des réunions, à la

1. Ordonnance de 1539, art. 185, 186.
2. LEHUGEUR, *Histoire de Philippe le Long*, t. I, p. 349.
3. Un arrêt du Parlement supprime, en 1732, les confréries de la Sainte Vierge, de saint Sébastien et de saint Roch, qui subsistaient aux Quinze-Vingts à Paris, depuis plus de 300 ans. En 1737, la confrérie de Notre-Dame de Bonne Délivrance, à Saint-Etienne des Grès, eut le même sort.

célébration des offices et aux prédications qui entretenaient la vie spirituelle des confrères. Ces exercices ne pouvaient jamais avoir lieu pendant la messe paroissiale du dimanche et des fêtes. Les proviseurs rendaient compte de leur administration devant le curé et les marguilliers de la paroisse, ce qui empêchait la confrérie de se détacher de son centre naturel[1].

On a vu que, dès les plus anciens temps et même dès l'origine de l'Église, le soulagement des pauvres avait été considéré comme l'un des éléments essentiels de la vie chrétienne et paroissiale. Dans tout le cours des siècles, chaque paroisse eut ses pauvres à sa charge. Leur assistance incombait à la famille paroissiale; jamais l'idée ne vint à personne d'en faire un service purement administratif. Toutefois ce fut saint Vincent de Paul qui réussit le premier à introduire dans l'exercice de la charité l'ordre parfait qui la rend féconde et le dévouement individuel, aussi avantageux à celui qui donne qu'à celui qui reçoit. Curé de Châtillon-les-Dombes, il institua, en 1617, la première confrérie de charité, composée de dames chargées de visiter et de soulager les pauvres et les malades. Il appela ainsi les laïques à un ministère réservé jusque-là à des hommes d'Église, et leur apprit à distinguer les vrais pauvres d'avec les professionnels de la mendicité. Les dames n'entraient dans la confrérie qu'avec l'agrément de leurs maris; elles avaient des « officières » pour les différentes charges, et un « procureur », parce que ce n'est pas « le propre des femmes d'avoir seules le manie-

1. JOUSSE, *Gouvernement des paroisses*, p. 200-204.

ment des fonds ». Afin que la confrérie fût pour la paroisse un avantage et non un embarras, le curé en avait la direction. Des confréries semblables se fondèrent dans les diocèses de Lyon et d'Amiens. Saint Vincent en établit d'autres autour de Paris, dans les terres des Gondi, et une à Paris même, dans la paroisse Saint-Sauveur, en 1629. Aux charités de dames ne tardèrent pas à s'adjoindre des charités d'hommes, toujours sous la même inspiration. Puis, comme les dames de charité de Paris ne pouvaient se livrer personnellement au soin des pauvres aussi facilement que le faisaient les dames de province, le saint institua les Filles de la Charité pour les seconder. Tout l'outillage de la charité était créé.

Des œuvres de toutes sortes naquirent comme par enchantement de l'initiative des confréries de charité. Celles des dames aidaient les mères nourrices, soignaient les malades, assistaient les pauvres jusqu'à leurs derniers moments. Elles centralisaient dans des magasins les dons en nature et en faisaient la distribution selon les besoins. Dans les campagnes, elles préparaient le bouillon des pauvres et le leur servaient. Les charités d'hommes s'occupaient des invalides, des prisonniers, des orphelins. Jusque dans les villages, les associés prélevaient la part de la charité sur leurs troupeaux et leur basse-cour. Dans les villes, ils organisèrent des manufactures, créèrent l'assistance par le travail, qui demandait à chaque pauvre la part d'activité qu'il pouvait fournir, instituèrent les asiles de nuit, le placement gratuit, la fourniture d'outils, le prêt sans intérêt, la vente du pain à prix réduit, les soins temporaires à domicile ou à l'hôpital, les secours permanents aux vieillards et aux incapables [1].

L'organisation n'était pas uniforme. Tout dépendait des ressources locales et du personnel charitable dont chaque paroisse disposait. Mais les principes posés par saint Vincent de Paul s'imposaient partout. Dans les grandes paroisses des villes importantes, on trouvait deux sortes de compagnies de charité, une d'hommes et une de dames, avec trésorier et trésorière. Ailleurs, le curé ne disposait que d'une charité de dames, avec une trésorière et un procureur. Parfois, on se passait de ce dernier. En certaines paroisses moins favorisées du côté du personnel, le curé faisait l'office de trésorier et de distributeur. Les Filles de la Charité prenaient soin des pauvres et tenaient des maisons de secours, là où elles se trouvaient. Enfin, en certains autres endroits, la fabrique et les notables constituaient eux-mêmes le bureau de charité et faisaient distribuer les secours par des dames. Les comptes étaient rendus régulièrement. Le curé ne distribuait personnellement, dans les paroisses où le service était bien organisé, que les sommes pour lesquelles les donateurs avaient stipulé ce mode d'emploi.

Pour éviter tout abus, les pauvres déposaient leurs demandes dans une boîte spéciale. Le trésorier recueillait ces demandes, chargeait quelqu'un de la compagnie d'aller aux informations, et ensuite en rendait compte à l'assemblée de charité, pour qu'elle avisât à ce qu'il convenait de faire. Les revenus, le produit des quêtes, les aumônes de toute nature de-

1. P. DE PELLEPORT-BURÈTE, *Essai sur l'organisation charitable des paroisses de Paris aux XVIIe et XVIIIe siècles*, Bordeaux, 1895.

vaient être centralisés aux mains du trésorier, chargé de tenir un état exact des recettes et des dépenses. Les secours se donnaient habituellement en nature, ou sous forme de bons, rarement en argent.

Dans les assemblées de charité, le curé occupait la première place et présidait. On y convoquait les magistrats, les marguilliers, les notables, les membres des compagnies de charité et ceux qui étaient à même de contribuer au soulagement des pauvres. Dans certaines paroisses, le seigneur du lieu venait à l'assemblée et même la présidait. Il y avait deux grandes assemblées par an, à Noël et à la Pentecôte. D'autres assemblées moins solennelles se tenaient quand il était nécessaire, après avis donné au prône le dimanche précédent.

Pour ne pas encourager la mauvaise conduite, les règlements interdisaient l'assistance des pauvres adonnés à l'ivrognerie, à la débauche, au blasphème et aux mauvaises mœurs. On la refusait également à ceux qui négligeaient d'envoyer leurs enfants à l'école ou au catéchisme [1].

Au lieu d'entraver l'exercice de la charité par une législation intolérante et tracassière, l'État avait à cœur de favoriser de tout son pouvoir une institution qui ne lui coûtait rien, dont il tirait au contraire un très grand profit social et moral. Il approuvait les règlements des compagnies de charité, sans prétendre leur imposer une uniformité incompatible avec les coutumes locales. Il autorisait les fondations, les legs, les donations en faveur des pauvres. Il savait que ces biens étaient consciencieusement employés,

1. Jousse, *Gouvernement des paroisses*, p. 205-232.

sans partialité, sans gaspillage, sans frais d'administration détournant vers des parasites une partie des ressources destinées aux pauvres. La division du travail permettait de trouver dans chaque paroisse des dévouements désintéressés qui suffisaient à la tâche, et laissaient à la pratique de la charité un caractère tout familial.

Le budget de la charité paroissiale était alimenté par des rentes et des dons volontaires [1]. Quand ces revenus ne répondaient pas aux nécessités, on imposait une taxe sur tous les paroissiens. Tous ceux qui étaient en état devaient la payer. Un commissaire des pauvres en percevait le montant, et ensuite la distribution s'en faisait selon les règles ordinaires.

Saint Vincent de Paul avait constaté dans le peuple de grandes misères. Il s'était appliqué à les soulager. A partir de 1672, les souffrances devinrent plus générales et plus cruelles, surtout dans les campagnes. Au XVIIIe siècle, les impôts sont tellement écrasants que la vie devient presque impossible pour le paysan et l'artisan [2]. La charité faisait ce qu'elle pouvait; mais elle n'arrivait qu'à pallier les misères. Quand une organisation sociale aboutit à dépouiller les classes laborieuses au profit de privilégiés, courtisans, nobles, prélats, ou politiciens parvenus, la tâche dépasse les forces de la charité, parce que ceux-

1. A Paris, à la fin du XVIIIe siècle, la caisse des pauvres possédait 35.325 livres de rente à Sainte-Marguerite, 34.334 à Saint-Eustache, 19.968 à Saint-Sulpice, 9.644 à Saint-Germain l'Auxerrois, et seulement 455 à Saint-Josse.

2. On trouvera dans TAINE, *Les Origines de la France contemporaine, l'Ancien régime*, t. II, p. 199-271, la description lamentable de toutes ces misères. Le plus net des produits du travail allait d'abord au roi sous forme d'impôts, et ensuite aux gros décimateurs, évêques, abbés, seigneurs, sous forme de dîmes.

là mêmes qui en alimentent les sources sont aussi les victimes de la mauvaise gestion de l'État.

Un dernier service dépendant de la paroisse était celui des écoles pour les enfants du peuple. L'Église continuait une de ses traditions séculaires en s'occupant de l'instruction des enfants [1]. Tout d'abord, les 526 chapitres qui existaient en France, avant la Révolution, remplissaient l'obligation que leur imposaient les conciles, de fonder et d'entretenir des écoles pour le peuple [2]. Les édits de 1695 et de 1724 maintinrent l'autorité des curés sur les écoles et provoquèrent l'établissement de maîtres et de maîtresses dans toutes les paroisses. A la fin du XVIIIe siècle, les petites écoles étaient en activité dans 25.000 paroisses sur 37.000 [3].

Les petites écoles fonctionnaient sous la direction des curés. Les maîtres et maîtresses avaient besoin, pour exercer leurs fonctions, de l'approbation de l'écolâtre, ou chanoine chargé de la surveillance des écoles. A Paris, l'approbation était donnée par le chanoine grand-chantre de Notre-Dame. En principe, les enfants pauvres devaient être reçus dans les petites écoles ; en fait, ils s'en trouvaient presque toujours exclus, parce que ces écoles étaient payantes. Aussi, dès le commencement du XVIIe siècle, les curés des villes, à Paris surtout, se préoccupèrent de cet état de choses ; ils créèrent dans leurs paroisses des écoles de charité, ordinairement tenues par des ecclésiastiques, et relevant de leur seule autorité.

1. HURTER, *Tableau des institutions et des mœurs*, t. III, p. 390-421.
2. *Dictionnaire de pédagogie* de BUISSON, p. 364.
3. Sur cette question, consulter l'abbé ALLAIN, *L'instruction primaire de France avant la Révolution*, Paris, 1881.

Mais le recrutement de bons maîtres pour ces écoles était difficile. Le grand mérite de saint Jean-Baptiste de la Salle fut de leur en procurer en beaucoup d'endroits. La distinction entre petites écoles et écoles de charité n'était, du reste, possible que dans les villes. Au village, rien n'était payant.

Les biens des écoles étaient régis par les marguilliers de la paroisse, au même titre que ceux de la fabrique. Ils consistaient en loyers, fermages, rentes provenant de fondations. La fabrique pouvait employer à l'entretien des maîtres et maîtresses une partie de ses propres revenus, quand elle en possédait assez. Au pis aller, une déclaration royale de 1698 autorisait une imposition sur les paroissiens, pour arriver à parfaire le traitement, à savoir 150 livres pour les maîtres et 100 livres pour les maîtresses. La paroisse leur devait aussi le logement. Toutes les questions concernant l'entretien des écoles et le choix des maîtres étaient traitées dans les assemblées générales de la paroisse.

Le curé veillait sur l'instruction donnée à l'école et sur les livres qu'on y employait. Il visitait les classes, assistait de temps en temps aux leçons, interrogeait les enfants et les encourageait par des éloges et des récompenses. L'édit de 1695 lui en imposait le devoir. La religion tenait naturellement grande place dans l'enseignement. On ne comprenait pas qu'un enfant pût être élevé dans l'ignorance de Dieu et de ses devoirs principaux [1].

La vie paroissiale trouvait un puissant stimulant dans les visites épiscopales. Ces visites produisaient

1. JOUSSE, *Gouvernement des paroisses*, p. 233-238.

grand effet, à une époque où les évêques étaient revêtus d'un si grand prestige aux yeux des populations. Sans doute, un certain nombre de prélats, retenus plus ou moins légitimement loin de leur diocèse, manquaient sur ce point à leurs obligations. Mais beaucoup s'en acquittaient avec grand zèle et grand succès, ne se contentant pas de confirmer dans les paroisses, mais s'enquérant diligemment de ce qui intéressait la vie religieuse des paroissiens, corrigeant les abus, encourageant les bonnes volontés et laissant pour des années le souvenir d'un passage bienfaisant. Bossuet et Fénelon ont été des modèles sous ce rapport [1]. Beaucoup d'autres les ont imités. Quand l'évêque arrivait dans une paroisse, il y était reçu avec tous les honneurs dus à sa dignité. Puis, le temps de sa visite se passait à remplir les devoirs spéciaux de la charge épiscopale. Il présidait aux cérémonies, sans doute, et adressait la parole à un peuple avide de le voir et de l'entendre. Mais aussi il examinait tout de très près. Il se faisait rendre compte de la manière dont étaient pratiquées les lois de la religion et de la morale, et avec la double autorité que lui conféraient son titre de représentant de Dieu et le pouvoir qu'il tenait du roi, il apportait le remède à tous les maux qu'il avait constatés. Le clergé était le premier objet de sa sollicitude; l'évê-

1. La *Revue Bossuet* a publié, de janvier 1900 à avril 1903, des extraits des procès-verbaux des visites pastorales de l'évêque de Meaux. Rien n'est instructif et édifiant comme cette lecture. On y voit le grand évêque prêcher au peuple des campagnes, recommander l'assiduité aux offices de la paroisse, exhorter les magistrats à mettre ordre aux abus, assister aux cérémonies et aux catéchismes, interroger lui-même les enfants, exercer partout son autorité avec une fermeté et une douceur toutes paternelles. Il est également attentif à constituer des compagnies de charité, là où il était possible.

que encourageait les bons prêtres à persévérer dans leur zèle; il ramenait les autres au devoir ou sévissait contre eux.

Les évêques pouvaient se faire suppléer dans leurs visites par l'archidiacre ou par leurs grands vicaires, de sorte que les paroisses ne restaient jamais sans surveillance. Mais combien leur présence était plus efficace, surtout quand le prélat s'imposait de dures fatigues pour arriver à des paroisses presque inaccessibles dans les montagnes, que son train n'avait rien de commun avec celui du grand seigneur, que lui-même se montrait simple, affable, généreux, qu'il ne craignait pas d'entrer en rapports avec les plus humbles de ses diocésains ! Alors la visite faisait époque, l'évêque était béni de son peuple et le bien, confirmé par ses exhortations, se perpétuait dans la paroisse. Ainsi procédaient de Belzunce à Marseille, Le Camus à Grenoble, Massillon à Clermont, Fléchier à Nîmes, de Leyssin à Embrun, du Tillet à Orange, du Lau à Arles, de Reboul de Lambert à Saint-Paul-Trois-Châteaux, et beaucoup d'autres qui eurent à cœur de se montrer plus hommes de Dieu qu'hommes de cour [1].

Faut-il conclure que la perfection régnait dans les paroisses de l'ancien régime? Certes non. De grandes misères physiques, de plus grandes misères morales les désolaient. Mais si, en beaucoup d'endroits, un certain entraînement y déterminait la pratique religieuse, si le malheur des temps entretenait au fond des cœurs le mécontentement, la rancune et le souhait d'un changement radical dans l'ordre de

1. SICARD, *L'ancien clergé de France*, t. I, p. 318-335.

choses accoutumé, du moins une foi sincère et solide persistait au fond des âmes. La constatation des abus dont on souffrait ne fit pas oublier au plus grand nombre les bienfaits dont on était redevable à la religion. La preuve en fut fournie quand la Révolution déchaîna ses violences contre l'Église. La vie paroissiale disparut, comme la plante qu'une faux brutale a coupée au ras du sol. Mais la racine resta vivace et indestructible. Quand le calme revint, la frondaison reprit son essor avec une nouvelle vigueur.

CHAPITRE VII

LA PAROISSE DE LA RÉVOLUTION AU XXe SIÈCLE

Les États généraux de 1789 eurent pour préliminaires la préparation des cahiers, dans lesquels les trois ordres de la noblesse, du clergé et du tiers état faisaient connaître leurs vues sur les réformes à opérer. Ces cahiers sont unanimes sur la nécessité d'améliorer la situation des curés et des desservants de paroisses. Pour y réussir, un moyen s'impose : une meilleure répartition des revenus ecclésiastiques et la suppression de tous les bénéfices qui n'ont plus de raison d'exister. Mais les esprits aigris par de longs abus et animés contre l'Église de rancunes que le jansénisme et le voltairianisme ont exaspérées, sont mal préparés à aborder avec sang-froid une réforme nécessaire.

Sans savoir aucun gré aux prélats de l'abandon de leurs privilèges et de leurs riches dotations, sans tenir compte au clergé de second ordre du puissant appoint qu'il a apporté à la prépondérance du tiers-état, l'Assemblée constituante vote, le 12 juillet 1790, la constitution civile du clergé. En vertu de cet acte, « le plus inqualifiable de l'Assemblée et la plus grande faute qu'elle eût encore commise[1] », toute l'organi-

1. DARESTE, *Histoire de France*, t. VII, p. 231.

sation canonique de l'Église était modifiée. En ce qui concerne les paroisses, les circonscriptions devaient être remaniées, les curés élus par les membres des assemblées des districts, à l'issue de la grand'messe dans chaque église paroissiale. Cette mesure ne favorisait les paroissiens qu'en apparence. Le district en effet répondait à l'arrondissement de nos jours, et chacun des membres de l'assemblée du district représentait cent citoyens, de sorte que les petites paroisses ne comptaient guère que deux ou trois électeurs parmi tous ceux qui avaient à désigner leur curé. De plus, le curé, salarié par l'État, devenait un fonctionnaire civil. Mais le plus grave, c'était la rupture avec Rome, dont on prétendait se passer pour l'institution des nouveaux élus de l'épiscopat, et, par contre-coup, l'absence de juridiction canonique du haut en bas de la nouvelle hiérarchie. C'était l'asservissement complet de l'Église à l'État.

Le 27 novembre 1790, un décret statua que tous les ecclésiastiques auraient à prêter serment à la constitution civile du clergé, sous peine d'être destitués et remplacés. L'inamovibilité n'existait plus. Après bien des tergiversations, Louis XVI sanctionna le décret le 26 décembre.

Quand une assemblée politique et passionnée se mêle de légiférer sur les questions qui concernent l'Église, il est à peu près inévitable qu'elle agisse avec incohérence, en appelle à la violence pour faire prévaloir ses idées et se heurte à une résistance irréductible. L'Église a sa constitution essentielle, plus vieille, plus éprouvée, plus autorisée que celle d'aucun État. Rien au monde ne saurait l'amener à la sacrifier. Le serment prescrit était nettement schismatique, en ce qu'il faisait dépendre les pasteurs de leurs troupeaux et séparait les uns et les autres du chef divinement établi, le pape. Quatre évêques seulement le prêtèrent.

Parmi les curés, la proportion des assermentés varia suivant les diocèses. La grande majorité, les deux tiers au moins du clergé, refusa le serment. Parmi les jureurs, on compta les ambitieux, les prêtres de conduite équivoque, les timides, les hommes à illusions qui croyaient à la prochaine réalisation de leurs légitimes désirs, et enfin, des prêtres de bonne foi, qu'animaient encore certains préjugés, mais qui croyaient rendre service à leurs paroissiens en restant à leur tête et ne voyaient pas comment vivre s'ils abandonnaient leur poste. Du reste, beaucoup rétractèrent leur serment, quand il devint clair pour eux que l'Église le condamnait formellement [1].

Des violences furent exercées contre les curés qui refusaient le serment. Dans le midi et dans l'ouest, il y eut au contraire des soulèvements armés pour les défendre. En général, les curés jureurs étaient mal vus des populations. On refusait leur ministère pour recourir à celui des prêtres fidèles à leur devoir.

Dans l'impossibilité de continuer leurs fonctions, la plupart des évêques et un très grand nombre de prêtres émigrèrent, comptant bien que leur exil ne durerait pas longtemps. Contre les insermentés qui restèrent, l'Assemblée législative porta, le 27 mai

1. SICARD, *L'ancien clergé de France*, t. II, p. 311-347, 416-433, 484-498.

1792, un décret permettant de les déporter, sur la demande de vingt citoyens du canton. Le 15 août, un autre décret obligea tous les fonctionnaires de l'État à jurer de maintenir de tout leur pouvoir la liberté et l'égalité. Les rares prêtres qui avaient échappé à la déportation se trouvèrent visés par ce décret. Malgré l'opposition de prélats qui ne jugeaient plus les choses de France que de loin, le supérieur de Saint-Sulpice, M. Émery, et d'autres prêtres éminents qui vivaient au sein même de la tempête révolutionnaire, conseillèrent le serment, afin de ne pas priver de leurs pasteurs légitimes les paroisses qui avaient encore la bonne fortune de les posséder. Les massacres, la déportation, les échafauds diminuèrent encore le nombre des prêtres fidèles. En avril 1794, il ne restait guère, en France, de paroisses où la messe pût être célébrée publiquement.

La réaction commença à se produire après le 9 thermidor. Un mouvement irrésistible de l'opinion força la Convention à voter, le 30 mai 1795, le libre usage des églises non aliénées, à condition que les ministres du culte qui s'en serviraient feraient, devant la municipalité, acte de « soumission aux lois de la république ». Cette démarche eut, comme la prestation du serment précédent, ses opposants et ses acceptants. Le pape Pie VI fut de l'avis de ces derniers.

Le Directoire, hostile aux idées religieuses, prescrivit un nouveau serment en septembre 1797, celui de « haine à la royauté et à l'anarchie ». Tous les ecclésiastiques autorisés à demeurer sur le territoire de la république durent le prêter. M. Émery estima que les explications fournies par le rapporteur du projet de décret rendaient ce serment licite. Il se refusa à blâmer ceux qui le prêtèrent. Il ajoutait, avec un grand sens pratique des difficultés de la situation : « Je ne puis me faire à l'idée d'un pays sans culte [1] ». Le 28 décembre 1799, le Consulat arrivait à son tour avec son serment de « fidélité à la Constitution. » Les mêmes discussions s'élevèrent au sujet de la nouvelle formule. Le clergé demeuré en France, et celui qui y rentrait peu à peu à la faveur d'un régime réparateur, fit passer avant tout l'intérêt de la religion. Les adhésions au nouveau gouvernement allèrent en se multipliant.

Une expérience instructive venait de se faire. On voulait détruire la religion en France; on ne réussit qu'à comprimer un moment les sentiments d'une population foncièrement chrétienne. Sans doute, à partir de 1794, toutes les églises étaient fermées et ravagées : tout ce qu'elles contenaient avait été centralisé dans les chefs-lieux des districts, pour être utilisé au profit de la nation ou satisfaire des cupidités privées. Il n'était plus possible de conserver le culte public nulle part; on ne célébrait la messe qu'en cachette, et la dire ou l'entendre était un délit digne de mort. Mais si les églises étaient inutilisables, surtout dans les villes et dans les paroisses de facile accès, il restait les forêts, les montagnes, les cavernes, les souterrains, toutes sortes de retraites dans lesquelles, même pendant la Terreur, les fidèles se réunissaient au péril de

1. Méric, *Histoire de M. Emery*, Paris, 1885, t. I, p. 463.

leur vie pour pratiquer l'essentiel de leur culte.

Après le décret du 30 mai 1795, malgré les restrictions apportées à la liberté religieuse, de tous côtés les paroisses redemandent leurs églises. Dans plusieurs, on force la main aux municipalités et l'on fait acte d'énergie contre les opposants [1]. Les prêtres qui se cachaient réapparaissent, ceux qui avaient émigré commencent à rentrer; les déportés eux-mêmes se hasardent à reprendre le chemin de leurs diocèses. Dans les églises rendues au culte, tout est délabré, rien ne reste des objets nécessaires à la célébration des offices. Il n'importe; on se sert des ustensiles les plus simples, le prêtre lui-même vit dans la misère au milieu d'une population ruinée, mais la religion renaît.

Dans les villes, le même mouvement se produit. A Rouen, l'autorité concède officiellement neuf églises, et la messe se dit dans nombre de chapelles domestiques. A Paris, la résurrection du culte est encore plus éclatante. Dès le 8 juin 1795, la municipalité permet l'ouverture de quinze églises. A Pâques 1797, il y en a plus de cinquante. Mais les églises officielles étaient, d'après la loi, communes aux différents cultes. On y célébrait les cérémonies décadaires, dont la vogue déclina rapidement, si bien qu'il n'en est plus question sur la fin de 1800. La théophilanthropie occupa dans le principe seize églises ou chapelles. En

1. Dans la Seine-Inférieure, « depuis que le décret sur la liberté des cultes est rendu, les communes rurales s'emparent journellement des églises ». Dans le diocèse de Bourges, « de toutes parts, les municipalités réclament leurs églises et demandent des prêtres. La majorité des communes qui soumissionnent sont déjà pourvues de ministres ». Le même empressement se manifeste à peu près partout. SICARD, *L'ancien clergé de France*, t. III, p. 417-425.

1800, elle était réduite à quatre [1] par la lassitude du public et l'indifférence de l'autorité, et le 4 octobre 1801, Bonaparte lui interdit la jouissance des édifices nationaux. Restaient les deux groupements catholiques, l'un gouverné par les prêtres constitutionnels, l'autre obéissant aux représentants de l'archevêque légitime, Mgr de Juigné. Les constitutionnels occupèrent quatre églises jusqu'au Concordat, Notre-Dame, dont ils prirent solennellement possession le 15 août 1795, Saint-Sulpice, Saint-Étienne du Mont et Saint-Médard. Dans les autres paroisses, les curés et les prêtres s'éloignèrent d'eux. On estime à 300 le nombre de ceux qui, dès les premiers mois de cette même année, passèrent du schisme à la reconnaissance de l'autorité canonique.

Les catholiques de Paris, non contents des églises dont ils jouissaient, ouvrirent un grand nombre d'oratoires ou de chapelles domestiques, dans lesquels une demi-clandestinité protégeait les cérémonies religieuses. Saint-Roch servait d'église métropolitaine. Les évêques de Saint-Papoul et de Senlis y officiaient aux grandes fêtes. Les ordinations et les confirmations recommencèrent dès 1795.

L'administration matérielle des paroisses ainsi reconstituées variait beaucoup. A Saint-Roch, le clergé pourvoyait à tout. Ailleurs, les « administrateurs du culte » étaient des citoyens qui, au nom du groupement paroissial, géraient les deniers de l'église et assuraient un traitement aux membres du clergé. Les collectes qu'ils organisaient ne suffisaient pas à couvrir les dépenses. Il fallut de nouveau recourir

1. Saint-Germain l'Auxerrois, Saint-Gervais, Saint-Nicolas des Champs, Saint-Sulpice.

au casuel. Mais il n'y avait rien de fixé; chacun donnait suivant ses facultés, à l'occasion des baptêmes, des mariages ou des obsèques [1].

En province, le nombre des prêtres qui avaient repris leur ministère était considérable. Les relevés officiels de 52 départements accusent un total de 20.000 prêtres, non compris les déportés qui étaient rentrés, et qui exerçaient leurs fonctions secrètement dans des oratoires privés. Pour les 34 autres départements, on peut légitimement supposer un effectif de 7 à 8.000 prêtres. Au moment du Concordat, le clergé de France comprenait de 28 à 30.000 prêtres, dont 6.000 constitutionnels, sur lesquels une moitié seulement remplissaient les fonctions paroissiales. C'était donc la plus grande partie du clergé qui, de 1795 à 1801, avait regagné ses diocèses et ses paroisses. Certes, ce résultat témoignait de la vitalité de l'idée religieuse et catholique dans le pays. Si désireux qu'étaient les prêtres de reprendre leur ministère sacré, ils étaient encore plus désirés par les populations. La pression exercée par celles-ci réussit à faire fléchir l'hostilité des pouvoirs publics. D'ailleurs, le clergé n'attendit pas que l'autorité civile inclinât à la clémence. Bon nombre de prêtres affrontèrent tous les périls pour continuer ou reprendre l'exercice de leur dévouement; tous se heurtèrent aux pires

1. Sur toutes les questions concernant l'état des paroisses pendant la période révolutionnaire, on trouvera les renseignements principaux dans V. Pierre, *Le rétablissement du culte catholique en 1795 et en 1802*, dans la *Revue des quest. hist.*, 1888, p. 507-539; Sicard, *L'ancien clergé de France*, t. III, p. 416-442, 530-555; Grente, *Le culte catholique à Paris de la Terreur au Concordat*; De Lanzac de Laborie, *La vie religieuse à Paris du coup d'Etat de brumaire à la promulgation du Concordat*, dans le *Correspondant*, 10 nov., 10 déc. 1904, p. 435-469, 960-994; Pisani, *L'église de Paris pendant la Révolution*, dans le *Correspondant*, 1903.

privations, quand il leur fallut trouver à vivre, sans traitements, au milieu de paroissiens presque incapables de leur venir en aide, dans des églises dépouillées de tout [1].

De 1794 à 1802, on fit en France l'expérience de la séparation de l'Église et de l'État. L'Église en souffrit cruellement, le pays ne put s'y faire et l'État, après avoir rendu parcimonieusement les libertés essentielles, sans les moyens de vivre, finit par signer, dans l'intérêt commun, le Concordat de 1801.

Le Concordat reconnaît la religion catholique comme celle « de la grande majorité des citoyens français ». Cette déclaration consacre l'impuissance des efforts violents faits par la Révolution pour ôter à la France sa religion séculaire. En ce qui concerne les paroisses, le Concordat stipule qu'il en sera fait dans chaque diocèse une nouvelle circonscription, à approuver par le gouvernement; que les évêques nommeront aux cures, mais que leur choix devra être agréé par le gouvernement; que les églises paroissiales non aliénées et nécessaires au culte seront remises à la disposition des évêques; que le gouvernement assurera un traitement convenable aux curés; que les catholiques pourront faire des fondations en faveur des églises; enfin que les ecclésiastiques de second ordre prêteront, comme les évêques, serment de fidélité au gouvernement.

Deux modifications principales sont apportées à l'ancien état de choses. Tout d'abord, les curés sont

1. Voir l'article de M. Sicard, *Quinze années de budget des cultes à la charge des fidèles*, dans le *Correspondant*, 25 juillet 1905, p. 200-238.

nommés par les évêques exclusivement. Aucun droit de patronage n'existe plus. Seul, l'État conserve un haut domaine sur toutes choses ; s'il renonce à la présentation des sujets, il veut cependant que ceux-ci ne soient nommés qu'avec son agrément. Mais il n'est fait aucune allusion au mode de nomination qu'emploieront les évêques. L'ancienne règle du concours obligatoire est passée sous silence. Il est vrai que la question concernait surtout la discipline intérieure de l'Église. Il n'est pas inutile d'ajouter que si, à l'époque de la réorganisation des paroisses, les évêques avaient été astreints à l'obligation du concours pour le choix des curés, la pénurie des sujets et la nécessité d'agir rapidement, au milieu de tant d'autres soucis, auraient rendu la tâche impraticable.

La seconde modification concerne les traitements. L'État s'engage à « assurer un traitement convenable aux curés des paroisses ». Ce n'était que stricte justice, puisqu'il s'était emparé de tous les biens de l'Église. La clause par laquelle le souverain Pontife déclarait ne vouloir « troubler en aucune manière les acquéreurs des biens ecclésiastiques aliénés », démontrait assez que les consciences n'étaient pas tranquilles. Elle rassurait les acquéreurs, mais elle laissait peser sur l'État spoliateur et vendeur l'obligation de pourvoir convenablement à l'entretien du culte et de ses ministres.

Les articles organiques, émanés du seul pouvoir civil, réglementèrent les questions ecclésiastiques et paroissiales d'une manière par trop contradictoire avec les principes séculaires de l'Église [1]. Tout d'abord,

1. « Étrange contradiction qui a pesé durant tout le XIXe siècle et

ils exigèrent qu'aucun ecclésiastique ne fût ordonné s'il ne justifiait d'un revenu annuel de 300 francs. Cette exigence allait à empêcher beaucoup de vocations sérieuses d'aboutir. L'enfant du peuple était pratiquement exclu du sacerdoce, par le continuateur d'une révolution qui avait prétendu tout faire pour le peuple. Le 28 octobre 1810, Napoléon abrogea cette disposition.

Trois catégories de prêtres de paroisse étaient instituées : les curés, les desservants et les vicaires. Les curés devaient occuper ordinairement les cures de canton; ils étaient inamovibles, mais n'étaient nommés qu'avec l'agrément du gouvernement. L'article 31 leur attribuait la surveillance et la direction des desservants et des vicaires. Les desservants, ou curés des paroisses ordinaires, étaient nommés par l'évêque seul, mais révocables par lui. Or, le concile de Trente avait réglé les choses tout différemment. D'après la loi qu'il a imposée [1], l'évêque doit assigner « à chaque paroisse un curé propre et perpétuel », par conséquent inamovible. Quand il y a des raisons canoniques pour révoquer le curé, le recours à un tribunal ecclésiastique s'impose. Le concile n'autorise l'évêque à juger seul, *ex informata conscientia*, à la seule lumière de sa conscience, que dans les cas de délits occultes [2].

En réalité, le desservant est curé au même titre

qui pèse encore aujourd'hui sur les questions des rapports de l'Église et de l'État : d'un côté, l'État prétend se séculariser, ne plus connaître de religion dominante, n'en plus faire respecter les lois, et cependant il prétend agir sur cette religion et l'Église qui la représente tout comme s'il lui était étroitement uni ! » A. BAUDRILLART, *Quatre cents ans de concordat*, Paris, 1905, p. 174.

1. Sess. XXIV, cap. 13.

2. Sess. XIV, cap. 1.

que celui qu'on a placé à la tête d'une paroisse de canton. Il a absolument les mêmes pouvoirs sur ses paroissiens[1]. Le nom de succursale donné à son église n'est pas correct. Dans l'ancien droit, la succursale était une église subordonnée à une église paroissiale, et dans laquelle on ne célébrait que certains offices.

« Les lois organiques ont plongé le clergé de second ordre dans une servitude dont il n'avait pas connu encore la douloureuse humiliation. Les chiffres sont expressifs : dans l'ancienne monarchie, il y avait 36.000 curés au titre inamovible, et seulement 2.500 desservants ou succursalistes dont les titres étaient révocables; aujourd'hui, il y a 3.425 curés inamovibles et 34.041 curés ruraux amovibles, ou pour parler plus exactement, il n'y a réellement plus d'inamovibilité pour personne, puisque aucune forme judiciaire ne limite plus obligatoirement le pouvoir discrétionnaire de l'évêque, qu'il peut toujours, sans avertissement et sans explications, frapper comme il veut et qui il veut, *ex informata conscientia!* N'eût-il pas mieux valu se déclarer incompétent en ces matières, les abandonner à la Papauté, plutôt que de les traiter avec une aussi cruelle partialité contre le faible[2]? »

Les articles fixent aussi le traitement du clergé des paroisses. La Constituante[3] avait ainsi réglé ce traitement : 1.200 livres aux curés dont les paroisses

1. Dans son règlement du 29 avril 1803, le cardinal de Belloy, archevêque de Paris, ne reconnaît déjà d'autre pouvoir aux curés de canton que le droit de visiter chaque année les desservants.

2. Ém. OLLIVIER, *L'Église et l'État au concile du Vatican*, Paris, 1879, t. I, p. 136.

3. Décret du 24 juillet 1790.

ne dépassent pas 1.000 âmes. Ce chiffre augmentait avec le chiffre de la population et atteignait 6.000 livres pour les curés de Paris. Les vicaires avaient 700 livres; à Paris, le premier vicaire devait recevoir 2.400 livres, le second 1.500 et les autres 1.000. La Constitution de 1791[1] ajoutait : « Sous aucun prétexte, les fonds nécessaires à l'acquittement de la dette nationale ne pourront être refusés ni suspendus. Les traitements des ministres du culte catholique font partie de la dette nationale[2]. » Les articles organiques attribuent 1.500 francs aux curés de première classe et 1.000 aux curés de deuxième classe. Les desservants et les vicaires sont passés sous silence. Cette omission s'explique par le désir qu'avait Bonaparte de désarmer l'opposition en diminuant les charges de l'État. On recruta les succursalistes et les vicaires parmi les 30.000 prêtres pensionnés en vertu des lois de 1790. En 1804, 24.000 desservants furent dotés, et en 1806, 14.000 vicaires étaient subventionnés par les communes. Les curés et desservants avaient de plus droit au logement et à un jardin[3]. Des règlements épiscopaux, soumis

1. Titre V, art. 2.

2. Ils n'en firent pas partie longtemps. La Convention décréta dès l'an II (1794) : « La république ne salarie aucun culte et ne fournit de local ni pour l'exercice du culte ni pour le logement des ministres. »

3. Dans son discours au Tribunat sur le Concordat et les articles organiques, Siméon avoue que les traitements ecclésiastiques ne coûtent pas au trésor le quinzième des revenus provenant de la confiscation des biens du clergé. Napoléon augmenta constamment le budget des cultes dans le cours de son règne. CAULET, *L'avocat du clergé*, Paris, 1897, p. 55-57. C'était inévitable et équitable. « Respecter le budget des cultes implique qu'on en proportionnera les ressources aux nécessités du temps, qu'on ne cessera d'augmenter le traitement de tous les membres du clergé et surtout celui des curés ruraux, jusqu'à ce qu'il ait atteint le niveau établi dans les autres services publics. Beaucoup de nos prêtres manquent du nécessaire

à l'approbation du gouvernement, devaient déterminer le taux des oblations à recevoir pour l'administration des sacrements. Le casuel, toujours mal vu des populations, réapparaissait ainsi officiellement pour compléter les ressources des ministres du culte.

Enfin, l'article 76 établit des fabriques pour l'entretien et la conservation des temples et l'administration des aumônes. Les évêques constituèrent eux-mêmes des fabriques pour remplir les fonctions indiquées par cet article. Un décret du 7 thermidor an XI ayant restitué aux fabriques les biens et les rentes non encore aliénés, les préfets eurent à nommer trois marguilliers pour administrer ces biens. Mais ces marguilliers restèrent presque partout inoccupés, ou furent en désaccord avec ceux que l'évêque avait déjà désignés. Un décret du 30 décembre 1809 institua définitivement les fabriques telles qu'elles ont fonctionné depuis.

La fabrique comprend onze membres dans les paroisses de 5.000 âmes et au-dessus, et sept dans les autres. Il y a deux membres de droit, le curé et le maire. Les autres membres sont nommés au nombre de cinq ou de trois par l'évêque, de quatre ou de deux par le préfet. Les fabriciens doivent être catholiques et domiciliés dans la paroisse. Tous les trois ans, la fabrique procède à une élection nouvelle de la moitié de ses membres[1]. Les anciens fabriciens sont indéfiniment rééligibles. La fabrique se choisit elle-même un président et un secrétaire parmi ses membres

et se débattent contre toutes les angoisses de la misère. » E. OLLIVIER, *L'Eglise et l'État*, t. I, p. 161.

1. Cette moitié a été une première fois désignée par le sort. Elle comprend tantôt cinq ou trois membres, tantôt quatre ou deux, suivant le chiffre de la population

élus. Elle se réunit régulièrement quatre fois l'an, pour examiner et discuter les comptes annuels et le budget du prochain exercice, délibérer sur l'emploi des fonds disponibles et régler un bon nombre de questions se rapportant à l'administration temporelle de la paroisse.

La fabrique élit trois de ses membres qui, en qualité de marguilliers, forment le bureau, auquel le curé est adjoint de droit. Chaque année, l'un des membres du bureau, le plus ancien en fonctions, en sort pour être soit réélu, soit remplacé par le conseil de fabrique. Les trois marguilliers s'attribuent entre eux à l'élection, le curé y prenant part, les fonctions de président, de trésorier et de secrétaire du bureau. Ils se réunissent régulièrement tous les mois ou plus souvent, pourvoient à l'exécution des décisions de la fabrique, préparent l'objet de ses délibérations et veillent aux mille détails qui intéressent la bonne gestion des affaires temporelles de la paroisse. Le trésorier a la charge et la responsabilité de l'emploi des fonds. L'évêque a la haute surveillance des opérations des fabriques. Il approuve leurs comptes et leurs budgets [1].

Les conseils de fabrique, uniformes pour toutes les paroisses de France, ont puissamment contribué à maintenir la régularité dans le gouvernement temporel des églises. Sans doute, dans les petites paroisses rurales, leur action n'a souvent été que nominale, et le curé s'est trouvé seul à même de mettre sur pied son maigre budget et d'exécuter tant bien que mal les prescriptions légales. Dans les centres

1. Voir sur ces questions Mgr Affre, *Traité de l'administration temporelle des paroisses*, édit. 1890 : Caulet, *L'avocat du clergé*, 1897.

plus importants, les fabriciens ont déchargé le prêtre de préoccupations administratives assez onéreuses, ont endossé auprès des paroissiens la responsabilité de mesures nécessaires mais quelquefois impopulaires, et ont prêté à l'Église l'appui de leur honorabilité, de leur intelligence et de leur dévouement. Ils ont même eu à la défendre contre les exigences vexatoires d'autorités civiles trop portées à exagérer leurs droits. Parfois, et il faudrait ne pas connaître la nature humaine pour s'en étonner, il s'est produit entre les curés et les fabriciens, par la faute des uns ou des autres, des malentendus, des heurts, des conflits, des excès de pouvoir. Le plus souvent, la cordialité a régné entre les uns et les autres. En somme, les fabriques ont bien mérité de l'Église et des paroisses.

La législation concordataire a créé pour le clergé des paroisses une situation toute nouvelle. Agréé, salarié et, à certains égards, favorisé par l'État, le prêtre ne devient pas pour cela un fonctionnaire. « Les fonctions des ministres de tous les cultes, disait avec raison Dupin, sont purement spirituelles. Ils n'exercent qu'un pouvoir moral, sans aucune espèce d'action pour contraindre. Considérer un prêtre comme un agent du gouvernement, c'est-à-dire agissant par ordre et pour le compte du gouvernement, ce serait blesser le sacerdoce jusque dans son essence. Ce serait fausser notre gouvernement actuel, supposer qu'il veut gouverner par des prêtres, que les prêtres sont ses agents. Ce serait mentir à la Constitution et à la loi [1]. » En

1. Dans E. OLLIVIER, *Nouveau manuel de droit ecclésiastique*, p. 346.

réalité, le prêtre ne tient de l'État que la partie la plus accidentelle de sa fonction; son sacerdoce, sa juridiction, ses pouvoirs lui viennent de l'Église. C'est donc à elle et à sa conscience, nullement à l'État, qu'il doit compte de l'exercice de ses pouvoirs spirituels, par exemple, du refus des sacrements quand il juge de son devoir de les refuser. L'article 6 des Organiques poursuit ce qui, « dans l'exercice du culte, peut compromettre l'honneur des citoyens, troubler arbitrairement leur conscience, dégénérer contre eux en oppression, ou en injure, ou en scandale public ». Un curé de paroisse peut manquer de prudence, de tact ou de mesure dans certains refus. Mais l'État n'a-t-il jamais cédé à la tentation de traiter d'abus les actes les plus légitimes de la défense religieuse?

L'article 53 interdit de faire au prône aucune publication étrangère au culte, sauf quand le gouvernement y autorise. En vertu de cette dernière disposition, un décret du 19 février 1806 prescrivit aux curés de prononcer chaque année, à l'anniversaire d'Austerlitz, un discours sur la gloire des armées françaises et les devoirs du citoyen envers le prince et la patrie. On voulut aussi obliger les curés à lire en chaire les bulletins de la Grande Armée. Le clergé se refusa à remplir ce rôle politique. En 1807, de Frayssinous renonça à la chaire plutôt que de prêcher à la jeunesse parisienne les devoirs de la conscription et du service militaire. Napoléon comprit d'ailleurs la sagesse de ces refus.

On songea aussi à faire revivre les monitoires de l'ancien régime, pour la découverte des crimes et des complots. On y renonça. C'était à la justice civile de découvrir les coupables et à la police de trouver les conspirateurs.

Par le Concordat, l'Église jouissait de nouveau en France d'une existence officielle, protégée par une législation qui, malgré ses graves défauts, a assuré la paix religieuse pendant tout un siècle. Maintenant, il lui restait à vivre. Le 11 avril 1802, le nouvel archevêque de Paris, J.-B. de Belloy, encore assez alerte malgré ses quatre-vingt-treize ans, prit possession du siège de la capitale et de sa cathédrale. Le clergé constitutionnel, l'évêque Royer en tête, dut abandonner la vieille métropole sans éclat [1]. Les autres évêques, envoyés aux nouveaux diocèses, se rendirent de leur côté aux sièges qui leur étaient assignés. Mais aussitôt commença pour tous le grand labeur de la réorganisation paroissiale.

Depuis dix ans, beaucoup des anciens pasteurs des paroisses avaient disparu, les uns massacrés, les autres morts de vieillesse ou de misère sur le chemin de l'exil, sur les pontons, dans les retraites où ils se cachaient. Pour les remplacer, les évêques disposaient des prêtres rentrés des pays étrangers, des anciens constitutionnels presque tous réconciliés et d'un certain nombre d'anciens religieux, de chanoines et de professeurs. Or ces éléments étaient assez disparates. Beaucoup de ces prêtres n'avaient jamais exercé le ministère paroissial; les constitutionnels, réintégrés par une autorité légitime, affectaient de tenir pour correcte leur attitude passée; les prêtres

1. Le samedi 10, au soir, l'abbé de Dampierre, vicaire général, évêque nommé de Clermont depuis la veille, fit la réconciliation de la basilique, considérée comme profanée. Cet acte fut extrêmement sensible aux assermentés.

restés fidèles et actifs pendant la tourmente avaient contracté, en l'absence de leurs évêques, des habitudes d'indépendance auxquelles il fallait désormais renoncer. La cohésion semblait difficile dans de pareilles conditions; aussi bien des évêques eurent-ils grand'peine à recomposer leur clergé paroissial de manière à assurer convenablement le service.

Les autorités civiles compliquèrent encore la difficulté par leur intervention. Bon nombre de préfets tinrent impitoyablement à l'écart les prêtres qui s'étaient le plus dévoués pendant la Révolution; d'autres exigèrent les premiers postes, au moins dans la proportion d'un tiers, pour les anciens jureurs[1].

Comme il n'y avait eu que de très rares ordinations depuis dix ans, peu de prêtres étaient au-dessous de la quarantaine; beaucoup, au contraire, atteignaient un âge avancé. De graves difficultés se présentaient à eux dans beaucoup de paroisses : une église délabrée à remettre en état; les objets nécessaires au culte à procurer ou à compléter, avec des ressources des plus médiocres; des haines mal endormies à calmer, des préjugés à faire tomber, des susceptibilités à ménager, surtout vis-à-vis des nouvelles autorités civiles. La situation devenait encore plus délicate pour un prêtre jureur, quand la population lui tenait rigueur de son ancienne faiblesse, ou même pour un prêtre fidèle, quand il avait eu à souffrir gravement des excès révolutionnaires et qu'il se retrouvait en face de ses spoliateurs et de ses persécuteurs d'autrefois.

1. A Paris, Mgr de Belloy disposa de 600 prêtres. Il nomma 3 assermentés sur 12 curés, et 6 ou 7 sur 30 succursalistes.

Un impérieux devoir s'imposait par-dessus tout aux curés. Il fallait restaurer l'édifice spirituel. Dans bien des paroisses, la foi était restée vive et la pratique des sacrements n'avait guère cessé qu'au plus fort de la persécution. Mais, dans la plupart, l'instruction religieuse était à refaire; pour une grande partie de la jeunesse, il y avait même à la commencer. Or, depuis 1789, tandis que se multipliaient et s'insinuaient partout les audacieuses négations de l'impiété, les circonstances n'avaient pas permis à la vérité religieuse de renouveler ses défenses. L'apologétique n'était plus au point. Elle l'avait d'ailleurs été si rarement au XVIIIe siècle! Ce n'étaient certes pas les théories étroites ni la religion tourmentée du jansénisme encore survivant qui pouvaient revivifier les âmes [1]. Le gallicanisme, qui commandait encore les idées de beaucoup de prêtres, les empêchait de demander à Rome le secours opportun. Le *Génie du christianisme* servit merveilleusement la cause de la renaissance catholique. Il fut, dans l'ordre de la pensée, ce qu'était le Concordat dans l'ordre de la vie de l'Église en France. Mais on alla au plus pressé, le soin immédiat des âmes. Les prêtres du ministère paroissial, déjà âgés pour la plupart, n'avaient plus pour l'étude ni temps, ni goût, ni forces. L'enseignement religieux demeura donc élémentaire, suranné dans sa forme, assez timide en face du dogmatisme négatif, parfois incomplet par suite des préjugés jansénistes ou gallicans. Ainsi se préparèrent des générations déshéritées au point de vue de la foi et de la

1. Lire à ce sujet Mgr d'HULST, *La vie surnaturelle en France*, dans *La France chrétienne*, Paris, 1896, p. 630-631.

vie surnaturelle. Elles aboutirent à la bourgeoisie sceptique de 1830[1].

Toutefois, il serait fort injuste de jeter la pierre aux prêtres de cette période. Ils n'étaient pas en nombre. La disette de vocations sacerdotales sous la Révolution et l'Empire fit surtout sentir ses effets de 1815 à 1840. Les vieux prêtres disparaissaient les uns après les autres. Les petits et les grands séminaires ne fournissaient pas le contingent nécessaire pour les remplacer. Les diocèses qui souffraient le plus de la pénurie firent appel à de plus privilégiés pour en obtenir des sujets. A défaut de mieux, les évêques durent confier des paroisses à d'anciens instituteurs ou à d'anciens religieux ordonnés hâtivement après une formation sommaire[2].

Il fallut recourir à des missionnaires pour réveiller la foi dans les paroisses de France. A cette œuvre s'appliquèrent avec zèle et succès des missionnaires volontaires qui prirent le nom de Missionnaires de France et devinrent plus tard les Prêtres de la Miséricorde, les Pères de Picpus ou des Sacrés-Cœurs de Jésus et de Marie, fondés en 1805, et d'anciens membres de la Compagnie de Jésus,

1. PISANI, *Le clergé de Paris, pendant et après la Révolution*, dans la *Revue du clergé français*, Paris, 1er mai 1904, p. 461.

2. A Paris, où le séminaire de Saint-Sulpice, l'un des premiers reconstitués, recevait des sujets venus des autres diocèses, on n'eut à ordonner que 6 prêtres en 1816, 8 en 1817, 12 en 1818, 13 en 1819, 18 en 1820. Or, de 1817 à 1820, il était mort 119 prêtres, dont 31 octogénaires, et seulement 15 au-dessous de soixante ans, parce qu'il n'y en avait presque pas au-dessous de cet âge. Dans la banlieue, on fut obligé de réunir deux ou trois communes sous un même curé. Mgr de Quélen, devenu archevêque en 1821, fit de la reconstitution de son clergé son œuvre principale. Les circonstances l'obligèrent à nommer dans les plus grandes paroisses de très jeunes curés, de trente à trente-huit ans. PISANI, *Le clergé de Paris, pendant et après la Révolution*, p. 462-464.

unis à d'autres prêtres, sous le nom de Pères de la foi [1]. A partir de la Restauration, ces missionnaires redoublèrent d'activité, mais les Pères de la foi en particulier, improprement désignés sous le nom de Congrégation, devinrent l'objet des attaques de toute l'opposition antireligieuse [2]. En 1826, les missions furent gravement troublées à Rouen, pendant cinq jours, à Lyon et à Brest. Il est vrai que les jeunes missionnaires employés par les Pères firent preuve d'une ardeur inconsidérée en plusieurs circonstances et parfois mêlèrent trop la politique à la religion.

Le clergé paroissial avait aussi été amené, bien avant le Concordat, à s'occuper de la question scolaire, comme d'une condition essentielle au relèvement religieux. Les 22.000 écoles primaires antérieures à 1789 avaient sombré pendant la Révolution. La Convention se préoccupa de les relever. Elle aggrava sa parfaite incompétence en pareille matière par le fanatisme avec lequel elle fit des nouvelles écoles autant de foyers de propagande antireligieuse et révolutionnaire. Les maîtres en étaient recrutés en dehors de toute préoccupation pédagogique et les élèves ne venaient pas [3]. « Au point de vue de l'instruction primaire, tous les documents nous permettent de constater que les écoles officielles sont en nombre infime, faute de bâtiments, de maîtres, d'élèves. Le peuple se détourne avec horreur de pédagogues presque toujours ignorants et décriés, auxquels l'enseignement

1. Napoléon autorisa des missions à l'intérieur et même en subventionna plusieurs. BAUDRILLART, *Quatre cents ans de concordat*, p. 212.

2. G. DE GRANDMAISON, *La Congrégation* (1801-1830), Paris, 1889.

3. FAYÉ, *Notes d'enquête sur l'instruction primaire*, sous la loi du 27 brumaire an III, dans le *Congrès scient. internat. des catholiques*, Fribourg, 1898, V[e] sect., p. 368.

religieux est interdit et l'enseignement de la morale républicaine ordonné. De toutes parts, les écoles libres et chrétiennes se multiplient et, malgré la persécution ouverte organisée par le gouvernement, docilement suivi par les pouvoirs locaux, la résistance des familles est invincible[1]. » La loi de 1802 abandonna la question des écoles primaires et le choix des maîtres à l'initiative des conseils municipaux, alors que, sous l'ancien régime, ce choix était libéralement attribué à la communauté des habitants. Elle passa sous silence l'enseignement religieux. Il fallut attendre la Restauration pour que l'école prît un caractère moins indifférent.

Les traitements alloués aux prêtres des paroisses furent élevés peu à peu, mais sans proportion avec la baisse de la valeur monétaire et l'enchérissement de la vie. Les curés de première classe, soit des paroisses ayant plus de 5.000 âmes et des chefs-lieux de préfecture, ont continué à recevoir 1.500 francs, comme à l'époque du Concordat. Le traitement des curés de seconde classe a été porté de 1.000 à 1.200 francs. Celui des desservants, primitivement fixé à 500 francs, a été augmenté à différentes reprises, pour arriver à 900 francs en 1859. Des augmentations, pouvant aller jusqu'à 400 francs, furent accordées proportionnellement à l'âge des titulaires, à partir de cinquante et surtout de soixante ans. Quant aux vicaires, ils finirent par recevoir un traitement de 450 francs dans les paroisses ayant moins de 5.000 âmes. Dans les autres paroisses, la fabrique le leur servit. Si elle ne le pouvait, la commune eut la faculté,

1. ALLAIN, *L'œuvre scolaire de la Révolution*, dans le *Congrès scient. internat. des catholiques*, Paris, 1891, V^e sect., p. 247.

10

mais non l'obligation, de lui venir en aide dans ce but.

Sous prétexte que l'ancien régime pratiquait la saisie du temporel, que, d'après l'article 16 du Concordat, « Sa Sainteté reconnaît dans le premier Consul de la République française les mêmes droits et prérogatives dont jouissait près d'elle l'ancien gouvernement », que l'article 70 des Organiques prive de sa pension l'ecclésiastique qui refuse, sans cause légitime, les fonctions qui lui sont confiées, enfin, que deux décrets du 17 novembre 1811 et du 6 novembre 1813 règlent que, sur le traitement d'un curé ou desservant éloigné de son poste pour mauvaise conduite, on doit prélever de quoi lui assurer un remplaçant [1], l'État s'est plusieurs fois arrogé le droit de supprimer administrativement le traitement des prêtres de paroisse. La légitimité de ce procédé n'est justifiée par aucun des textes allégués [2]. Les droits et prérogatives des anciens gouvernements sont reconnus à nouveau par le Concordat, mais « près du Saint-Siège » seulement. Tous les sophismes du monde ne feront jamais qu'une dette, justement déclarée imprescriptible par la Constituante, puisse cesser d'être acquittée pour des motifs arbitraires. Le curé n'est pas un fonctionnaire dépendant en tout de l'État, et l'on ne peut décemment user à son égard de mesures qu'on n'a jamais osé prendre à l'égard des fonctionnaires publics auxquels on veut l'assimiler [3].

1. « Le recours à ces décrets constitue une réelle mystification. » E. Ollivier, *Nouveau manuel*, p. 642.

2. Grouzil, *Les traitements ecclésiastiques*, Paris, 1903.

3. Sans doute, l'État ne peut révoquer ou déplacer les curés comme il fait pour ses fonctionnaires; il ne peut les atteindre que par la suppression de leur traitement. Mais encore la justice demanderait-elle que la suppression ne fût prononcée que juridiquement, pour

La législation ecclésiastique inaugurée par le Concordat a régi les paroisses durant tout le XIXe siècle. Deux points seulement ont fait l'objet de débats et provoqué des solutions théoriques et pratiques dans des sens opposés. Il s'agit du concours pour l'obtention des cures et de l'inamovibilité des desservants.

Le concours est très formellement prescrit par le concile de Trente. Il est en usage dans la plupart des pays catholiques. Le concile [1] veut que l'examen porte non seulement sur la science, mais aussi « sur l'âge, les mœurs, la prudence et les autres qualités favorables au gouvernement de l'église vacante ». Si la règle est observée, on n'a donc pas à craindre que la paroisse soit attribuée à un prêtre docte, mais indigne ou incapable de remplir sa fonction. Sans doute, le Concordat reconnaît aux évêques de France le pouvoir de nommer les curés; mais ni en droit ni en fait, il n'abroge la loi du concile. Pourtant cette loi n'a pas été appliquée en France [2]. Quand il érigea l'archevêché de Rennes, en 1859, Pie IX prescrivit de conférer les paroisses au concours. En 1876, le concile de la province de Bourges, tenu au Puy, rétablit le concours pour les églises paroissiales pourvues d'un titre curial. Chaque année, l'évêque devait appeler au concours les prêtres jugés capables de gouverner les églises; d'autres prêtres pouvaient

des raisons prévues par les lois canoniques ou civiles, et non sur de simples dénonciations calomnieuses, parfois même à la suite d'un devoir accompli.

1. Sess. XXIV, cap. 18.

2. Au concile du Vatican, beaucoup d'évêques français réclamèrent un règlement qui permît de tenir compte de la science et des grades théologiques obtenus, mais aussi de la piété, des bonnes mœurs et des aptitudes administratives. Ces conditions sont déjà impliquées dans le décret du concile de Trente.

aussi demander à être examinés. Le succès obtenu au concours conférait des droits valables pendant dix ans. Toutefois, pour ménager la transition, les évêques de la province gardaient pendant dix ans la faculté de disposer des cures à leur gré et de les conférer même à ceux qui n'avaient pas subi l'examen du concours. Pour différentes causes, la période de transition dure encore, et les concours n'ont pas lieu.

Des canonistes intransigeants ont jugé très sévèrement cette dérogation persistante aux prescriptions du concile de Trente. Les souverains Pontifes, plus conciliants, n'ont pas voulu faire intervenir leur autorité pour modifier d'office une situation anormale au point de vue canonique. « Toutefois, bien que le Saint-Siège, en raison des circonstances, ne paraisse pas réprouver expressément cet état de choses, sa pensée certaine, corroborée par le sentiment unanime des docteurs et des canonistes, est que les évêques doivent s'efforcer de ramener la situation à un état meilleur et plus conforme au droit canon [1]. »

Une autre question n'a pas cessé d'agiter les esprits, celle de l'inamovibilité des desservants. Ces derniers ont toujours souhaité que leur titre devînt moins précaire; plusieurs ont exprimé leur pensée à ce sujet avec une vivacité parfois regrettable. A Viviers [2], où les réclamations en faveur de l'inamovibilité avaient revêtu une forme quelque peu révolutionnaire, Mgr Guibert disait, dans une lettre pastorale du 6 janvier 1845, en réponse aux accusations formulées avec

1. DESHAYES, *Memento juris ecclesiastici*, Paris, 1895, n° 2106.
2. Sur l'incident des deux abbés Allignol, des détails intéressants sont donnés par PAGUELLE DE FOLLENAY, *Vie du cardinal Guibert*, Paris, 1896, t. II, p. 37-97.

trop de passion : « La vérité est qu'en général les desservants sont inamovibles de fait, s'ils le veulent, et que, dans les cas rares de changement, c'est pour le bien de la religion, et souvent au grand contentement des prêtres eux-mêmes, que ces changements ont lieu[1]. » Il faisait valoir ensuite ce que les évêques ont fait pour améliorer le sort des desservants : « Ils les mirent hors de toute sujétion vis-à-vis des curés de canton, et leur donnèrent ce qu'on appelle droit d'étole; ils les rendirent indépendants dans leurs églises respectives, et leur conférèrent des pouvoirs spirituels aussi étendus que les pouvoirs des curés inamovibles d'autrefois. Ils ont même voulu que le nom de curé leur fût conservé, car celui de desservant n'est employé quelquefois dans le style des administrations ecclésiastiques que par la nécessité d'éviter des méprises[2]. »

Rome fut amenée à dire son mot sur la question. En 1845, la congrégation du concile répondit à une consultation de l'évêque de Liège : « Le Saint-Père, mû par de graves motifs, a daigné approuver que, dans le régime des églises succursales dont il s'agit, il ne soit fait aucun changement, jusqu'à ce qu'il ait été autrement statué par le Saint-Siège apostolique. » Des réponses analogues furent adressées à l'évêque d'Évreux, en 1864, et à l'archevêque d'Avignon, en 1866[3].

1. Il est juste d'ajouter que cette pratique si sage n'a pas été celle de tous les évêques de France. Il y a des diocèses où, sous certains épiscopats, les routes étaient encombrées de curés en déménagement.

2. Le 26 novembre 1845, un bref de Grégoire XVI loua Mgr Guibert de la manière dont il avait résolu la question.

3. En 1857, Mgr de Dreux-Brézé, évêque de Moulins, fut poursuivi devant le Conseil d'État par trois de ses curés inamovibles, qui l'accu-

saient d'avoir exigé d'eux à l'avance des démissions en blanc. L'attitude politique de l'évêque fut surtout cause de sa condamnation comme d'abus, sous prétexte qu'il avait enfreint les articles organiques sur l'inamovibilité des curés. Les trois inamovibles en question étaient curés à Moulins, à Vichy et à Lapalisse. Les incidents regrettables que souleva cette affaire démontrent qu'alors, en France, on était bien peu au courant du droit canonique. Cette ignorance persista longtemps. L'absolutisme de certaines administrations diocésaines y trouvait son compte, mais les curés n'avaient plus les garanties que la loi de l'Église stipule en leur faveur, et leurs plaintes, formulées parfois avec une certaine acrimonie, n'étaient pas toujours injustifiées. — La principale raison qu'on fit toujours valoir à Rome pour ne pas trancher en France la question d'inamovibilité, c'est que le gouvernement exigeait que la nomination des curés inamovibles eût son agrément, et que dès lors les évêques n'eussent pu nommer aucun curé sans tenir compte des convenances du pouvoir civil. Voir *Rapport de Mgr Franchi à la Congr. des Ev. et Rég.* dans DUBALLET, *Cours complet de droit canonique*, Paris, 1900, t. VII, p. 219 (append.).

CHAPITRE VIII

LA VIE PAROISSIALE AU XIXe SIÈCLE

Voici comment Napoléon, à Sainte-Hélène, entendait le rôle d'un curé de France : « Je voulais, dit-il, donner aux curés une grande importance; je voulais les rendre utiles au développement de l'intelligence sociale. Plus ils sont éclairés et instruits, moins ils cherchent à abuser de leur ministère. A leur cours de théologie, j'aurais joint des cours élémentaires d'agriculture, des arts utiles et d'une application journalière, de la médecine et du droit. Ils eussent été alors vraiment une providence pour leurs ouailles; et, comme je les eusse rendus vraiment indépendants sous le rapport de la fortune et leur eusse composé un très bel état, ils auraient joui d'une grande considération; ils n'auraient pas eu le pouvoir de la vieille seigneurie féodale, mais ils en auraient eu, sans danger, toute l'influence. Un curé eût été le juge de paix naturel, le vrai chef moral qui eût dirigé la vie de ses paroissiens. Si l'on joint à l'instruction acquise ainsi au séminaire les épreuves et le noviciat, qui garantissent en quelque sorte la vocation et supposent de belles dispositions de cœur et d'esprit, on est porté à prononcer qu'une telle composition de pasteurs, au milieu des peuples, eût dû amener une révolution morale tout à l'avantage de la civilisation [1]. »

Cet idéal ne fut pas souvent réalisé sur le sol de France, du moins d'une manière complète et durable, au cours du XIXe siècle. Mille causes intervinrent pour y faire obstacle, particulièrement la défiance ou la malveillance des pouvoirs publics, et surtout le déchaînement progressif des passions antireligieuses. Toutefois, dans les provinces les plus chrétiennes, beaucoup de paroisses rurales gardèrent longtemps, quelques-unes gardent encore un caractère tout familial qui permet à la religion d'y exercer à l'aise son bienfaisant empire. Dans ses *Entretiens de village*, en 1846, de Cormenin a tracé de l'*Église de village* une peinture pénétrante de charme et de vérité.

« L'existence des villageois, écrit-il, se groupe autour du clocher : là sont les vases du baptême, le cimetière des morts, la chapelle des mariés, les bancs du catéchisme; au pied du clocher, non loin du moins, sont assises l'école et la mairie, que le clocher domine, comme pour annoncer que la religion s'élève au-dessus des intérêts temporels; chaque matin, chaque soir, les cloches sanctifiées de l'église ébranlent l'air et vont porter avec leurs tintements, dans les hameaux lointains, le nom et le souvenir de Dieu...

« L'église est d'ordinaire le plus ancien édifice du village. Pour les campagnards dont la chronologie ne remonte jamais très haut, l'église se perd dans la nuit des temps, et, se confondant avec la vague mé-

1. *Commentaires de Napoléon I*[er], t. V, p. 409.

moire de leurs ancêtres, elle n'en est pour eux que plus sainte et plus vénérable. Ce qui augmente leur respect, c'est qu'ils ont vu passer sous leurs yeux bien des nouveautés, des formes, des essais, des systèmes, des administrations, des républiques, des consulats, des royautés, des empires... Mais ils n'ont jamais vu que le même prêtre monter toujours au même autel, chanter les mêmes chants dans les livres consacrés, réciter le même Évangile sur les marches du sanctuaire, et depuis tant de siècles, il n'y a pas eu une virgule de changée dans la formule du *Credo*, du *Pater*, ni de l'*Ave*.

« Là où est l'église, là est le village : on dirait que, comme une mère, elle rassemble autour d'elle tous ses enfants ; elle est le point central où toute leur vie aboutit ; elle est le lien de la commune... On demande où est la mairie, où est l'école? On ne demande pas où est l'église, on la voit... Mais l'église n'est pas seulement l'expression de la commune, le siège et le centre de son existence, son cœur et sa tête, et le rendez-vous religieux, elle est encore le meilleur véhicule de la civilisation... C'est au sortir de l'église et sur la place publique que tous les habitants s'assemblent et se groupent, se mêlent, se retrouvent, concluent leurs marchés, font leurs échanges, se proposent des alliances de familles... C'est avant ou après la messe qu'on est sûr de rencontrer les officiers municipaux... C'est sur le banc de pierre du clocher que le maire monte après la messe pour lire les publications de l'autorité, les permissions de moissons et de vendanges, les listes de prestations en nature et les convocations de toutes espèces ; c'est sous l'auvent du porche qu'il affiche les listes électorales, les annonces de biens à vendre, les affermages de prés et marais communaux. »

Mais ce n'est encore là que l'extérieur de la vie paroissiale. A ce corps il faut une âme. Elle ne lui fait pas défaut. « Je ne crois pas me tromper, ajoute de Cormenin, en disant que tout le gouvernement moral des villages est quasi concentré dans le curé; car le maître d'école, qui n'est pas assez salarié d'ailleurs, ne fait que de l'instruction et n'impose pas aux villageois par son caractère, par ses habitudes et par son rang; le maire et l'adjoint sont, d'ordinaire, absorbés par leurs travaux champêtres, et ne rédigent que de loin en loin quelques actes civils... Le curé seul est professeur de morale; il tient ses ouailles dans ses mains avec une sainte liberté, avec une incroyable plénitude. Il ne les quitte pas un instant depuis le berceau jusqu'à la tombe, à la messe, en chaire, au confessionnal, au lit de mort, aux relevailles, au mariage; il est le maître, le directeur, le possesseur de leurs secrets, de leurs joies, de leurs chagrins, de leurs incrédulités, de leurs soupirs, de leurs terreurs. Le dogme, la pénitence, l'absolution, la conduite, les bons et les mauvais désirs, les penchants, les inimitiés, les vengeances, les chutes et les repentirs, il voit tout, il entend tout, il sait tout; il effraye les consciences et il les rassure, il frappe et il console.

« Il n'y a pour lui ni de chaumière trop petite, ni d'hommes trop pauvres, ni de plaies trop infectes, ni de maladie trop contagieuse, ni de distance trop éloignée, ni de température trop froide ou trop chaude, ni d'heure indue, ni de logis fermé, ni de cœur qui ne s'ouvre, ni de sexe, d'âge ou d'état avec lesquels, à chaque instant, il ne puisse communiquer, il ne communique. Né presque toujours dans la crèche du peuple, nourri, élevé comme lui, avec lui, il connaît mieux, beaucoup mieux que les grands du monde, les besoins du peuple, ses intérêts, ses faiblesses, ses penchants, ses mœurs, ses préjugés, ses défauts, ses qualités, ses vices, ses vertus. Il sait mieux les remèdes qui lui conviennent, les paroles qu'il faut lui dire, les côtés sensibles par où il faut le prendre...

« Y a-t-il quelque discord entre les pères et les enfants, entre frères, entre époux, entre voisins, ce n'est pas au juge de paix qu'on s'adresse, c'est au curé. Aucune œuvre charitable ne peut se fonder dans le village, eût-on les mains pleines d'or, sans que le curé ne soit consulté, sans qu'il n'y participe, sans qu'il ne la surveille, sans qu'il ne lui imprime un caractère de simplicité, de désintéressement et de durée. Si le firmament est d'eau ou de feu, il monte à la chaire, il invoque Dieu en commun pour l'éloignement du fléau et pour la prospérité des biens de la terre. Il prie en commun pour tous les trépassés; il ouvre en commun, à tous les fidèles rassemblés sous le toit de Dieu, les rosées du ciel, les trésors de la grâce et les espérances infinies de l'immortalité.

« S'il prêche au peuple le respect qu'il doit aux puissances établies, il prêche aux puissances établies le respect qu'elles doivent à la justice; s'il recommande au pauvre la résignation dans le malheur, il recommande au riche la charité dans la fortune; s'il ne veut pas qu'on rompe violemment la différence des rangs, il rétablit l'égalité des conditions dans le ciel devant l'égalité des œuvres, et il est bien plus le consolateur spirituel des misérables et des infirmes, qu'il n'est le prêtre des heureux et des puissants.

« On pourrait à toute force, dans un village, se passer de maire et d'instituteur. Mais de curé, comment? »

Ce tableau n'a pas trop vieilli. Dans bien des paroisses encore, il représente une situation qui n'est pas chimérique. L'entente cordiale y règne entre toutes les autorités; la déférence mutuelle préside aux rapports des unes et des autres. Le prêtre y demeure l'agent le mieux écouté et le plus efficace de la moralité publique. Quelle puissance, en effet, dans cette loi du devoir pascal qui oblige tout chrétien, au moins une fois l'an, à régler ses comptes avec Dieu, à réparer ses torts vis-à-vis du prochain, à redresser les écarts de sa conduite, en un mot à remettre sa vie présente sur la voie qui conduit à l'éternité heureuse! Nul doute qu'à cette énergique influence soit dû ce vieux fonds de franche honnêteté qui distingue nos populations françaises, quand l'irréligion et l'odieuse politique ne les ont pas entamées.

Père de ses paroissiens, le curé de campagne a compris de plus en plus que, pour les attirer et les fixer dans le devoir, il ne faut pas laisser aux ennemis de la religion, comme un monopole intangible, le soin des intérêts temporels qui tiennent tant de place dans la pensée de l'homme des champs. Ici et là, on a établi des œuvres en faveur de la jeunesse, des patronages, des confréries, des cercles, des sociétés de secours mutuels, des coopératives, des caisses rurales, des caisses de dépôt et de prêt, des mutualités, des œuvres et des syndicats agricoles, et toutes sortes d'institutions analogues, aussi diverses que les lieux et les circonstances, mais permettant au curé de la paroisse de rendre service à ceux qui lui sont confiés, de garder le contact avec eux, de les attirer plus aisément à l'église et ainsi, ce qui est le but suprême, de faire profiter leur âme de l'utilité procurée à leur corps [1].

Pour des raisons de nature très variée, l'emploi de ces moyens n'est ni pratiqué ni praticable dans beaucoup de paroisses rurales. Celles qui s'en servent s'en sont même longtemps passées. Dans un bon nombre, l'esprit familial et paroissial s'est conservé assez vivace pour que les pratiques exclusivement religieuses suffisent à maintenir la population dans le bien. Là, il n'y a pas à souhaiter qu'un départ absolu soit établi entre l'influence du curé et celle des autorités civiles. Sans doute, le premier n'a pas à régler les affaires qui intéressent la commune, pas plus que le maire n'a à légiférer dans les questions d'ordre religieux. Mais, quand règne l'entente, l'un et l'autre sont qualifiés pour travailler en commun au bien général. En réalité, l'homme n'est pas divisible ; il est en même temps citoyen et paroissien ;

1. Un exemple : en 1858, à Torteron, paroisse de 2.200 habitants, au diocèse de Bourges, le curé, M. Tamisier, fonda une caisse de dotation en faveur des jeunes filles. Celles-ci prélèvent 20 francs par an sur leur salaire et reçoivent une prime annuelle de 30 francs. Au moment du mariage, elles possèdent ainsi une dot de 3 à 600 francs. De son côté, le jeune ouvrier qui ambitionne la main de l'une de ces jeunes filles est obligé d'avoir aussi quelques avances ; d'où la nécessité pour lui d'une vie rangée et économe. Le bien moral de la paroisse gagne beaucoup à cette institution. — *Congrès sacerdotal de Bourges*, Paris, 1901, p. 210. Voir *Prêtres de France à la ville et aux champs*, publication de *l'Action populaire*, Paris, 1905.

ses intérêts moraux sont intimement liés à ses intérêts matériels, et c'est tout profit pour lui quand, au lieu de se jalouser et de se contrecarrer mutuellement, toutes les autorités locales associent fraternellement leurs efforts pour travailler à la prospérité d'une agglomération qui est à la fois paroisse et commune [1].

Malheureusement, surtout dans le dernier quart du XIXe siècle, le cri de haine qui dénonçait le cléricalisme, c'est-à-dire le catholicisme comme l'ennemi, a eu son écho dans bien des villages. La mairie, puis l'école et surtout les officines subalternes dans lesquelles l'alcoolisme vient en aide à la politique sectaire, sont devenues autant de foyers d'opposition, sourde ou déclarée, contre l'Église. Le pauvre curé a été en butte à toutes les avanies, son crédit diminué, son action battue en brèche, dans la mesure où le paysan, qui a la superstition instinctive de tout ce qui représente l'autorité civile, a cru y voir son intérêt. La religion y a perdu incontestablement. Les statistiques judiciaires démontrent que la moralité publique est loin d'y avoir gagné [2]. Quant au profit que le pays en a tiré pour son bon renom, pour sa prospérité matérielle et morale, pour sa sécurité, pour le progrès des grandes idées qui naguère encore lui étaient chères, l'histoire d'aujourd'hui

1. Des usages antérieurs à la Révolution persévèrent encore dans un certain nombre de paroisses rurales, les fêtes patronales ou pardons, l'offrande du pain bénit à tour de rôle par chaque famille, diverses pratiques en faveur des défunts. Dans quelques paroisses du centre, on apporte encore à l'église, comme offrande volontaire, les prémices de a moisson, de la vendange, de la laine, etc.

2. Le fait était déjà constant en 1896, comme le démontre le livre de J. BONZON, *Le crime et l'école*, écrit avec impartialité. Depuis lors, de grands progrès ont été réalisés dans le mauvais sens.

établit déjà un bilan désastreux que l'histoire de demain jugera plus sévèrement encore. Il n'est que trop manifeste, en une nation catholique comme la nôtre par vocation et par tradition, que quand l'esprit du mal veut frapper la religion, c'est la France elle-même qui reçoit les coups et en souffre plus que l'Église.

Les paroisses moyennes, dans les cantons importants et dans les petites villes, ont une vie un peu plus compliquée que les paroisses rurales. Le curé n'y est plus seul; un ou plusieurs prêtres le secondent dans son ministère. Les fidèles plus nombreux réclament des soins plus multipliés. A côté du service paroissial, les catéchismes réunissent un plus grand nombre d'enfants et le travail est divisé entre plusieurs prêtres. Après leur première communion, les enfants sont à peu près partout recueillis dans des patronages qui préservent leur vertu encore fragile et favorisent leur persévérance dans le bien, au moyen d'attraits de toutes sortes, exercices physiques, promenades, séances récréatives et dramatiques, musique vocale et instrumentale, caisses d'épargne et de prévoyance et le reste, suivant les inspirations du zèle et l'appel des circonstances. Ces moyens extérieurs ne sont d'ailleurs que secondaires. Le principal est de gagner la confiance des enfants et des jeunes gens, de leur imprimer de solides convictions religieuses, de les former aux habitudes chrétiennes, avec intelligence et discrétion, en un mot de les préparer à devenir des hommes en restant des chrétiens. Les jeunes filles sont groupées en confréries et défendues, aussi efficacement qu'il est possible, contre les séductions qui les entourent.

Les pauvres sont secourus par le clergé et ses intermédiaires dévoués. Dans presque toutes les paroisses de cette catégorie existe une conférence de Saint-Vincent de Paul qui, de son côté, les visite et les assiste. Les malades ne peuvent guère échapper à la sollicitude pastorale, dans ces milieux où le curé connaît encore toutes les brebis de son troupeau. Dans un certain nombre de diocèses, ces paroisses ont une vie intense. L'instruction chrétienne y est sérieuse, la piété y fleurit, et la famille paroissiale, pour être plus étendue que dans le village, n'en est pas moins unie par un lien religieux très puissant.

Mais cette médaille a aussi son revers. Il est pratiquement impossible qu'une paroisse moyenne ne compte que des chrétiens fidèles. Une minorité plus ou moins forte, parfois la majorité des habitants, cèdent aux influences antireligieuses. Là, dans un monde moins illettré mais plus infatué de lui-même qu'au village, les réunions de politique ou de plaisir, le respect humain et l'entraînement accomplissent leur œuvre néfaste. Les mauvais journaux surtout ont décrié la religion, représenté la foi et la pratique chrétiennes comme un indice de mentalité inférieure, propagé presque impunément les pires calomnies, corrompu la jeunesse par des romans immoraux et des récits scandaleux et persuadé à une multitude de naïfs ou d'intéressés que le catholicisme est incompatible avec les idées modernes. Cette propagande corruptrice et mensongère s'est exercée avec d'autant plus de succès que les catholiques n'ont pas su créer, soutenir et répandre assez de bons journaux pour tenir tête aux mauvais. Dans certaines petites villes, l'impiété ou l'indifférence ont saisi presque toute la population virile. Une partie seulement des femmes et des enfants vont à l'église. Le vieux paganisme reprend le dessus peu à peu; du petit citadin sceptique et jouisseur ou du paysan qui ne connaît d'autre dieu que sa terre, on ne saurait dire lequel vaut le mieux. Des hommes qui veulent arriver en sacrifiant tout à la politique, souvent des médecins sans foi en quête d'un mandat électif, ont exercé une grande influence démoralisatrice dans ces paroisses et, de ce chef, ont encouru devant Dieu et devant le pays une lourde responsabilité.

Ce n'est pas à dire que les pasteurs soient toujours à la hauteur de leur mission, que tous se rendent compte des besoins de leur temps, tiennent tête à l'ennemi avec prudence et courage, possèdent même la haute valeur intellectuelle et morale qui conviendrait à leur ministère. Non. Dieu a confié la garde de son œuvre à des hommes, et à ces hommes il a laissé leurs faiblesses natives, tout en leur fournissant les moyens de les surmonter. Mais, en bonne justice, on ne peut attribuer au clergé seul l'état malheureux de certaines paroisses. Si parfois le troupeau a souffert par suite de l'incurie du berger, les loups lui ont été bien autrement funestes.

Les paroisses des grandes villes sont ordinairement importantes par le nombre de leurs habitants et par la multiplicité des œuvres qui s'y développent. La population de certaines d'entre elles est considérable, parfois même anormale, par suite des agglomérations ouvrières que l'industrie a fixées dans les faubourgs. Voici, pour les vingt-cinq principales villes de France, l'état moyen de la population paroissiale :

	POPULATION.	NOMBRE DES PAROISSES.	MOYENNE DE PAROISSIENS.
Paris............	2.500.000	70	35.700
Lyon............	470.000	37	13.000
Marseille........	450.000	22	20.500
Bordeaux........	256.000	18	14.000
Lille............	216.000	17	12.500
Toulouse........	149.000	26	5.500
Saint-Étienne....	136.000	14	9.000
Roubaix....	124.000	8	15.500
Nantes..........	123.000	15	8.000
Le Havre........	119.000	7	17.000
Rouen...........	113.000	16	7.000
Reims...........	107.000	9	12.000
Nancy...........	96.000	11	9.000
Toulouse........	95.000	7	14.000
Nice.............	93.000	13	7.000
Amiens..........	88.000	17	5.000
Limoges.........	78.000	8	9.700
Angers..........	77.000	10	7.700
Nîmes...........	74.000	7	10.000
Brest............	74.000	4	18.000
Montpellier......	73.000	8	9.000
Tourcoing.......	73.000	6	12.000
Rennes..........	69.000	9	8.000
Dijon............	67.000	5	13.000
Orléans..........	66.000	12	5.500

Mais cette moyenne est parfois dépassée dans des proportions effrayantes. Ainsi, à Paris, quatre paroisses de faubourgs et une de banlieue comptent de 60 à 70.000 habitants, quatre en ont de 70 à 80.000; il y en a une de 82.000, une de 90.000, une de 96.000, et enfin une de 120.000 [1]. Rien qu'en France, les dio-

1. Les faubourgs de Vienne, en Autriche, présentent des anomalies analogues. On y trouve des paroisses de 47.000, 58.000, 73.000 habitants, avec un clergé insuffisant. L. Collin, *Semaine religieuse* de Paris, 19 août 1905, p. 271.

cèses de Saint-Jean de Maurienne et de Tarentaise ont à peine 70.000 habitants, et plusieurs autres n'atteignent pas le double de la population accumulée dans certaines paroisses parisiennes. Pour desservir ces paroisses, il n'y a que de sept à dix prêtres, les ressources ne permettant pas d'en entretenir davantage. Tous les habitants du territoire, il est vrai, ne sont pas catholiques. Un certain nombre sont protestants, d'autres israélites ; beaucoup vivent en marge de toute croyance et de toute pratique religieuses, et une forte majorité, catholique par le baptême, ne se souvient de sa religion qu'en de très rares circonstances. Que peuvent faire quelques prêtres au milieu d'un troupeau si nombreux ? Se dévouer à grand'peine à la conservation de la foi parmi ceux qui la possèdent, préparer les enfants à la première communion et tâcher d'en garder le plus possible, pendant quelques années, à l'abri de l'indifférence ambiante ; puis consumer leur temps et leurs forces à visiter les malades, à célébrer des funérailles, à administrer les sacrements dans des conditions que rendent toujours fort pénibles le nombre ou les dispositions défectueuses de ceux qui les réclament.

Le remède à des situations si lamentables serait la multiplication des prêtres et la création de nouveaux centres religieux. L'expérience démontre que quand, dans le quartier le plus indifférent ou même le plus hostile, s'ouvre une chapelle avec un ou plusieurs prêtres pour la desservir, aussitôt la foi renaît et se conserve dans une quantité d'âmes empressées à profiter des facilités qui leur sont ménagées. Mais les ressources font habituellement défaut pour ces fondations dispendieuses. De plus, pendant les vingt-cinq dernières années, il a bien fallu compter avec le mauvais vouloir des pouvoirs publics qui fermaient les chapelles des religieux, quelquefois même les chapelles privées, et mettaient toutes les entraves imaginables à l'ouverture de nouveaux sanctuaires [1].

Dans les grandes paroisses, la division du travail s'impose. Le curé administre, veille à tout, répartit les tâches suivant les aptitudes de chacun et paie continuellement de sa personne, tant que l'âge le lui permet. Certains services doivent être spécialisés et concentrés dans les mêmes mains. La préparation des mariages est confiée à un prêtre rompu aux exigences de la législation canonique. Le règlement des funérailles incombe à un autre prêtre [2]. La direction des catéchismes est attribuée à des vicaires capables de gouverner, d'instruire et de former la jeunesse. Parmi les autres vicaires, il y en a un qui est de garde, c'est-à-dire qui répond d'office à tous les appels des fidèles le jour et la nuit. Il confesse ceux qui se présentent et n'ont pas de confesseur attitré, administre le baptême, va visiter et assister spirituellement les malades en danger et préside aux petites cérémonies qui se célèbrent dans l'église au cours de la journée [3].

1. A Paris spécialement, l'autorité civile eût consenti volontiers à la suppression de certaines paroisses du centre de la ville, d'où la population stable s'est retirée; mais elle n'a jamais voulu permettre la création de paroisses nouvelles dans les faubourgs, qui en ont tant besoin.

2. D'ordinaire, à Paris, le premier vicaire est chargé des mariages et le second des funérailles. Les titres de premier et de second vicaires ne dépendent pas de l'ancienneté, mais constituent une sorte de grade hiérarchique à la nomination de l'Ordinaire.

3. En province, il y a habituellement un vicaire de semaine, c'est-à-dire chargé de répondre aux désirs des fidèles dans tout le cours de la semaine. A Paris, où le service quotidien est souvent si onéreux, la garde ne dure que vingt-quatre heures consécutives pour le même prêtre et les jours de la semaine sont répartis entre les vicaires.

Des prêtres habitués, dont le nombre est restreint à un ou deux au plus dans les paroisses pauvres et populaires, sont adjoints au clergé vicarial pour l'aider dans certaines fonctions du ministère.

Dans quelques villes, afin de permettre au clergé de mieux connaître les paroissiens, on a divisé la paroisse en sections, dont chacune est confiée aux soins d'un vicaire. Celui-ci peut alors plus aisément prendre contact avec ceux dont il est chargé; il les connaît individuellement, est immédiatement renseigné sur les cas dans lesquels il doit intervenir et exerce ainsi une action directe et efficace [1]. Ce système est excellent; il est malheureusement à peu près impraticable dans les paroisses où la population est nombreuse et très mêlée. Le ministère du prêtre s'exerce alors forcément dans des conditions impersonnelles. A part quelques âmes plus familières avec les choses de l'Église, les autres cherchent simplement quelqu'un qui ait le pouvoir de leur administrer les sacrements et ne sont pas connues de celui auquel elles s'adressent par occasion. Une action vraiment personnelle n'est possible au prêtre que quand le nombre des paroissiens qui lui sont assignés ne dépasse pas quelques centaines d'âmes. Si un seul prêtre en a autour de lui plusieurs milliers, il n'en peut atteindre qu'une faible partie. Le temps dont disposent les paroissiens de bonne volonté et les forces physiques et morales départies au prêtre le plus zélé ont des limites qu'on peut quelquefois élargir, mais non étendre indéfiniment.

Une grande paroisse est un organisme complexe,

3. Voir à ce sujet H. LEMAIRE, *La paroisse de M. l'abbé Gibier*, Orléans, 1904, p. 8-18.

qui comporte aujourd'hui des moyens d'action très variés pour assurer la fréquentation de l'église, la pratique sérieuse de la religion, l'instruction chrétienne de la jeunesse et l'expansion de la vie paroissiale dans toutes sortes d'œuvres de piété, de charité et de zèle.

Revenus dans leurs paroisses après la Révolution, les prêtres avaient restitué au culte toute la splendeur qu'ils avaient pu, en s'efforçant de reproduire dans les grandes églises les cérémonies telles qu'elles s'accomplissaient jadis avec le concours d'un nombreux clergé. Durant de longues heures, le dimanche, les paroissiens pouvaient assister au chant de toutes les parties de l'office et à la célébration de la grand'messe. Le clergé se conformait à l'esprit de l'Église en rehaussant les cérémonies de tout l'éclat possible à l'aide des ornements, du luminaire, des chants et des moyens divers que prévoit la liturgie. La prédication ajoutait son attrait à tout cet ensemble. A la grand'-messe, le clergé paroissial faisait entendre sa parole, ordinairement simple, instructive et pratique. Le soir, à vêpres, surtout aux jours de fête et pendant les stations de Carême et d'Avent, des prédicateurs étrangers, séculiers ou religieux, occupaient la chaire souvent avec éloquence, parfois cependant avec plus d'apparat que de solidité[1].

Les hommes se sont assez vite dérobés à ces longues séances liturgiques. Les femmes les ont long-

1. La prédication méthodique et vraiment instructive a peut-être été trop délaissée en certaines villes. Un prédicateur appelé à occuper la chaire d'une grande église se fait difficilement à l'idée de donner à son auditoire un enseignement simple et didactique. Il se croit souvent obligé à l'originalité dans le choix des sujets et dans la manière de les traiter. Paris est probablement la ville du monde où les fidèles sont le plus prêchés et, en général, le moins instruits.

temps goûtées. Sous le second empire, elles emplissaient les églises de Paris et des villes de province. L'élément masculin était à peine représenté dans l'assemblée chrétienne. Peu à peu, la situation s'est modifiée. Aujourd'hui, les longs offices n'ont plus guère la faveur des fidèles. Le grand nombre ne s'y intéresse plus, surtout depuis la substitution du rite romain à nos vieux rites gallicans, plus simples, plus expressifs et plus populaires. D'autre part, les conditions de vie ont changé. Un travail plus fiévreux réclame un repos hebdomadaire plus hygiénique, quelques bonnes heures d'exercice au grand air. Comme de multiples moyens de locomotion permettent à tous de s'assurer ce genre de repos, on comprend que les meilleurs chrétiens eux-mêmes tendent à réduire au minimum leur présence à l'église. D'où la nécessité, à laquelle obéit de plus en plus le clergé des grandes villes, d'abréger les longs offices, de les fixer à des heures plus commodes, et surtout de faciliter à ceux qui doivent se contenter de la messe dominicale le moyen de conserver et de développer leurs connaissances religieuses. En quelques minutes chaque dimanche, il est aisé de rappeler aux fidèles, par une instruction substantielle, l'un des points importants de leur croyance ou de leur devoir. Cette adaptation des moyens aux circonstances produit partout d'heureux résultats. Depuis un certain nombre d'années, surtout dans les centres intelligents, les hommes affirment de plus en plus, par leur présence à l'église, leur volonté de vivre en chrétiens et leur légitime désir d'y être aidés par leurs prêtres.

Toutefois, ce n'est ni l'affluence des fidèles à l'église, ni même la fréquentation des sacrements qui constituent à proprement parler ce qu'on appelle une bonne paroisse. Les pratiques religieuses ne sont que des moyens; le but à atteindre, c'est la formation de caractères chrétiens, c'est-à-dire d'âmes qui ne font pas de la religion un usage tout formaliste, mais appliquent à toute leur vie les principes de l'Évangile. Tout l'organisme paroissial n'existe que dans ce but. Celui-là n'est qu'un paroissien fort imparfait qui, malgré la multiplicité de ses actes religieux, ne sait pas se soustraire à la tyrannie des entraînements, sacrifie tout aux circonstances, n'a ni énergie, ni initiative, ni générosité pour le bien. Sans doute, Dieu tient compte de la bonne volonté et il a pitié des défaillances. Mais en ce monde, tant vaut l'homme, tant vaut le chrétien. Des hommes qui soient des chrétiens, et mieux encore, des chrétiens qui soient des hommes, voilà l'honneur et la force d'une paroisse. C'est à les former que tendent l'assistance à la messe obligatoire et à l'instruction du dimanche, la réception consciencieuse des sacrements, les conférences spéciales, les missions, en un mot tout ce qui peut entretenir dans une paroisse la pratique loyale, large, active et courageuse du devoir religieux et de tous les autres.

Dès l'âge de raison, l'enfant est saisi par l'organisme paroissial. De petits catéchismes l'initient aux éléments de la religion. Pendant deux ans au moins, on travaille à son instruction et à sa formation chrétienne, pour le préparer à sa première communion et déjà façonner son âme à des habitudes de vertu solide. Puis, des catéchismes de persévérance complètent l'œuvre commencée et, quelquefois pendant huit et dix ans, poursuivent l'instruction et le progrès spirituel de ceux et de celles que Dieu a marqués pour exercer dans leur milieu une influence salutaire. En même temps, des patronages de jeunes gens et de jeunes filles recueillent le dimanche la jeunesse qui est au travail pendant toute la semaine. Ces patronages, tantôt paroissiaux, tantôt indépendants, fonctionnent grâce à des dévouements incomparables et font le plus grand bien. Ils sont le complément indispensable de la formation première donnée au catéchisme ou à l'école chrétienne. Ils initient à la vraie vie et, par la sollicitude dont ils entourent la jeunesse, ils la préservent du danger, non pas en le lui cachant, mais en le signalant et en trempant les âmes pour la lutte, la résistance et la conquête.

Même sous les gouvernements équitables envers l'Église, on avait mis à profit la faculté d'établir dans les grandes paroisses des écoles congréganistes à côté des écoles ordinaires. La religion, respectée dans celles-ci, avait une influence plus considérable dans les premières. L'État entretenait lui-même les écoles congréganistes au même titre que les autres. Des lois trop connues rompirent peu à peu ce juste équilibre. Sans tenir aucun compte de ses propres principes de liberté et d'égalité, et en foulant aux pieds les droits les plus sacrés des pères de famille, l'État sectaire laïcisa l'école, c'est-à-dire la rendit théoriquement neutre, et pratiquement irréligieuse et athée. Pour conserver l'école chrétienne, les paroisses s'imposèrent de très gros sacrifices; le souci de recueillir, au moins en partie, les ressources nécessaires à l'entretien de ces écoles, a pesé et pèse encore lourdement sur les curés. Les contribuables catholiques sont ainsi amenés à payer double impôt, l'impôt forcé pour des écoles où ils ne veulent pas envoyer leurs enfants, et l'impôt volontaire pour celles où ils tiennent à les placer. Au lieu de savoir gré aux catholiques de sacrifices qui, en définitive, épargnent de grands frais à l'État, l'administration met fréquemment toutes les entraves imaginables à l'ouverture et au maintien des écoles chrétiennes, et elle traite le curé qui se dévoue à ces œuvres à peu près comme l'officier qui « va à la messe ». L'un et l'autre n'ont aucune faveur, quelquefois même aucune justice à attendre. Les curés ne sont pas découragés pour si peu, et ils poursuivent leur entreprise coûte que coûte. Ils savent que si toute la jeunesse était élevée sans religion ou avec une religion insuffisante, de lamentables désastres se prépareraient pour les paroisses et pour le pays tout entier.

Les œuvres de piété sont indispensables dans une grande paroisse. A côté des hostiles et des indifférents, toujours trop nombreux, il y a les chrétiens qui suivent le grand chemin du devoir, et, parmi ces derniers, des âmes d'élite que Dieu appelle à gravir les sentiers escarpés d'une vertu plus parfaite. Ces âmes sont groupées dans différentes associations ou confréries : confréries du Saint-Sacrement dont les membres, hommes ou femmes, se font un honneur d'entourer d'hommages Notre-Seigneur présent dans son temple, par l'adoration diurne ou nocturne de la sainte Eucharistie, par l'assistance aux processions solennelles et la communion plus fréquente ; confréries de la Sainte Vierge ou associations d'Enfants de Marie, surtout pour les jeunes filles ; congrégations de jeunes gens ; confréries de saints patrons locaux ou spéciaux à certaines corporations; associations de mères chrétiennes, qu'une solide piété soutient dans l'accomplissement des devoirs de la famille; associations de prières pour les défunts, spécialement pour ceux de la paroisse et pour les pauvres âmes auxquelles personne ne pense; tiers-ordres de Saint-François ou de Saint-Dominique, etc. Toutes ces associations ont leurs réunions spéciales. Le prêtre qui les préside encourage les membres à prendre au sérieux les obligations librement contractées, à ne pas déchoir de leur ferveur et à donner à tous et en tout l'exemple de la fidélité chrétienne.

Les associations pieuses sont la pépinière naturelle des vocations ecclésiastiques et religieuses. D'elles sortent les jeunes gens qui aspirent au sacerdoce [1], à la vie religieuse ou aux missions, et les jeunes filles qui se sentent appelées à la contemplation ou au service actif du prochain. En elles persévèrent beaucoup d'autres âmes généreuses qui se proposent de rester au milieu du monde pour y travailler au bien sous mille formes diverses.

Les œuvres de charité sont innombrables et variées dans les grandes paroisses de France. A côté du prêtre qui, par état, répond à toutes les sollicitations et doit toujours donner, parce qu'aux yeux de la plupart des déshérités, il n'a pas d'autre utilité que celle-là, il y a les conférences de Saint-Vincent de Paul, composées d'hommes ou de jeunes gens qui vont visiter et

1. Le souci des vocations sacerdotales est la marque spéciale des âmes délicates et intelligentes. Elles s'appliquent à les éveiller, à les développer, à les suivre et à les faire aboutir. Elles s'imposent dans ce but de généreux sacrifices, comprenant que rien ne rend plus de gloire à Dieu et plus de services à l'Église. Il y a des paroisses bénies où les vocations sont nombreuses et solides. Le besoin s'en fera de plus en plus sentir.

assister les pauvres à domicile et en profitent pour réhabiliter des mariages, faire baptiser et instruire les enfants, et rendre toutes sortes de services aux familles; les Dames de charité, qui remplissent de leur côté un office analogue; les Visiteuses des malades, qui vont à domicile auprès des malheureux éprouvés par la maladie ou les infirmités, leur portent des secours, les encouragent et, au besoin, les aident à se ménager par une mort chrétienne un sort meilleur dans l'autre monde; les Filles de la Charité, dont le dévouement supplée à tout ce que ne peuvent entreprendre les autres œuvres; les Sœurs gardes-malades, qui s'installent au logis du pauvre et le soignent, de manière que la maladie d'un de ses membres ne jette pas toute une famille dans le désarroi et le désespoir; les Vestiaires dans lesquels les personnes aisées viennent travailler pour vêtir les pauvres; les Ouvroirs, qui ménagent aux jeunes filles un travail rémunérateur; et une foule d'autres œuvres ingénieuses qui aident dans la mesure nécessaire, en laissant à l'intéressé l'obligation de faire ce qu'il peut et ce qu'il doit.

Les œuvres de zèle s'intéressent à la prospérité des missions catholiques à l'étranger, comme la Propagation de la Foi et l'œuvre de la Sainte-Enfance, au maintien de la foi à l'intérieur, comme l'œuvre de Saint-François de Sales, à l'entretien des services généraux de l'Église, comme le Denier de Saint-Pierre, à la préparation des mariages des pauvres, comme la Société de Saint-François Régis. Les Catéchistes volontaires aident le clergé paroissial dans l'instruction religieuse des enfants. Des femmes chrétiennes en grand nombre, des hommes, des jeunes filles, des jeunes gens se dévouent à cette œuvre qui fait plus de bien que de bruit, demande beaucoup de patience, d'abnégation et de persévérance, et fait comprendre aux enfants que l'enseignement de la religion n'est pas un « métier » spécial au prêtre, mais un devoir auquel s'intéressent toutes sortes de personnes intelligentes et honorables. D'autres exercent leur zèle dans les patronages de jeunes gens ou de jeunes filles et mettent ainsi au service de la classe ouvrière, avec une générosité que Dieu seul peut dignement apprécier, les ressources de leur éducation, de leur expérience, quelquefois de leur fortune, et toujours de leur cœur. Enfin, il est des femmes chrétiennes qui, sans costume religieux, mènent une vie toute religieuse au milieu du monde, s'associent pour faire le bien parmi les déshérités, pénètrent là où la religieuse et le prêtre ne peuvent se présenter, gagnent la confiance des familles par le dévouement dont elles entourent les enfants, et travaillent ainsi, avec autant de discrétion que d'efficacité, à la reconstitution ou au maintien de la vie chrétienne dans une paroisse.

Il est impossible d'énumérer ici toutes les formes que sait revêtir l'esprit de charité et de zèle. D'ailleurs le véritable amour du bien sait adapter les moyens qu'il emploie aux exigences des lieux, des temps et des personnes. Rien n'est aussi varié que cette floraison des œuvres dans l'Église catholique; mais souvent rien de plus ignoré même de la plupart des chrétiens, à une époque où l'opinion publique ne s'émeut qu'à force de réclame [1].

1. Dans un assez grand nombre de paroisses, le clergé se met en rapport suivi avec les fidèles au moyen de bulletins paroissiaux, de

Chaque paroisse de grande ville possède ainsi des œuvres vitales, qui visent toutes les nécessités corporelles et spirituelles, et qui sont à peu près les mêmes partout. Pourtant l'uniformité n'existe pas; d'ailleurs elle n'est pas souhaitable. A chaque paroisse sa physionomie spéciale. Sur les soixante-dix paroisses de Paris, par exemple, il en est bien peu qui se ressemblent exactement; le caractère du quartier où elles se trouvent détermine le leur. A telle paroisse, l'aristocratie, à telle autre le monde de la finance ou des affaires; ici le commerce, là les études; la population exotique a ses quartiers de préférence, les riches ne sortent guère d'une certaine zone, les ouvriers et les pauvres forment autour de la ville une agglomération compacte, qui ne laisse pas d'avoir des colonies importantes dans les anciens quartiers du centre. Rien d'ailleurs n'est immuable, et certaines églises fréquentées par le meilleur monde, il y a cinquante ans, sont devenues des déserts, alors que de très modestes sanctuaires autrefois suburbains ont cédé la place à de vastes églises, déjà trop étroites, et voient la vie chrétienne déborder autour d'eux.

Il y a donc une très grande inégalité entre les paroisses. Il en est ainsi dans toutes les villes importantes. Cette inégalité est dans la nature des choses. Si elle était un mal, la Providence saurait bien amener peu à peu l'Église à y porter remède.

calendriers paroissiaux et de publications périodiques, qui renseignent sur tout ce qui se passe dans la paroisse et défendent ses intérêts.

CHAPITRE IX

LA PAROISSE A L'ÉTRANGER

Chacune des paroisses de France, tout en reproduisant un type uniforme dans sa constitution essentielle, a sa physionomie particulière qui tient aux mœurs locales, aux traditions, à la foi des habitants et à tout un ensemble de circonstances. Il en est de même, à plus forte raison, des paroisses de l'étranger.

> Facies non omnibus una,
> Nec diversa tamen.

Catholiques, tendant par conséquent au même but et appliquant les mêmes principes généraux, ces paroisses ont elles aussi des caractères spéciaux qui sont la résultante naturelle de la race, des mœurs et des traditions nationales, de l'état politique du pays, du contact avec les dissidents, de la lutte contre des législations oppressives, et de toutes sortes de causes qui varient avec les temps et avec les lieux. Toujours cependant la paroisse catholique se distingue aisément, à certains caractères fondamentaux, de la paroisse non catholique la plus rapprochée d'elle en apparence, que cette dernière soit celle du schismatique grec ou russe, du janséniste de Hollande, du vieux catholique de Suisse ou du ritualiste anglican qui se dit catholique et copie tous les usages de l'Église, mais reste séparé de son chef. Ce qui caractérise partout la paroisse catholique, c'est l'obéissance des fidèles à la direction spirituelle du pasteur, mis à leur tête et muni des pouvoirs nécessaires par l'évêque du diocèse, qui tient lui-même du souverain Pontife sa mission et sa juridiction. De la sorte, toute paroisse catholique a le Pape pour Pasteur suprême.

La paroisse d'Italie a subi le contre-coup des événements qui ont changé l'état politique du pays. Alors que les biens d'Église ont été confisqués par le gouvernement nouveau, les bénéfices avec charge d'âmes ont été respectés. Les paroisses ont donc gardé leurs biens immeubles, généralement peu importants. Les dîmes ont été supprimées et compensées par une petite rente provenant de l'État. Les conseils de fabrique continuent leurs fonctions. Ainsi constituée, la paroisse italienne est assez pauvre; le clergé y partage les conditions de vie d'une population en général peu aisée. Il est continuellement à son service, non seulement pour satisfaire à ses besoins religieux, mais encore pour l'aider dans ses affaires et ses embarras de chaque jour, surtout à la campagne. C'est ainsi que presque toutes les caisses rurales de crédit ont été fondées par les curés[1]. Dans les villes, le clergé a établi des coopératives,

1. Les œuvres sociales sont particulièrement florissantes dans le diocèse de Bergame. Voir à ce sujet P. Sylvestre, *Le catholicisme social pratique à Bergame*, dans la collection de l'*Action populaire*, Paris, 1904, et Max Turmann, dans le *Correspondant*, 25 nov. 1904.

des cuisines économiques et d'autres œuvres analogues qui profitent aux paroissiens. L'assistance des malades est un des devoirs dont l'accomplissement demande le plus de temps au curé italien; car, pour répondre aux exigences de la population, le prêtre est obligé de les visiter fréquemment et longuement et de ne pas les quitter quand leur fin approche[1].

Le choix des curés se fait par voie de concours, dans les formes fixées par le concile de Trente, et précisées par des décrets de Clément XI et de Benoît XIV. Sitôt qu'une paroisse devient vacante, l'évêque désigne un vicaire capable pour l'administrer provisoirement. Les candidats sont ensuite avertis publiquement de l'ouverture du concours. Chacun produit d'abord ses titres et ses états de service. Au jour convenu, tous sont interrogés par les examinateurs élus au précédent synode diocésain, et ceux-ci, non contents de constater la science du sujet, doivent encore se rendre compte, d'après les injonctions de Benoît XIV, des « autres qualités qui conviennent à celui qui doit gouverner des âmes, savoir l'honnêteté des mœurs, la gravité, la prudence, les services déjà rendus à l'Église, la réputation acquise dans d'autres fonctions, et la distinction provenant de vertus notables qui doivent s'unir à la science d'une manière étroite ». Le concours est obligatoire même pour ceux qui sont nommés à une cure relevant d'un patronage ecclésiastique. Mais alors c'est le patron qui désigne et non l'évêque. Muni de tous les renseignements recueillis par les examinateurs, l'évêque nomme celui

1. BENIGNI, *Le clergé italien*, dans la *Revue du clergé français*, 15 oct. 1896.

qui lui paraît le plus digne parmi les concurrents. Aucun appel contre le rapport des examinateurs ou la sentence de l'évêque ne peut empêcher l'entrée en possession du curé qui a été choisi. Celui-ci pourtant ne jouit réellement du bénéfice attaché à la cure que quand il a obtenu l'*exequatur* de l'État.

La ville de Rome compte 49 paroisses, dont 25 desservies par des prêtres séculiers et 24 par des religieux. Il existe en outre 9 paroisses de faubourgs, dont 2 sont confiées aux prêtres séculiers et 7 à des religieux. Quelques paroisses du centre de la ville sont minuscules. D'autres, au contraire, à la périphérie, ont une population énorme, à raison du développement rapide qu'ont pris certains quartiers. Les réguliers arrivent assez aisément à administrer les paroisses dont ils sont chargés, parce que l'ordre auquel ils appartiennent leur fournit autant de prêtres qu'il est nécessaire. Il en est autrement dans les paroisses séculières. A leur tête est un curé, qui d'ordinaire obtient son titre au concours. Il n'est pas rare cependant que le cardinal-vicaire nomme à une cure, sans concours, le sujet qu'il juge le plus apte à la gouverner, ce qui montre qu'à Rome même on n'attache pas une importance exagérée à la pratique du concours. Le curé choisit lui-même, pour le seconder, un prêtre qu'il fait approuver et qu'on nomme sous-curé. Si le service de la paroisse l'exige, le curé s'entoure d'autres prêtres, dont les uns sont approuvés pour entendre les confessions, tandis que les autres font le catéchisme, administrent certains sacrements ou disent simplement la messe. Une légère rétribution s'ajoute à leurs honoraires de messes pour les aider à vivre. Actuellement, les paroisses séculières ont peine à trouver les auxiliaires dont elles ont besoin. Aussi les fidèles de Rome s'adressent-ils généralement aux religieux pour la confession. D'autre part, le très grand nombre de chapelles et d'églises non paroissiales qui existent dans la ville fait que la paroisse romaine ne peut avoir cette individualité, cette vie autonome, cette régularité et cette multiplicité de services religieux auxquelles nous sommes habitués en France.

Le pape Léon XIII s'est préoccupé, en 1902, de modifier la délimitation des paroisses pour la mettre en harmonie avec les besoins d'une population considérablement accrue. Son successeur Pie X a commencé l'exécution de la réforme par l'érection en nouvelles paroisses des églises de Sainte-Marie *in Vallicella* et de Saint-Joachim. Il se propose de continuer tout en remarquant que « les changements reconnus utiles ne doivent pas être faits tout d'un coup, mais peu à peu ».

En Espagne, le régime du concours pour l'obtention des paroisses est en pleine vigueur. Seulement on attend, dans chaque diocèse, qu'un certain nombre de paroisses soient vacantes, et, jusqu'à l'époque du concours, l'évêque les fait desservir par un prêtre capable. Les paroisses de campagne sont de premier ou de second ordre, avec 800 ou 825 francs de dotation. Les paroisses de ville, nom qui est parfois attribué à de simples bourgades illustrées par la présence d'un monastère ou un souvenir historique, sont de trois sortes : les paroisses de début ou d'entrée, avec une dotation de 825 à 975 francs ; les paroisses d'avancement, dont la dotation va de 1.250 à 1.500 francs, et les paroisses de terme, dans lesquelles elle monte de 1.750 à 2.500 francs. Cette dernière somme est d'ailleurs très rarement allouée. Tous peuvent concourir, même de simples laïques, à charge par eux de se faire ordonner s'ils sont élus. Les candidats qui ont été admis à la suite du concours formulent leurs désirs auprès de l'évêque, en désignant trois paroisses vacantes dans lesquelles ils pourraient être envoyés. L'évêque combine les résultats du concours avec les désirs manifestés par les candidats, et il envoie au gouvernement une liste comprenant trois noms pour chaque paroisse vacante. Le premier est toujours agréé sans exception. Le curé ainsi nommé devient possesseur inamovible de son titre, de sa fonction et des avantages qui y sont attachés [1].

En Portugal, l'énergie de l'épiscopat a maintenu le concours conforme aux décisions du concile de Trente, malgré les prétentions du gouvernement à lui substituer un concours purement civil.

Les paroisses de Belgique sont dans une situation prospère, digne d'exciter l'envie des paroisses françaises. Elles sont régies par les articles du Concordat de 1801, notablement améliorés par la Constitution belge de 1831. En vertu de la législation, les catholiques de ce pays ont la pleine liberté de conscience, le droit d'exercer publiquement leur culte, de manifester et de défendre leurs opinions par tous les moyens naturellement légitimes et d'élever leurs enfants suivant leurs croyances religieuses. Le libre exercice du culte étant ainsi garanti par la constitution aussi bien sur la voie publique que

1. PIERDAIT, *Le régime du concours dans les diocèses d'Espagne*, dans la *Revue du clergé*, 1er déc. 1900, 15 févr. 1901.

dans les temples, les évêques peuvent, sans aucune intervention du gouvernement, ouvrir des chapelles publiques ou privées et des établissements d'instruction. Personne ne peut être contraint aux pratiques d'un culte quelconque, mais aussi personne ne peut être empêché, par des obligations légales, de remplir ses devoirs de religion. Les évêques, élus canoniquement et absolument indépendants du pouvoir civil, nomment aux cures sans aucune entrave. Ils ont la faculté de se réunir et de convoquer leur clergé comme il leur plaît, en synodes et en congrès. Aucune mesure préventive n'est tolérée contre la liberté du culte, de l'enseignement ou de l'association. La loi ne réprime, par application du droit commun, que les délits constatés.

La Constitution regarde le budget des cultes comme l'acquittement d'une dette nationale, contractée au moment de la spoliation des biens ecclésiastiques[1]. Les traitements des 3.200 curés et des 1.800 vicaires ou chapelains belges étaient néanmoins médiocres, surtout depuis que, pour avoir le droit de vote, les prêtres avaient été assujettis à des contributions de 50 à 300 francs. En 1890, ces traitements ont été relevés au taux de 1.400 à 2.100 francs pour les curés, de 1.000 à 1.400 francs pour les desservants, et de 800 à 1.000 francs pour les vicaires ou chapelains. Les curés et desservants ont droit en outre à un logement fourni par la commune. Une retraite leur est accordée quand ils

1. Les libéraux de Belgique n'admettent pas plus cette thèse que les radicaux de France. Mais ils ne peuvent sûrement pas la combattre au nom de l'histoire ni de la justice.

ont soixante-cinq ans d'âge et trente ans de service.

L'école est regardée à bon droit, en Belgique, comme de première importance au point de vue religieux. Aussi quand le ministère libéral de 1878 voulut résoudre la question scolaire dans un sens antireligieux, les évêques n'hésitèrent pas à déclarer illicite la fréquentation des « écoles sans Dieu », à refuser l'absolution aux instituteurs et à opposer partout l'école libre à l'école de l'État. L'opinion leur donna raison et renversa le ministère libéral en 1884. Depuis lors, la commune peut à son choix entretenir une école publique ou subventionner une école libre, pourvu que celle-ci accepte l'inspection et le programme officiel. Tout groupe de vingt pères de famille peut exiger la création soit d'une école neutre, soit d'une école confessionnelle. L'enseignement religieux peut être rendu obligatoire par la commune dans l'école neutre; mais en pareil cas, par respect pour la liberté de chacun, cet enseignement est donné avant ou après la classe. Le gouvernement favorise d'ailleurs cet enseignement, qu'il juge utile à l'intérêt national, en refusant ses subventions aux écoles strictement neutres pour les reporter sur les écoles confessionnelles.

Les fabriques paroissiales ont l'obligation de présenter leurs comptes au conseil communal; mais c'est l'évêque qui arrête définitivement le montant des dépenses du culte. Cette obligation, imposée aux fabriques, est en connexité naturelle avec le devoir qui incombe aux conseils communaux de suppléer à l'insuffisance des ressources paroissiales. La fabrique qui se soustrait à cette obligation perd simplement le droit de recevoir désormais quoi que ce soit de la commune.

Armées de toutes ces libertés [1], les paroisses belges possèdent une vie religieuse d'autant plus active et intense qu'elles sont obligées de la défendre contre des ennemis acharnés et habiles. Les œuvres de toute nature y fleurissent, l'instruction est assidûment et méthodiquement distribuée à toutes les catégories de fidèles, les sacrements sont fréquentés, les églises remplies le dimanche, et, dans la vie ordinaire, les paroissiens ne craignent pas de tirer les conséquences pratiques de leur foi. Cette prospérité religieuse fait grand honneur aux catholiques belges; elle prouve d'une manière éclatante l'intelligence et le dévouement de leur clergé [2].

En Autriche, la nomination aux cures a lieu en principe par voie de concours. Mais, en 1858, Pie IX a permis de substituer au concours canonique des examens trimestriels conférant pendant six ans le droit d'obtenir une des cures à vaquer. Ces examens se passent devant des examinateurs synodaux, et non devant des commissaires laïques, comme le gouvernement avait eu d'abord l'idée de l'exiger. Certains patrons, particuliers ou personnes morales, ont le droit de présentation. Mais c'est en définitive l'évêque qui nomme les sujets reconnus capables.

Les traitements du clergé paroissial, améliorés en 1885, 1890 et 1894, assurent aux curés un minimum

1. Pourtant, les catholiques belges réclament encore en vain le droit d'avoir des cimetières distincts.

2. Crouzil, *La situation légale du catholicisme en Belgique*, dans la *Revue du clergé*, 1er nov. 1903.

de 4.500, 3.000, 2.500 et 1.500 francs, et aux vicaires de 1.250 à 750 francs, suivant l'importance des localités. Les retraites, calculées d'après l'âge, le temps de service et l'emploi, vont de 560 à 1.600 francs. En cas d'insuffisance, le traitement des ecclésiastiques est complété par le « fonds de religion », formé des biens provenant de la suppression d'églises et de couvents, du revenu des bénéfices vacants, et d'une taxe proportionnelle versée par les bénéficiers dont les revenus dépassent un maximum déterminé. En retour de ces traitements, l'État maintient sa tutelle sur l'exercice de l'autorité ecclésiastique, sur l'enseignement ecclésiastique, sur les paroisses et sur la gestion des biens d'Église. Nul ne peut être admis à un emploi quelconque s'il n'est sujet autrichien, s'il n'a une attestation de bonne conduite délivrée par les autorités politiques, et s'il ne remplit certaines conditions d'âge, de stage et de capacité, dont le gouvernement est juge.

Le catéchisme est enseigné dans les écoles, la prière est faite avant les classes, les enfants sont conduits à la messe le dimanche et à certaines fêtes, et on les fait approcher des sacrements au moins trois fois l'an. Dans ces conditions, les écoles privées ne contiennent que 4 pour 100 de la population scolaire, et cela surtout dans les pays où le catholicisme n'est pas la religion dominante.

La main-mise de l'État sur la paroisse autrichienne peut ne présenter aucun inconvénient grave tant que les pouvoirs sont sincèrement catholiques. Mais vienne le jour où ces pouvoirs inclineront à la neutralité ou à la malveillance, les paroisses, trop dépendantes du gouvernement, seront dans le désarroi et n'auront probablement pas été préparées par la sécurité actuelle à une lutte possible [1].

Les paroisses de Suisse sont particulièrement intéressantes à examiner, à cause de la variété d'organisation qui est sortie des crises religieuses dont ce pays a été victime. En principe, la Constitution suisse garantit la liberté des cultes, « dans les limites compatibles avec l'ordre public et les bonnes mœurs ». Mais, à plusieurs reprises, ces limites ont été singulièrement rétrécies par le radicalisme protestant. Actuellement encore, la vraie notion de la liberté religieuse n'est pas comprise par tous les gouvernants. Telles ou telles sectes sont favorisées au détriment d'une juste égalité, le vieux-catholicisme est l'objet de certaines prédilections injustifiables, et, somme toute, les protestants ont beaucoup plus d'indépendance dans les cantons catholiques que les catholiques n'en ont dans les cantons protestants.

Dans la plupart des cantons, l'Église n'est cependant pas complètement séparée de l'État. Là où elle est reconnue comme nationale, le caractère officiel s'attache aux actes de l'autorité ecclésiastique et aux jours fériés; elle a droit de lever des impôts pour le culte et est elle-même exempte de redevances. Là où la reconnaissance n'existe pas, l'Église subit le régime du droit commun, comme toutes les associations.

Les paroisses forment des associations soit de droit public, soit de droit privé, sans qu'il y ait unité sous ce rapport ni entre les cantons, ni même entre les communes d'un même canton. L'associa-

1. PISANI, *État religieux de l'Autriche*, dans le *Dict. de théologie catholique*, Paris, 1903, p. 2601.

tion de droit public subit davantage l'ingérence de l'État, surtout quand le gouvernement local manque de bienveillance. Mais, quand les revenus de la fabrique ne sont pas suffisants, ce genre d'association permet d'y pourvoir par une élévation proportionnelle des impôts communaux, sans que jamais, d'après l'article 49 de la Constitution, personne soit tenu de coopérer aux frais d'un culte auquel il n'appartient pas. L'assemblée des catholiques de la commune jouissant de la capacité électorale constitue l'assemblée paroissiale. Celle-ci nomme un conseil chargé de l'administration des biens et de l'élaboration du budget. Le curé en est le président. La haute surveillance est exercée tantôt par l'évêque, tantôt par le conseil cantonal catholique.

Les paroisses qui préfèrent s'ériger en associations de droit privé n'ont rien à attendre de la commune. Mais elles sont beaucoup plus libres de leurs mouvements dans le choix des ministres du culte et dans l'administration des biens. Aussi ce régime est-il souvent préféré au premier. Ces sortes de paroisses ont la même organisation administrative que les paroisses de droit public. Les impôts paroissiaux sont remplacés par des contributions volontaires qui rapportent habituellement davantage.

Dans les paroisses qui sont toujours restées catholiques, il existe encore des bénéfices destinés à l'entretien du culte et du clergé. Ils sont attachés soit à l'église principale, soit à une chapelle secondaire. Parfois l'évêque attribue lui-même ces bénéfices. D'autres fois, le gouvernement cantonal exerce le droit de patronage et s'entend avec l'évêque pour la désignation du titulaire. Le plus souvent, c'est la paroisse elle-même qui a conservé le droit de patronage. L'assemblée paroissiale élit alors le curé ou le vicaire dont elle a besoin, l'évêque ratifie le choix et donne la juridiction, à moins que quelque cause canonique n'y mette obstacle. L'entente est d'autant plus facile que les prêtres ne se prêteraient pas à l'élection sans l'assentiment de leur évêque. Dans les cantons de Zurich, Soleure, Bâle-campagne, Argovie et Glaris, la loi exige le renouvellement périodique de l'élection. Cette loi est contraire aux principes d'inamovibilité consacrés par le droit canon. Les fidèles le savent aussi bien que les prêtres; ces derniers veillent à ne pas rendre leur changement désirable, et les paroissiens font de la réélection un témoignage d'estime et de dévouement. Au produit de leur bénéfice s'ajoutent pour les curés et les vicaires le logement et un médiocre casuel.

Dans quelques rares localités du canton de Zurich, le clergé reçoit un traitement de l'État. Le canton de Neuchâtel accorde des subventions. Afin de pourvoir aux besoins des autres paroisses catholiques situées dans les cantons protestants, l'œuvre des « Missions intérieures » a été fondée en 1863 à l'instigation de Pie IX. Des centres de mission ont été établis dans les régions protestantes pour subvenir aux besoins spirituels des catholiques dispersés parmi les dissidents. Actuellement une centaine de centres de mission sont entretenus par l'œuvre, en attendant qu'ils deviennent des paroisses capables de se suffire à elles-mêmes. L'œuvre jouit de la personnalité juridique depuis 1884; les associés versent annuellement 20 centimes, et des cotisations supérieures ou des dons arrivent continuellement à l'œuvre sous forme de fondations. Les cotisations rapportent annuellement 150.000 francs, et les intérêts des fondations près de 600.000. Les revenus de ces fondations sont employés conformément aux intentions des donateurs.

Toutes les sûretés légales sont prises pour empêcher ces fondations soit d'être détournées de leur but strictement catholique, soit d'être accaparées par l'État sous une forme quelconque. Certains cantons radicaux ne se sont pas fait scrupule de mettre la main sur ces biens pour payer leurs dettes ou subventionner des œuvres tout à fait étrangères ou même opposées à l'intention des fondateurs. Les catholiques suisses ont profité de l'article 716 du Code des obligations pour constituer des sociétés inscrites au registre du commerce et pouvant se proposer un but religieux. C'est ainsi qu'après 1870 une « Association du culte » s'est constituée pour ériger et doter des églises, et les garantir contre les prétentions de l'État ou des vieux-catholiques.

Lorsqu'en 1874 les autorités du canton de Genève déchaînèrent la persécution contre les catholiques, en supprimant le budget des cultes qui alimentait leurs paroisses, en confisquant les églises et les presbytères, et en installant un clergé vieux-catholique à la place de l'ancien, Mgr Mermillod, secondé par un médecin catholique de Genève, M. Dufresne, fit appel à la générosité de son troupeau pour l'entretien de ses 33 prêtres. Bien que les catholiques du canton ne fussent pas riches, les souscriptions affluèrent. Mais à un mal durable il fallait opposer un remède persévérant. On fonda l'« Œuvre du clergé » dont l'action dure encore. L'œuvre comporte un comité dans chaque paroisse, des souscriptions facultatives, mais hebdomadaires, mensuelles, trimestrielles, semestrielles ou annuelles, un comité central pour recueillir et administrer les fonds, une répartition entre les intéressés sur ordonnance épiscopale, et enfin un compte rendu annuel. Cette œuvre a un caractère très populaire, parce qu'elle se met à la portée des bourses les plus modestes; c'est ce qui assure son succès. Aujourd'hui, le nombre des prêtres a doublé, et l'œuvre assure 1.600 francs aux curés de ville, 1.200 aux curés de campagne et 800 aux vicaires. Les quêtes du dimanche et le casuel sont médiocres et couvrent à peine les frais du culte.

Comme l'« Œuvre du clergé » s'est vu refuser la personnalité civile, les dons et legs qu'elle reçoit sont perçus pour son compte par la « Société des intérêts catholiques », qui jouit de la capacité juridique, rayonne sur toute la Suisse, possède une puissante organisation centrale et patronne un grand nombre d'œuvres. Pour plus de sécurité, les terrains sont acquis par une société, et les édifices construits par une seconde, qui en loue l'usage à une troisième.

Ainsi depuis trente ans fonctionne régulièrement dans ce canton une organisation qui s'appuie sur le concours de tous et arrive, par une répartition équitable, à fournir le nécessaire à tous les prêtres, même dans les paroisses qui ne suffiraient pas à les entretenir par leurs propres moyens.

On a reconstitué à Berne, en 1903, une « Association du culte catholique-romain », qui possède la personnalité civile. Pour en faire partie, il faut donner son nom par écrit, être âgé de vingt ans, jouir de la plénitude de ses droits, habiter Berne ou les environs depuis un an au moins et avoir versé un minimum de 3 francs à l'association. On en sort librement, en le notifiant par écrit, ou quand on cesse d'être catholique romain, ce qui se juge d'après les règles du droit canonique. On en est exclu pour raison grave, comme discorde, inconduite ou non-paiement de la cotisation annuelle. Le membre sortant ou exclu n'a aucun droit sur les fonds versés. L'association est régie par un conseil composé du curé ou de son représentant, et de huit membres choisis par l'assemblée générale. Celle-ci se réunit chaque année au printemps, et extraordinairement sur la convocation du conseil ou la réquisition de quinze membres. Le conseil traite les questions courantes et l'assemblée prend les décisions plus importantes. Les ressources de l'association comprennent le produit des collectes faites à l'église, les souscriptions annuelles volontaires, l'intérêt des capitaux, les dons et legs extraordinaires, le produit de certaines fournitures. L'association n'a recours à la location des places que provisoirement. C'est à l'aide des sommes ainsi recueillies, qu'elle pourvoit à l'entretien du clergé et du culte, au soulagement des pauvres et même à d'autres bonnes œuvres.

On ne peut changer les statuts de l'association qu'aux deux tiers des voix de l'assemblée et avec l'agrément de l'évêque de Bâle. Au cas de dissolution de l'association, tout son avoir passe à la société des « Missions intérieures » de Suisse, à charge de soutenir le culte catholique à Berne.

Des associations analogues sont en voie de formation à Thoune et à Spiess. On voit avec quelle prudence les organisateurs ont assuré le caractère strictement catholique romain de leur association et pris leurs précautions pour en éliminer tous les éléments devenus nuisibles à un titre quelconque.

Dans les cantons où les écoles publiques ont un caractère anticatholique, les paroisses ont fondé des écoles privées qu'elles entretiennent de leurs deniers. Mais dans les cantons de Bâle-ville, de Berne et de Zurich, les écoles libres ont été supprimées; ailleurs, leurs fonds ont été attribués aux écoles publiques, sans respect pour la propriété privée, et dans bien des écoles l'enseignement donné est de nature à causer de justes alarmes aux parents catholiques[1].

Malgré la diversité qui règne dans l'organisation temporelle des paroisses suisses, chacune d'elles forme une unité très solide et très vivante. Au milieu des protestants qui les considèrent, les défient et souvent les ont opprimés, les catholiques de Suisse savent serrer leurs rangs et s'entendre pour tenir honorablement leur place au soleil de la liberté. Ils sont attachés à leurs prêtres, ont confiance en eux, sont fiers de leurs églises parfaitement tenues, aiment à s'y rassembler le dimanche et souvent en semaine, et enfin prennent ordinairement fort au sérieux leurs obligations religieuses.

Les paroisses d'Allemagne, dont la condition était réglée par des concordats passés avec les différents États, ont eu à subir une terrible crise par suite du *kulturkampf* et des lois de mai 1873. Beaucoup

1. M. Lampert, *Les rapports de l'Église et de l'État et les ressources de l'Église en Suisse*, dans la *Revue du clergé*, 1er déc. 1902; de Laflotte, *L'impôt de la foi*, dans le *Correspondant*, 10 févr. 1905.

d'entre elles ont alors été laissées sans curés et des mesures draconiennes ont apporté tous les obstacles possibles à l'administration ecclésiastique. Des amendes formidables et l'emprisonnement châtiaient la résistance aux lois que réprouvait l'Église. Depuis lors, l'agitation s'est calmée.

Pour la nomination aux cures, il existe chaque année, dans les diocèses allemands, un ou plusieurs concours généraux. Les candidats qui ont subi les épreuves avec succès peuvent ensuite se présenter aux cures vacantes. Dans la province rhénane, les doyens sont nommés alternativement par l'évêque et par le chapitre ; en Prusse, ils sont nommés par l'évêque. Il en est de même pour les simples curés, ainsi qu'en Hanovre et en Bade. Seulement l'évêque est tenu de notifier son choix au gouvernement, et celui-ci se réserve d'écarter certains sujets pour raisons « d'ordre civil ou politique ». En Wurtemberg et en Bavière, les souverains exercent le droit de patronage pour un bon nombre de cures, et l'évêque ne peut refuser les sujets présentés que pour des raisons canoniques. De plus, l'État exige de ceux qui sont nommés à une cure la nationalité allemande, l'examen de maturité passé dans un gymnase allemand, et la fréquentation des cours de théologie, pendant trois ans, dans une université ou un séminaire spécialement autorisé.

En Prusse, les traitements des curés sont de 2.000 francs, et peuvent atteindre jusqu'à 3.750 francs après vingt-cinq ans de ministère. Dans le duché de Bade, ils vont de 2.125 à 3.375 francs. En Alsace-Lorraine, depuis 1901, le traitement s'élève de 2.500 à 2.875 francs pour les curés de première classe, de 2.125 à

2.500 pour les curés de seconde classe, et de 1.500 à 2.187 francs pour les desservants, suivant l'âge de chacun.

Ces traitements sont assurés par le revenu des biens fonciers appartenant à la cure, par les rentes de la fabrique, et, à défaut d'autres ressources, par la commune ou même par l'État. Le conseil de fabrique est composé de six membres pour l'administration des affaires courantes, et de dix-huit, élus par la paroisse, pour le règlement des questions plus importantes.

Malgré les entraves dont il est entouré dans l'exercice de son zèle, en face d'autorités protestantes jalouses de son influence, le curé allemand s'entend admirablement à procurer le bien social de ses paroissiens. Ce sont presque toujours les curés de campagne qui organisent les « Associations de paysans », pour lutter contre l'usure, les caisses populaires d'épargne et de prêt, les « Associations de compagnons », et toutes sortes d'autres œuvres avantageuses aux classes populaires [1]. Dans la Prusse rhénane et la Westphalie, en particulier, les paroisses sont demeurées très pratiquantes et très ferventes ; là, comme dans plusieurs autres pays allemands, elles font bonne et fière figure à côté des protestants [2].

L'Alsace-Lorraine tient naturellement une place de choix dans cet ensemble. On s'y défend avec énergie contre l'action de l'immigration protestante. Dans une paroisse ouvrière de Mulhouse, Saint-Jo-

1. KANNENGIESER, *Catholiques allemands*, Paris, 1893, p. 113-215.
2. NAGEL, *Le clergé catholique en Allemagne*, dans la *Revue du clergé*, 15 avril 1902.

seph, il existe, par exemple, un cercle de jeunes gens de 4 à 500 membres, assidus le dimanche à une messe le matin, et le soir, à 1 heure, à un court office, le tout avec chants et instruction; un cercle de 1.000 à 1.200 hommes; une congrégation de 900 à 1.100 enfants de Marie, et une association de 800 à 1.000 mères chrétiennes. Les hommes assistent à peu près tous à la grand'messe, chantée par une chorale. « Vous trouvez là le groupement paroissial, les œuvres vivant pour la paroisse et la paroisse vivant de ses œuvres, faisant face, sans demander l'aumône à qui que ce soit, à 10.000 francs absorbés chaque année par les nécessités du culte, réunissant plus de 4.000 francs pour apporter sa quote-part à toutes les bonnes œuvres, embellissant d'année en année un sanctuaire cher à des milliers d'ouvriers... En moins de dix ans, les communions pascales ont augmenté de près de 3.000, et les communions de l'année sont montées de 30 à 70.000, et cela dans une paroisse exclusivement ouvrière. Les dimanches, l'église toujours pleine de 5 heures du matin à 6 heures du soir; les jours de semaine, des centaines de fidèles aux offices du matin, et l'après-midi toujours des adorateurs du Divin délaissé du tabernacle. Et nous, les amis de ce peuple, nous, les prêtres de Dieu, toujours au milieu de notre famille, souvent 8 et 10 heures au tribunal de la pénitence, souvent dans l'église de 4 heures du matin à 7 heures du soir [1]. »

En Norvège, depuis 1891, les catholiques ont pleine liberté d'exercer leur culte. Chaque curé doit notifier à l'autorité civile, tous les ans, l'état de sa commu-

1. H. Cetty, curé de Mulhouse, Rapport lu à l'Institut catholique de Paris, le 6 juin 1901.

nauté religieuse. Il vit des offrandes volontaires de ses fidèles et de subventions fournies par la Propagation de la foi. La paroisse peut acquérir, sans autorisation, les immeubles qui lui sont nécessaires, église, presbytère, école, cimetière. Comme la liberté de l'enseignement primaire est complète, chaque paroisse a son école [1]. En Suède, au contraire, tout est subordonné à l'autorisation du roi, qui n'est qu'assez rarement accordée. Il la faut pour créer une paroisse, pour acquérir et posséder des biens-fonds. Les catholiques doivent payer l'impôt pour le culte luthérien et l'école luthérienne ; mais, cet impôt payé, ils ont droit d'avoir leurs écoles, à condition d'y donner un enseignement équivalent à celui des écoles publiques. En Danemark, depuis 1866, la liberté religieuse est accordée à tous. Avant de fonder une paroisse, on avertit le ministre des cultes qui autorise le groupement religieux et confère au curé la qualité d'officier de l'état civil, comme d'ailleurs il se pratique aussi en Suède, en Norvège, en Islande et en Finlande. Le clergé catholique de Danemark vit de subventions allouées par la Propagation de la foi et par l'association allemande *Bonifacius Verein*. Il possède cependant quelques biens, légalement aux mains d'une société reconnue et composée de trois membres. Grâce au libéralisme de la législation, les catholiques ont pu créer en ce pays un bon nombre d'associations et fonder des écoles [2].

Après avoir été jadis un pays de farouche intolé-

1. Il y a tout lieu d'espérer que le nouveau royaume de Norvège maintiendra, en faveur de l'Église catholique, les traditions libérales actuellement en honneur.

2. CROUZIL, *Le catholicisme dans les pays scandinaves*, Paris, 1902.

rance contre le catholicisme, la Hollande est devenue, au siècle dernier, très libérale à son égard. La loi de 1853 accorde toute liberté aux confessions religieuses, avec quelques restrictions insignifiantes. Les évêques, dont la hiérarchie régulière a été rétablie à cette époque, créent et font administrer les paroisses en toute indépendance. Celles-ci ont la personnalité civile et peuvent posséder. Les fabriques sont propriétaires des églises et de leurs dépendances. Elles sont nommées par l'évêque, auquel elles rendent leurs comptes, et sont présidées par le curé.

L'État ne se désintéresse pas absolument du sort fait aux ministres du culte catholique. Il exempte du service militaire les prêtres, les séminaristes et certains religieux. Dans les paroisses qui existaient en 1848 et dans quelques autres plus récentes, il sert un traitement de 1.200 à 2.000 francs aux doyens, de 600 à 1.200 francs aux curés et recteurs, et de 300 à 500 francs aux vicaires.

Depuis 1857, l'école est neutre, mais seulement en ce sens que l'enseignement n'y revêt pas de caractère confessionnel. Le prêtre a le droit d'y entrer pour faire le catéchisme, et même, dans les paroisses où il n'y a pas de dissidents, l'école peut être nettement catholique. On peut d'ailleurs fonder des écoles privées que, dans certaines conditions faciles à remplir, l'État dispense d'impôts et qu'il peut même s'engager à subventionner. La paroisse hollandaise est donc à même de vivre et de se développer en toute liberté. La régularité et la ferveur de ses membres la rend comparable à sa voisine, la paroisse belge [1].

1. Crouzil, *Situation légale du catholicisme en Hollande*, dans la *Revue du clergé*, 1er mai 1903.

Les paroisses de la Grande-Bretagne jouissent d'une liberté absolue. Droit de bâtir et de posséder des églises, des écoles, des cimetières, de se réunir, de s'administrer à son gré, tout est consacré par la loi. La paroisse anglaise prend le nom de « mission ». L'évêque nomme librement à tous les postes, dont 133 seulement sont inamovibles dans l'Angleterre et le pays de Galles. S'il faut créer une mission nouvelle, les premiers fonds sont fournis par un ou plusieurs riches catholiques; les fidèles s'engagent à des cotisations hebdomadaires, et, au besoin, on emprunte pour construire l'église, le presbytère et l'école. Les contributions payées pour les places dans l'église et les quêtes faites aux offices assurent à peu près l'entretien du clergé et du culte. On remarque qu'en général les Irlandais sont généreux et fidèles à leur religion, les Anglais moins. Le prêtre a droit à un traitement qui va de 2.500 à 3.500 francs, prélevés sur les revenus de la paroisse. D'ailleurs, le curé fait vivre sa mission comme il peut, ce qui n'est guère praticable que dans les villes. Il n'a pas de fabrique à côté de lui; il est seul à s'occuper de ses ressources, soit pour les obtenir, soit pour les dépenser. Le dimanche, le curé anglais célèbre l'office du matin, comprenant la messe et l'instruction, fait le catéchisme au milieu de la journée et donne un salut vers le soir. La cérémonie des obsèques se borne pour lui aux prières qu'il va réciter dans une petite chapelle du cimetière, où le corps du défunt a été porté à la hâte. Très mêlé à ses paroissiens dans la vie ordinaire, le curé anglais se fait bien venir d'eux par les services qu'il leur rend et la facilité avec laquelle il partage leurs préoccupations et leurs manières d'agir, tout en conservant sa dignité [1].

La paroisse irlandaise a quelque chose de plus familial. Un profond sentiment religieux anime ses habitants, en général très pauvres, mais généreux. L'amour de la religion catholique et de la patrie irlandaise sont inséparables dans leur cœur. Beaucoup de paroisses comptent plusieurs milliers de fidèles, disséminés dans des fermes et des hameaux. Au centre du territoire s'élève l'église, d'ordinaire très belle. Là réside le curé; autour de lui ses vicaires, quelquefois au nombre de sept ou huit, vivent isolément ou deux par deux. Ceux-ci sont continuellement en route, à pied, à cheval, en bicyclette, pour visiter les paroissiens. Le dimanche, une ou deux messes sont dites dans des chapelles éloignées ou même, à tour de rôle, dans des granges de fermes, pour la commodité de ceux que retiennent, loin du centre paroissial, la distance et les occupations rurales. Sous la direction du curé, les vicaires travaillent au bien des âmes, créent et font prospérer toutes sortes d'œuvres destinées à aider le peuple, à l'encourager et à le moraliser [2].

Par delà l'Océan, au Canada, on trouve la paroisse catholique à l'état le plus florissant. Là, l'évêque a toute liberté pour l'érection des paroisses, la cons-

1. DELISLE, *Une paroisse catholique en Angleterre*, dans la *Revue du clergé*, 1er févr. 1896.

2. En Irlande, on prend devant Dieu, devant les saints et le prêtre, ce qu'on appelle le *pledge*, engagement solennel de s'abstenir, pour la vie ou pour un temps, de toutes les liqueurs fermentées ou du moins de certaines. Sans être toujours efficace, le *pledge* produit le plus souvent d'excellents résultats. On trouve d'intéressants détails sur la vie et le ministère des prêtres irlandais dans deux romans de P. A. SHEEHAN, traduits en français, *Mon nouveau Vicaire* et *Luke Delmege*. Voir aussi P. BOYLE, *l'Église et l'État en Irlande*, dans le *Correspondant* du 10 nov. 1905.

truction des églises et des presbytères et la nomination aux cures. Une seule de ces dernières, Notre-Dame de Québec, est inamovible. Pour ériger une paroisse, l'évêque attend la requête de la majorité des habitants et décide sans appel, après avoir entendu les raisons pour et contre. Le curé tient les registres de l'état civil et peut seul célébrer les mariages. La dîme est le moyen reconnu par l'État pour l'entretien du prêtre. Elle n'est que d'un vingt-sixième et porte seulement sur les grains, blé, avoine, orge ou sarrasin. Elle tend cependant à se transformer en une redevance en argent. Une paroisse ordinaire de campagne, comprenant 1.200 âmes, possède à peu près 3.000 francs de revenus. Tous les catholiques sont pratiquants. Ceux qui ne font pas leurs pâques sont l'exception. Le clergé canadien entretient vaillamment cet heureux état de choses. Il y est aidé par les Sulpiciens, qui dirigent deux paroisses à Montréal, Notre-Dame et Saint-Jacques, et une paroisse de campagne, et par des religieux qui exercent leur zèle dans tout le pays. Des associations multiples groupent les différentes classes de fidèles et les aident partout à rester d'excellents chrétiens.

Les écoles ne créent aucun danger, puisque les évêques des trois provinces de Québec, de Montréal et d'Ottawa sont membres de droit du conseil de l'instruction publique. De plus, il existe 926 écoles libres dans le diocèse de Montréal, 450 dans celui de Saint-Hyacinthe, 46 dans celui de Kingston, 8 à Vancouver et 114 à Terre-Neuve [1]. On peut affirmer sans hésiter que l'organisation paroissiale du Canada

1. FOURNET, *Canada*, dans le *Dict. de théologie catholique*, t. II, p. 1485.

trouve sa justification et sa récompense dans les résultats qu'elle obtient. Ces résultats ne doivent pas laisser la France insensible, car c'est en sa langue que là-bas le catholicisme est enseigné [1].

La paroisse catholique des États-Unis d'Amérique naît et se développe dans les conditions de la plus complète indépendance, sans rien craindre ni rien attendre du gouvernement, qui lui assure toujours la jouissance des libertés de droit commun, et lui marque même quelquefois une réelle sympathie. Sur les 10.400 églises catholiques qui s'élèvent actuellement aux États-Unis, la plupart sont paroissiales. Elles sont desservies soit par des prêtres séculiers, soit par des ordres religieux, auxquels les évêques confient volontiers la mission de créer et de diriger des paroisses. L'organisation paroissiale a pour unique base la générosité des fidèles. Ce sont leurs cotisations volontaires qui servent soit à fonder les établissements religieux, églises, presbytères, écoles, orphelinats, couvents, soit à subvenir aux dépenses d'entretien. Aux contributions extraordinaires s'ajoutent les ressources qui proviennent régulièrement de la location annuelle des bancs et des quêtes du dimanche. La propriété et l'administration de ces biens appartient à la paroisse, considérée comme personne civile et représentée par le conseil de fabrique. Le curé est le principal membre de ce conseil et l'évêque, président de droit, choisit les autres. Dans quelques provinces, le diocèse seul a la

1. « Quand les statistiques nous disent qu'il y a au Canada deux millions de catholiques, nous pouvons approximativement, et défalcation faite de la population irlandaise, prendre ce chiffre pour le nombre d'habitants qui parlent français. » KLEIN, *Au pays de la vie intense*, Paris, 1905, p. 72.

personnalité civile, et alors, ce qui revient au même, l'évêque délègue ses pouvoirs au curé, assisté de deux de ses paroissiens [1]. Les paroissiens reçoivent chaque année le compte rendu exact de l'emploi des fonds. Quand les ressources font défaut ou qu'une nouvelle cause de dépense se produit, comme quand un prêtre de plus est nécessaire au service de la paroisse, le curé en avertit ses fidèles, avec comptes à l'appui, et ceux-ci agissent libéralement en conséquence.

L'évêque du diocèse arrête en synode le chiffre de l'allocation qui doit être servie à chaque prêtre. Les vicaires reçoivent en moyenne de 2.500 à 3.000 francs, et les curés de 4.000 à 5.000 francs, ce qui, étant donnée la valeur de l'argent en Amérique, ne constitue qu'un traitement très ordinaire [2].

Les paroisses des principales villes américaines ont grand air. A Philadelphie, par exemple, il y a 84 paroisses catholiques, que les fidèles entretiennent largement de tout le nécessaire. Qu'une paroisse devienne trop populeuse, ou qu'un faubourg s'étende à l'excès, l'évêque nomme un prêtre entreprenant curé de la paroisse à créer là où les anciennes ne suffisent plus, et, au bout de quelques années à peine, l'évêque peut venir consacrer l'église, bénir l'école et féliciter le curé et ses paroissiens d'avoir mené si rondement et si généreusement les choses. Il en est à peu près de même partout [3].

1. Dans l'ouest, les laïques ont beaucoup plus de part à la création et à l'administration temporelle des paroisses. De Mandat-Grancey, *Le clergé français et le Concordat*, Paris, 1905, p. 97-98, 251-254.

2. G. André, *Amérique (Etats-Unis)*, dans le *Dict. de théologie catholique*, t. I, p. 1071.

3. Sauf, dit-on, quand les futurs paroissiens sont des Français ou des Italiens. Habitués à ce que l'État fasse tout dans leur pays, ils

Dans toutes ces paroisses, les œuvres abondent. Voici ce qu'on trouve dans une paroisse de 5.000 âmes, desservie seulement par un curé et deux vicaires, à Saint-Patrick, de Washington : « Deux écoles paroissiales, dirigées par les sœurs de Sainte-Croix, une excellente maîtrise, deux orphelinats, l'un pour 100 garçons, l'autre pour 150 filles; une société de Saint-Vincent de Paul et des dames de charité pour la visite des pauvres; une société pour l'entretien et l'ornementation de l'église; une ligue du Sacré-Cœur ouverte à tout le monde; une ligue eucharistique, pour célébrer très solennellement l'adoration perpétuelle au second jeudi de chaque mois; les écoles du dimanche pour les enfants de sept à dix ans, un cercle pour hommes et jeunes gens, qui ne compte pas moins de 400 membres... Et non seulement tout cela marche sans dette, mais une somme ronde est déjà mise de côté pour un projet de 1.250.000 francs, qui comprend l'addition d'une tour à l'église, la reconstruction des écoles et du presbytère. Or, nous avons dit que la paroisse ne compte que 5.000 fidèles. On entrevoit ce que cela suppose chez eux de générosité, mais aussi de confiance en leurs prêtres. Le dévouement est, du reste, réciproque, et non seulement le clergé satisfait avec zèle à tous les besoins d'âme d'une population fervente, mais il s'occupe toutes les fois qu'elle le demande, et c'est fort souvent, de ses besoins temporels. Il n'est sorte de conseil, d'appui, de démarche qu'elle ne réclame de lui, et je ne sais s'il se passe un quart d'heure par jour sans que quelqu'un

sont lents à admettre l'idée d'une initiative personnelle pour une œuvre d'intérêt commun.

s'adresse au presbytère. Aussi la maison du prêtre, au moins dans les grandes villes, ressemble-t-elle à une sorte d'agence morale, où le téléphone, la poste, la machine à écrire sont en perpétuel mouvement[1]. »

Les autres paroisses des villes américaines présentent un spectacle tout à fait analogue, quelquefois plus vivant encore. Les paroisses des localités secondaires procèdent de même, dans la mesure de leurs moyens. C'est partout une admirable expansion de vie, un peu fébrile, sans doute, et beaucoup plus tournée à l'action qu'à la méditation, mais dans le goût des Américains, et à laquelle les paroisses catholiques ne pourraient se soustraire sans déroger aux yeux de leurs nombreuses rivales, et sans se séparer du grand courant qui emporte la nation.

Les catholiques des États-Unis sont au nombre de 10.000.000. Ils ont créé près de 4.000 écoles, dans lesquelles ils font instruire chrétiennement environ 1.000.000 d'enfants, sans parler des grands établissements d'instruction secondaire et supérieure qu'ils ont splendidement dotés. Les paroisses trouvent des recrues très bien préparées dans ces jeunes âmes formées par des éducateurs intelligemment catholiques.

La caractéristique de la paroisse américaine, c'est qu'elle concourt de tout son pouvoir à la formation de l'unité nationale. Composée souvent d'éléments disparates, dont beaucoup proviennent des vieux pays d'Europe, elle tend à les fondre tous dans l'unité de sa foi, de sa langue et de ses mœurs. Elle rend ainsi à la patrie grandissante un service pré-

1. KLEIN, *Au pays de la vie intense*, p. 259.

cieux dont celle-ci lui sait gré. La paroisse est donc à la fois catholique et américaine. Ceux qui la dirigent ont d'autant moins de peine à prêcher à la fois l'amour de la religion et l'amour de la patrie, que cette dernière ne leur a jamais rien imposé qui pût porter atteinte à leur foi, froisser leur passion de la liberté ou les blesser dans leur amour pour l'Église.

Les paroisses de l'Amérique latine sont loin d'être dans une situation aussi prospère que celles de la partie septentrionale du continent. Les principales causes doivent en être cherchées dans les guerres et les révolutions fréquentes qui ont désolé ces pays, dans l'action funeste des sectes antireligieuses, dans l'insuffisance du clergé quant au nombre et surtout quant à la régularité. Dans son décret du 1er janvier 1900, Léon XIII énumère plusieurs cas dans lesquels un curé de ces régions doit être privé de sa paroisse. Le concile plénier des évêques de l'Amérique du Sud et du Mexique, réuni à Rome en 1900, a eu pour but de ramener les choses à un meilleur état, en remettant en vigueur, dans ces contrées, les règles qui régissent les paroisses et le clergé des autres parties du monde.

A Saint-Domingue, l'instruction chrétienne fait défaut et une grande partie de la population échappe à l'action de l'Église. A Cuba, le clergé paroissial, passé sous le régime américain, vit aisément des réserves et des rentes qu'il s'était créées sous l'occupation espagnole. Au Mexique, le clergé ne vit plus que de son casuel et des offrandes des fidèles, d'ailleurs très généreux. Malheureusement l'école est obligatoire et irréligieuse, et les paroisses riches ont pu seules en fonder de meilleures à leur usage.

Au Guatémala, la loi reconnaît aux évêques le droit de lever les dîmes pour l'entretien du clergé, et comme celles-ci ne suffisent pas, le gouvernement y ajoute une rente annuelle de 20.000 francs. Il existe en Colombie un assez grand nombre d'écoles catholiques; d'ailleurs l'enseignement public est soumis en grande partie à la surveillance ecclésiastique. Mais le clergé paroissial fait défaut en plusieurs endroits.

L'Équateur souffre de l'action maçonnique et de la démoralisation du peuple et même du clergé. Le Pérou a de splendides églises; mais les révolutions y ont nui à l'esprit religieux, qui se relève actuellement. La situation religieuse du Chili a aussi subi le contre-coup des bouleversements politiques. La République Argentine s'est emparée des biens de l'Église et ne donne rien aux ministres du culte, presque tous venus d'Europe et d'influence nulle sur une population indifférente.

Dans l'Uruguay, le gouvernement n'a cessé d'empiéter sur les droits de l'Église. Cependant il y a dans toutes les paroisses des conférences de Saint-Vincent de Paul; les écoles et les œuvres ouvrières commencent à faire sentir leur action. Le Paraguay manque surtout de prêtres. Presque tous les curés de campagne ont deux ou trois paroisses à desservir, dans un rayon de 60 à 80 kilomètres.

Au Brésil, le prêtre vit isolé, souvent à plusieurs journées de marche de son plus proche confrère; il se décourage et se relâche avec une facilité qu'explique le milieu. Ses efforts sont d'ailleurs paralysés par l'action de la franc-maçonnerie. L'État a cessé de rétribuer le clergé, qui doit vivre sur la charité des fidèles. Le remède à ces maux viendra du nombre croissant de communautés religieuses qui s'établissent et prospèrent dans le pays. Au Venezuela enfin, le clergé, dépouillé de ses biens en 1822, reçoit une rente de l'État [1].

On le voit, la situation religieuse et paroissiale de la plupart de ces républiques est plus à plaindre qu'à admirer.

Il reste un dernier exemple, plus encourageant et plus instructif, à emprunter à l'Australie. Les catholiques de ce pays sont surtout d'origine irlandaise. Il y existe des paroisses et des missions ayant à leur tête, soit des curés inamovibles, soit des chefs amovibles. Dans les campagnes, les curés ont habituellement deux paroisses à desservir. Le principal travail du ministère s'y accomplit le dimanche : c'est ce jour-là que le prêtre, outre la célébration de la messe, prêche, confesse et baptise. Il est d'ailleurs, au milieu de son troupeau, à la fois pasteur, conseiller, homme d'affaires, architecte et fondateur d'œuvres.

La paroisse possède légalement ses immeubles, église, presbytère, écoles. Le gouvernement ne fournit aucun subside. Pourtant, le traitement du clergé est assez élevé, grâce à l'aisance et à la générosité de la population. Les prêtres mènent la vie commune, quand ils sont plusieurs à desservir le même poste. La paroisse tire surtout ses ressources des cotisations des fidèles et, assez rarement d'ailleurs, du revenu de maisons ou de terrains qu'elle a acquis. Les fidèles n'ont rien à payer pour entrer dans l'église et en occuper les places; mais ils versent une contri-

1. Termoz, *Amérique latine*, dans le *Dict. de théologie catholique*, t. I, p. 1087.

bution hebdomadaire pour l'entretien du clergé. Les gens du peuple donnent au moins 30 centimes et ceux de la classe aisée pas moins de 1 fr. 25. Les offrandes de Noël et de Pâques aident à compléter le traitement. Quelques semaines après ces fêtes, le prêtre rend compte aux fidèles des résultats obtenus. Enfin d'autres offrandes constituent une sorte de casuel, à l'occasion des baptêmes, des mariages et des enterrements.

Les frais du culte sont couverts par des confréries, appelées *altar society*, dont chaque membre verse de 60 centimes à 1 fr. 25. Les écoles demandent leurs subsides à des quêtes spéciales, des souscriptions, des ventes, des concerts. La gestion de tous les biens de l'église est dévolue au clergé [1].

Il existe encore des paroisses catholiques dans d'autres pays du monde. Mais les types qu'elles représentent ne sont pas nettement fixés. En général, ce sont plutôt des missions, dont quelques-unes sont arrivées à l'état stable et régulier tandis que les autres se trouvent en pays infidèle, ont un troupeau plus ou moins disséminé et cherchent à étendre leur domaine spirituel.

Ce tableau résumé suggère une constatation pénible. Dans la plupart des pays étrangers, surtout dans certains États protestants, la paroisse catholique jouit de toutes les libertés désirables, alors que dans notre vieille France, fille aînée de l'Église, elle ne rencontre qu'entraves, spoliations et menaces de toutes sortes.

1. LEMIRE, *Le catholicisme en Australie*, dans le *Correspondant*, 1894, 25 juillet, 25 août, 10 septembre.

CHAPITRE X

LA PAROISSE DE DEMAIN

L'histoire montre qu'en France la paroisse a été, dans le cours des siècles, une proie sur laquelle se sont acharnées successivement toutes les cupidités et toutes les ambitions. Pendant longtemps, des protecteurs intéressés ont détourné à leur profit la plus grande partie des ressources qu'elle tenait de la générosité de ses enfants. Puis, quand les révolutions l'eurent à peu près totalement dépouillée, les pouvoirs publics, jaloux de son influence morale, la mirent en tutelle, l'enserrèrent dans une législation étroite pour arrêter son essor ou cherchèrent à mettre sa puissante vitalité au service de leurs intérêts politiques. Les mêmes passions humaines ont produit les mêmes effets en Allemagne, en Angleterre, en Suisse, en Italie et dans beaucoup d'autres pays étrangers. En plusieurs, la justice a fini par reprendre le dessus; la paroisse a reconquis son indépendance à l'abri du droit commun. Ailleurs, la paroisse est encore plus ou moins entravée dans l'exercice de ses droits naturels. Il est même telles régions dans lesquelles elle serait absolument asservie, comme une paroisse russe l'est à l'autorité impériale, si les gouvernements ne craignaient que la révolte des consciences ne finît par ébranler leur propre solidité.

A l'heure actuelle, en France, la passion sectaire qui inspire les gouvernants leur impose pour programme la destruction du catholicisme dans notre pays. La paroisse est l'unité tactique de l'Église; c'est donc la paroisse dont il leur faut ruiner l'œuvre et même supprimer l'existence. On ne le proclame pas tout haut, de peur de heurter trop violemment l'opinion avec laquelle on est obligé de compter; mais le but à atteindre est nettement indiqué par les plus impudents et les plus écoutés du parti, et c'est en parlant de libération des esprits, de liberté des consciences, de respect des droits et de répression des abus, que l'on monte à l'assaut du catholicisme et de l'Église.

Ces projets ne sont pas pour effrayer plus que de raison ceux qui savent quelque chose de l'histoire de l'Église, et encore moins les esprits réfléchis qui se rendent compte de l'invincible puissance, naturelle et surnaturelle, que recèle la religion catholique. Mais il ne serait ni raisonnable ni chrétien d'espérer que Dieu viendra en aide à l'inertie. L'Église, sur la terre, est essentiellement militante. La lutte pour la vie s'impose au chrétien, et, à tout prendre, mieux vaut pour lui combattre et souffrir que jouir indolemment d'une tranquillité toujours périlleuse.

D'autre part, c'est moins la cause du catholicisme que celle de la France qui est en jeu. Le catholicisme, en perdant la France, perdrait une nation qui lui a rendu d'éminents services; mais il trouverait ailleurs des compensations. En se laissant dépouiller de sa religion, la France perdrait sa raison d'être historique, le meilleur de sa force et de sa grandeur, le gage le plus sûr de son avenir. Si le divorce total et définitif s'accomplissait entre la France et l'Église, les chances seraient loin d'être égales entre deux sociétés devenues subitement incompatibles, après quatorze siècles de vie commune et de mutuelle assistance. Peut-être en serait-il de ce divorce comme de celui que la mort impose à l'âme et au corps : celui-ci tombe en dissolution et celle-là continue sa vie immortelle. Aussi est-il du devoir de tout Français catholique de faire tout au monde pour épargner à son pays les risques d'une si folle tentative et, en tous cas, pour atténuer de son mieux des coups que l'on destine à l'Église et qui retombent presque tous sur la France.

Le divorce entre l'Église et la France étant devenu officiel et légal, il est à préumer qu'une notable partie de la nation, peut-être la majorité réelle, ne le ratifiera pas et demeurera fidèle à sa religion, en dépit de l'apostasie des gouvernants et de leur clientèle volontaire ou forcée. Le nouvel état de choses entraînera pour les catholiques et pour leurs paroisses des conséquences diverses, les unes défavorables, les autres avantageuses, au moins en apparence, modifiées d'ailleurs en mieux ou en pire par les circonstances de personnes, de temps ou de lieux. Quelles sont les principales de ces conséquences à prévoir, et quels moyens restent aux catholiques de conserver, de faire vivre et même prospérer leurs paroisses?

La première conséquence défavorable sera le retrait du caractère officiel à la religion et à ses ministres. La séparation de l'Église et de l'État replacera le curé de la paroisse au rang de simple citoyen, auquel le gouvernement ne reconnaît aucun titre et dont la fonction n'intéresse en rien la chose publique. Le Français, en dépit de ses allures frondeuses et révolutionnaires, ne peut pas et ne veut pas se passer d'une autorité qui le régente d'une main ferme. Quand il renverse un souverain, c'est pour se donner des centaines de tyranneaux auxquels il se plaît à obéir servilement. Le paysan surtout porte jusqu'à la superstition le respect de l'autorité gouvernementale et jusqu'à la servilité l'obéissance à ses ordres. Il a pris de longue date la funeste habitude de tout attendre du pouvoir central, lois, secours, direction. En fait, il ne peut guère remuer sans se heurter à une décision quelconque du gouvernement ou de ses représentants.

Or, désormais, le curé de sa paroisse ne sera plus à ses yeux un fonctionnaire; il cessera de compter parmi les rouages de la grande machine gouvernementale. Le paysan, pour entrer dans les vues de l'État, qui manifestement méprise et malmène le clergé, se tiendra à l'écart de son curé comme d'un être au moins inutile, s'éloignera d'une religion que répudient officiellement présidents, ministres et préfets, et même, à l'occasion, témoignera aux représentants de cette religion le peu d'estime et de sympathie dont il les juge dignes. L'ouvrier, l'homme du peuple en général, le fonctionnaire public, à quelque degré de la hiérarchie qu'il appartienne, se comporteront de même. Ils le feront d'autant plus volontiers qu'ils croiront pour autant se libérer du joug d'une morale qui les gêne, alors même qu'ils n'en remplissent pas les devoirs. Et c'est ainsi que, séparée de l'État, l'Église perdra la considération et la confiance d'un grand nombre.

Que la chose arrive dans beaucoup de paroisses rurales, surtout dans les provinces où la foi manque de profondeur et où la politique sectaire a déjà multiplié ses ravages, on ne saurait le contester. Mais à ce mal, il y a un correctif. Le fonctionnarisme se discrédite de plus en plus en France par ses excès de pouvoir, son arbitraire, ses injustices, ses hypocrisies, ses brutalités. Le jour viendra où le prêtre sera heureux que personne ne puisse plus le prendre pour un fonctionnaire.

« Les profonds politiques du radicalisme antireligieux s'imaginent avoir plus facilement raison du catholicisme en lui enlevant tout caractère officiel, dont ils se persuadent que les prêtres tiennent ce qui leur reste de prestige aux yeux de la foule... Mais ils ne prennent pas garde à un changement des esprits qui est en train de se produire et qu'il ne faut pas confondre avec l'humeur frondeuse, laquelle est traditionnelle chez nous à l'endroit des hommes qui nous gouvernent de trop court. Il ne s'agit plus seulement de railler en sourdine le fonctionnaire devant lequel on s'incline, mais de ne l'estimer qu'en fonction de sa valeur d'homme... Depuis longtemps déjà, c'est la valeur personnelle et, en quelque sorte, humaine du prêtre qui fait l'efficacité de son ministère [1]; mais on aura davantage l'occa-

1. Mise à part, bien entendu, l'efficacité particulière que ce minis-

sion de s'en apercevoir quand tous les prestiges officiels auront subi dans l'opinion l'éclipse qu'ils méritent, et ceux qui ont mission de recruter le clergé seront forcés, par la nature des choses, de n'y admettre que des sujets ayant, par l'esprit, par l'instruction, par la vertu et par le caractère, une valeur indépendante de la fonction, et dont la fonction devra tirer au moins une partie de son empire sur les âmes [1]. »

La seconde conséquence défavorable de la séparation viendra de la suppression du budget des cultes. Les hommes honnêtes et indépendants savent à quoi s'en tenir sur cette question; les procédés qu'emploient pour s'enrichir eux-mêmes la plupart de ceux qui imposent la suppression de ce budget suffiraient déjà pour inspirer la défiance. On a tout dit pour montrer que cette suppression constitue un acte de haute improbité nationale et une faillite à l'engagement de justice contracté par la Constituante. Après avoir soustrait violemment le capital au légitime propriétaire, on lui ôte maintenant l'intérêt. Il est notoire, d'autre part, que le service rendu par le clergé est voulu par une grande partie de la nation; il y a peu de services généraux qui soient utilisés par un plus grand nombre de citoyens que le service des cultes. La justice et le respect des droits du grand nombre exigeraient donc que ce service fût équitablement rémunéré aussi bien que les autres. On sait, il est vrai, que le clergé, même

tère tire de la transmission de la grâce par les sacrements. Il faut ajouter aussi que cette estime du prêtre pour sa valeur personnelle plutôt que pour sa fonction, sera très lente à se produire hors des milieux plus intelligents.

1. HEMMER, *Politique religieuse et séparation*, Paris, 1905, p. 19.

réduit à la misère et spolié de tous ses droits, s'efforcera de continuer son ministère, comme il l'a fait pendant la période révolutionnaire, alors que, privés de leur traitement, l'instituteur et le facteur rural, le professeur et l'agent voyer, le cantonnier et le juge cesseraient leurs fonctions. Mais n'y a-t-il pas une indélicatesse de plus à abuser des principes sacrés qui commandent au prêtre le dévouement au delà des limites naturelles, pour le dépouiller, en se donnant l'assurance qu'après tout, le peuple ne sera pas totalement privé des secours spirituels qu'il désire ?

Sans doute, « il vaut mieux, pour une église vivante, savoir se résigner même à une spoliation, si elle doit acheter le pain qu'on lui jette dédaigneusement au prix de sa dignité et de sa dépendance. Le budget des cultes ne permet pas à l'Église de vivre sans le secours des fidèles, il soumet le clergé à un régime de pauvreté qui est souvent un obstacle à sa vie intellectuelle ; il le met surtout dans la main de l'État, qui prononce à sa guise des suspensions de traitements sans la garantie des formes ordinaires de la justice, qui inflige arbitrairement au clergé des amendes comme il ferait à des esclaves ». Mais, d'un autre côté, « il n'y a pas d'illusion à se faire sur l'absence de toute compensation à la suppression du budget des cultes, ni sur le caractère pénible, douloureux même, de la phase qui suivra la dénonciation du Concordat. Ce seront les moyens d'existence qui feront défaut à une foule de prêtres, jusqu'à ce que les fidèles aient pris l'habitude de considérer comme un devoir qui leur incombe, d'entretenir le culte et les ministres du culte. La chose demandera du temps, parce que les habitudes sociales se prennent et se modifient lentement [1] ».

Dans les villes, la plupart des prêtres pourront à grand'peine se tirer d'affaire. Dans beaucoup de campagnes, les populations sont trop pauvres ou trop indifférentes pour subvenir à l'entretien de leur curé. Que deviendra celui-ci, s'il a déjà un certain âge et des habitudes de vie difficiles à modifier, avec l'incapacité de s'adapter aux conditions nouvelles dans lesquelles devra s'exercer le ministère sacerdotal ? Il est vrai que de modestes allocations sont promises à ceux qui ont un certain temps d'exercice. Mais qu'attendre en réalité de la justice ou même de la pitié d'un gouvernement qui a jeté à la rue, voué à la misère, avec une barbarie si peu française, les religieux et les religieuses dont il transférait le prétendu « milliard » dans ses coffres, ou ailleurs [2] ?

L'État se refusant à servir la rente des biens dont il s'est emparé, on pourrait compter sur la générosité des fidèles pour reconstituer à la longue le

1. HEMMER, *Politique religieuse et séparation*, p. 29.

2. On verra se reproduire ce qui s'est passé à la suite de la Révolution. L'archevêque de Bourges, M. de Mercy, écrivait à Portalis, en novembre 1803 : « Dans beaucoup de paroisses, il n'y a aucun logement pour les desservants; dans beaucoup d'autres, les desservants meurent de faim, ne recevant rien de leurs paroissiens... Les desservants, abandonnés, abandonnent ; les fidèles restent sans pasteur, au grand détriment des mœurs. J'ai beau prêcher la patience. C'est le cas du proverbe : Ventre affamé n'a point d'oreilles. » Un ancien bénédictin, desservant dans l'Aisne, écrit de son côté : « Le peuple veut bien sa religion, veut bien ses ministres, mais qui ne lui coûtent rien. » Le préfet de ce même département constate que « la majeure partie des desservants est dans la plus affreuse misère », et que les riches propriétaires, dans la crainte « que le rétablissement du culte ne leur soit une charge onéreuse », mettent tout leur crédit à empêcher qu'il soit donné suite au vœu des populations. Cette situation a été générale et prolongée dans toute la France, comme le montre l'article de M. SICARD, *Quinze années du budget des cultes à la charge des fidèles*, dans le *Correspondant*, 25 juillet 1905.

domaine de l'Église et assurer à chaque paroisse le nécessaire dans des conditions moins précaires. C'est ainsi qu'on résout la question en Angleterre, aux États-Unis et en Australie. Mais cette solution suppose une conception et une pratique de la liberté auxquelles les esprits français n'ont pas encore réussi à se hausser. L'étroitesse, l'arbitraire et l'instabilité de la législation en matière de liberté amèneront donc, pour les paroisses de France, une troisième conséquence défavorable de la séparation. De riches catholiques, des personnes aisées et libres de leurs biens pourraient par donation, fondation ou testament, assurer la dotation d'un bon nombre de paroisses. Le législateur, qui veut avant tout la ruine du catholicisme, s'y oppose. Si habiles et si prudents que soient les catholiques, s'ils arrivent à mettre à profit quelques-unes des lois en vigueur, on saura bien les arrêter. « Les textes de loi n'y feront rien et les catholiques peuvent se dispenser de prendre la peine de les discuter ; il en sera de la loi sur la séparation comme de la loi sur les associations religieuses ; tous ceux qui ont cru à un degré quelconque à la bonne foi du gouvernement en ont été les dupes et les victimes ; si les catholiques peuvent passer à travers les mailles de la loi, on resserrera les mailles et voilà tout. Nous savons comment fonctionne la machine législative et quelles garanties peuvent présenter des lois que l'on modifie chaque jour au gré des passions de la majorité [1]. »

Il est donc impossible aux catholiques de se fier à aucun texte de loi, de rien fonder de stable, de comp-

1. BAUDRILLART, *Quatre cents ans de concordat*, p. 352.

ter sur le lendemain. Depuis plus de cent ans que les Français s'imaginent avoir inventé la liberté et la tolérance, ils n'en ont presque jamais prononcé le nom chez eux sans qu'on eût à se demander quelle nouvelle entrave ils allaient apporter à la jouissance du droit naturel, surtout quand il s'agit de religion.

Ces conséquences funestes sont encore aggravées par la propagande irréligieuse dont l'État se fait ouvertement l'agent très actif. Il n'est pas de village, pas de hameau, dans lequel l'instituteur n'apprenne à l'enfant, au moins par son silence, que la religion est chose oiseuse, quand, par de perfides propos, il ne lui insinue pas qu'elle est chose irrationnelle et nuisible et que ses représentants ne méritent ni confiance ni respect[1]. Les journaux les mieux vus et les plus répandus poursuivent l'œuvre de perversion dans la jeunesse et dans l'âge mûr, et c'est ainsi que se crée et s'entretient, autour du pasteur de chaque paroisse, une atmosphère de suspicion et d'antipathie qui rend sa tâche difficile, ingrate, souvent même impossible.

Ces causes de ruine ne laisseraient que peu d'espoir de survivance à la paroisse catholique si l'institution à laquelle elle appartient était d'ordre purement humain. Mais le sort de l'Église n'est pas entre les mains des hommes; ses ennemis n'ont pas la puissance d'aller contre elle au delà de certains

1. On cherche à neutraliser cette influence par la création d'écoles libres et chrétiennes. En Bretagne et dans quelques autres régions, de jeunes prêtres se dévouent même à prendre leurs brevets pour pouvoir tenir des écoles libres. Mais les dépenses nécessitées par ces écoles sont énormes et deviendront presque impossibles quand il faudra entretenir le clergé. Puis, combien de temps sera respectée la liberté de l'instruction primaire?

excès. « Leur surprise n'a d'égale que leur déception en voyant l'antique institution du Christ survivre à toutes les attaques insidieuses, à toutes les persécutions violentes, à toutes les révolutions humaines, à toutes les crises intérieures [1]. » La persécution elle-même compte au nombre des moyens dont Dieu se sert pour épurer, perfectionner et développer son œuvre. « Le Dieu tout-puissant, disait saint Augustin [2], est en même temps souverainement bon ; aussi ne permettrait-il jamais au mal de s'introduire dans ses œuvres, s'il n'était assez puissant et assez bon pour tirer le bien du mal. »

Il y a donc, malgré tout, espoir pour les paroisses de France ; la séparation ne leur prépare pas que des tribulations. Tout d'abord, l'Église recouvrera la liberté de placer à leur tête les ministres de son choix. Il a souvent suffi qu'un prêtre prît à cœur ses obligations, qu'il travaillât avec zèle et succès à faire le bien autour de lui, qu'il devînt populaire dans une paroisse par les services rendus, pour qu'on refusât de l'agréer à un poste plus important. Avoir fondé et entretenu une école libre, créé un patronage ou un syndicat agricole, censuré même avec mesure les abus ou les scandales qui démoralisent une population, moins encore, avoir déplu aux meneurs politiques d'un canton, avoir été victime d'une dénonciation calomnieuse que l'autorité civile n'a pas même pris la peine de contrôler, alors que parfois les tribunaux n'ont pas pu se dispenser de condamner le calomniateur, il n'en a pas fallu davantage pour empêcher un prêtre d'occuper un poste dans lequel il

1. Hemmer, *Politique religieuse*, p. 8.
2. *Enchiridion*, XI.

aurait fait grand bien. L'administration diocésaine pourra désormais faire les nominations sans autre souci que celui du plus grand intérêt des paroisses. Du même coup, elle sera délivrée de ces exigences injustifiées qui réclamaient, sous peine de suppression de traitement, le transfert d'un desservant d'une paroisse dans une autre.

L'Église de France jouira enfin d'une liberté plus que jamais nécessaire, à supposer qu'au mépris de tous les droits et de tous les engagements, l'État ne revienne pas en arrière pour ressaisir un pouvoir dont l'abandon doit coûter à son ingérence universelle. Si le pape le juge à propos, on pourra alors appliquer librement en France les règles canoniques sur le concours pour la nomination aux cures, sur l'inamovibilité des curés et sur le fonctionnement normal des officialités diocésaines, qui assurera à tous les prêtres les garanties que l'Église a entendu leur ménager. L'évêque n'aura plus les mains liées pour créer des paroisses, supprimer celles qui sont devenues inutiles, diviser celles dont la population est excessive, fonder des centres religieux partout où la nécessité l'imposera et où les ressources le permettront. Chaque paroisse pourra s'administrer sans autre souci que celui des règles formulées par l'Église, avec la loyauté, la régularité et la prudence indispensables dans l'emploi des fonds fournis par les fidèles.

C'est de ces derniers, en effet, que dépendra en grande partie le sort de la paroisse. Appelés à prendre désormais une part plus directe et plus onéreuse à son entretien, ils se rendront mieux compte de ses besoins et de son fonctionnement, ils s'intéresseront davantage à sa prospérité, ils apporteront plus de zèle dans la pratique et la défense de leur religion. Il en résultera une union plus intime entre les catholiques et leurs prêtres. On pourra dire alors des paroisses françaises ce que l'archevêque de New-York, Mgr Corrigan, écrivait des paroisses américaines : « Nous dépendons, pour notre pain quotidien, de semaine en semaine, de la charité des fidèles. Jusqu'à présent la Providence de Dieu et la générosité du peuple ne nous ont jamais fait défaut. Ce système a ses avantages, sans doute, mais il est précaire. Son grand avantage, à mon sens, c'est qu'il unit étroitement ensemble le prêtre et le peuple; c'est que, grâce à lui, tous prennent intérêt au progrès de la religion. Quand un homme fait des sacrifices pour sa religion, il s'y attache, il est plus disposé à y conformer sa vie. A ce point de vue, notre système est incontestablement bon. De plus, il rend le clergé, jusqu'à un certain point, dépendant du peuple, et dès lors crée un nouveau lien entre l'un et l'autre. Il en résulte un bien spirituel pour les prêtres; ils deviennent plus circonspects et plus attentifs envers ceux de qui ils reçoivent leur subsistance[1]. »

Dans quelles conditions la paroisse de demain sera-t-elle organisée pour parer aux inconvénients du nouveau régime et profiter de ses avantages? Il faudrait, pour le dire, connaître par le détail la nature des événements qui vont se dérouler. Quelle mesure de liberté sera laissée à l'Église de France? Jusqu'à quel point sera restreint pour elle le droit naturel d'acquérir et de posséder? Quelles entraves seront

1. De Meaux, *L'Église catholique et la liberté aux États-Unis*, Paris, 1893, p. 251.

mises à l'indépendance de son gouvernement intérieur? Que tenteront les législateurs avec leurs lois, les ministres avec leurs décrets, pour porter atteinte à sa constitution essentielle et attribuer aux fidèles des prérogatives qu'elle ne saurait accorder qu'à ses prêtres? Quelles facilités seront ménagées à l'introduction du schisme ou du trouble dans l'organisation paroissiale[1]? Par-dessus tout, quelles seront les décisions du souverain Pontife, chef de l'Église universelle? Que réprouvera-t-il et que tolérera-t-il dans l'œuvre d'une législation malveillante? Quelles mesures seront arrêtées par les évêques d'accord avec lui, pour assurer la vie des paroisses de France? Autant de questions auxquelles le temps et les événements permettront de répondre.

On peut cependant prévoir en toute assurance que la paroisse aura à souffrir, comme il arrive nécessairement dans toute transformation un peu brusque imposée à un organisme vivant, mais qu'elle ne périra pas plus que le catholicisme lui-même. Les règles qui présideront à sa reconstitution seront partout les mêmes quant à l'essentiel; mais l'application variera selon les milieux. La même formule ne peut servir aux paroisses si catholiques de Bretagne et aux paroisses indifférentes de la Bourgogne ou de la Beauce; autres seront les méthodes à préconiser dans le Nord ou dans l'Est, où les esprits sont plus calmes et plus sérieux, autres celles qui conviendront au Midi, où les passions sont plus vives

1. On peut être assuré que l'Église ne tolérera, à aucun prix, une organisation schismatique de la paroisse. L'exemple de ce qui s'est passé à la Révolution permet d'espérer que les vrais catholiques ne s'y prêteront pas davantage.

et les âmes plus accessibles aux influences successives. Il serait donc peu sage de vouloir fondre toutes les paroisses dans le même moule ; chacune gardera sa physionomie telle que l'ont composée son histoire, ses traditions et les mœurs locales. La meilleure méthode est celle qui répondra le mieux aux habitudes de chaque région et permettra d'assurer plus efficacement la perpétuité et la prospérité de la paroisse.

Il faut compter ensuite que, suivant sa loi ordinaire, l'Église sacrifiera tout au plus grand bien des âmes. En conséquence, toutes les concessions compatibles avec ce plus grand bien seront consenties par le pape vis-à-vis de la France, par l'évêque dans son diocèse, par le curé dans sa paroisse. Il ne s'agira donc ni de représailles à exercer contre des pouvoirs injustes, ni de rancune à manifester contre des adversaires déloyaux, ni d'abandon religieux à infliger à des populations dont l'apathie ou l'hostilité ont autorisé l'œuvre néfaste des législateurs. Le clergé de France n'a point connu de pareils sentiments au lendemain de la Révolution ; il ne les connaîtra pas davantage au lendemain de la séparation. *Salus populi, suprema lex*, voilà la seule maxime dont l'Évangile lui permet de s'inspirer. Il le fera d'autant plus volontiers qu'il n'attend rien de la reconnaissance des hommes et que la récompense qu'il s'efforce de mériter lui est réservée ailleurs qu'ici-bas.

La part que l'État devra nécessairement abandonner dans l'administration des intérêts temporels de la paroisse sera dévolue aux paroissiens eux-mêmes. Ce sera un retour à l'organisation qui existait sous l'ancien régime. Alors, comme nous l'avons vu, l'administration temporelle de la paroisse était confiée, sous la présidence du curé, à des marguilliers ou fabriciens qui réglaient les affaires courantes, et à l'assemblée de paroisse. Cette dernière comprenait toutes les personnes notables; au moins deux fois l'an, elle s'occupait des intérêts généraux de la paroisse, examinait les comptes et pourvoyait aux dépenses extraordinaires. Une assemblée de paroisse fonctionne encore dans certaines localités de la Suisse. Le conseil des fabriciens et l'assemblée de paroisse, quelque nom qu'on leur donne désormais, auront leur rôle indiqué dans la nouvelle organisation. Les laïques auront le droit d'être entendus, puisque l'entretien du clergé et de l'église pèsera sur eux, et ils rendront grand service, à condition qu'ils ne fassent pas de leur générosité un titre à outrepasser les droits que l'Église leur reconnaît volontiers. « Le Saint-Esprit a établi les évêques pour gouverner l'Église de Dieu », dit saint Paul [1], et, sous l'autorité des évêques, ce sont les curés qui ont mission de gouverner la paroisse. Cet ordre ne pourrait être transgressé sans mettre en péril la constitution même de l'Église, et celle-ci ne tolérerait pas des empiétements qui rendraient impossible l'accomplissement de sa tâche [2]. « Mais la crainte des laïques ne doit

1. Actes, xx, 28.

2. Nous avons remarqué que parfois certains conseils de fabrique ont méconnu leur devoir à cet égard. Aux États-Unis, pendant la première moitié du XIXe siècle, l'Église a grandement souffert de l'ingérence excessive des laïques dans l'administration des paroisses. A chacun ses devoirs et ses droits. Il n'est pas non plus sans exemple que des catholiques aient abusé de leur titre de bienfaiteurs d'une paroisse pour peser plus que de raison sur le choix d'un curé et sur la conduite à lui imposer. Au XIIIe siècle déjà, le pape Hono-

pas empêcher l'autorité ecclésiastique de se soumettre, quant à sa gestion temporelle, à une surveillance salutaire. Autant je redoute pour l'Église le contrôle administratif institué par la loi, d'où peut jaillir une source de tracasseries sans fin, autant je souhaite pour elle celui des fidèles, intéressés à la bonne marche de leurs associations. L'Église a tout à gagner à se montrer large et moderne dans sa manière de construire un budget, d'administrer le produit des offrandes et contributions volontaires des fidèles, enfin de rendre ses comptes[1]. »

Reste la grave question des ressources paroissiales à assurer. C'est là que les ennemis de l'Église attendent les catholiques de France. Ils espèrent, sans doute, que ceux-ci ne seront pas à la hauteur de leur devoir et que, faute d'un morceau de pain, la plupart des paroisses seront sans pasteur. Sans doute, il serait préférable, à certains égards, que le prêtre n'eût rien à demander aux fidèles. C'est ce qui aurait lieu si la Révolution n'avait dépouillé le clergé de ses biens légitimes et s'était contentée d'en réclamer un plus équitable emploi. Il en sera ainsi plus tard,

rius III écrivait à Hugues, roi de Chypre, qui s'offrait à fournir un traitement aux ecclésiastiques « Ceux qui sont soldés sont sous le pouvoir de ceux qui les soldent. Quand le seigneur veut se débarrasser de celui qu'il salarie, il ne lui paie pas son salaire, et le serviteur périt. Assurez donc le revenu des ecclésiastiques de telle sorte que personne ne puisse le leur ravir » RAUMER, *Hist. des Hohenstaufen*, t. IV, p. 135. On se propose d'éviter pareil inconvénient en centralisant dans les évêchés les fonds qui seront ensuite distribués aux prêtres des paroisses, au lieu de laisser entretenir ceux-ci directement par les bienfaiteurs locaux. Ce système de centralisation est pratiqué dans le canton de Genève.

1. HEMMER, *Politique religieuse*, p. 51. DE MANDAT-GRANCEY, *Le clergé français et le Concordat*, p. 102-106, appuie fortement, avec exemples à l'appui, sur cette nécessité du contrôle financier par les fidèles.

si peu à peu l'Église a la liberté de reconstituer son patrimoine, de telle façon qu'un jour la paroisse vive principalement de la munificence de ses enfants disparus. Pour le moment, nous n'en sommes pas là, la grande préoccupation de l'État est même d'obliger l'Église, sinon à périr de faim, du moins à ne vivre qu'au jour le jour.

Or, à quelque parcimonie qu'on réduise les dépenses paroissiales, il faut, de toute nécessité, pourvoir à l'entretien du prêtre, à celui de l'église, et aux frais indispensables du culte. Le budget de l'État pour le culte catholique se montait à 41 millions[1], sur lesquels, parmi les 34.000 curés de France, la plupart recevaient 900 francs, et quelques-uns 1.200 ou 1.500 francs. Quelques centaines de vicaires avaient une allocation de 450 francs. C'est ce budget qu'il s'agit de remplacer. Quelques très rares paroisses pourront y suffire à l'aide de leur casuel. Partout ailleurs, il faudra faire appel à la générosité des fidèles. Mais sous quelle forme? Des exemples utiles nous sont fournis par les pays étrangers.

Il est indispensable que les ressources arrivent régulièrement. Il en faut donc venir au système des cotisations hebdomadaires, mensuelles, trimestrielles ou annuelles, comme pour les « Missions intérieures » de Suisse, comme dans le canton de Genève, en Angleterre, aux États-Unis et en Australie. Il importe que personne ne soit exclu de la souscrip-

1. Le budget général étant de 3 milliards 400 millions, en 1900, il s'ensuit que sur 83 francs d'impôts de l'État, 1 franc était destiné au culte catholique. Les 41 millions du budget, comparés aux 4 milliards de biens confisqués au clergé en 1789, représentant un intérêt de 1 %, et un intérêt moitié moindre, si on tient compte de la plus-value des biens depuis cent ans.

tion et que les plus petites bourses soient admises à y contribuer. Les plus pauvres auront à cœur de ne pas rester en dehors de la famille paroissiale, ils s'honoreront de verser leur obole et les plus minces apports, en s'additionnant, produiront un total appréciable[1].

La contribution payée en Angleterre pour entrer dans l'église et y occuper une place n'est pas à introduire en France. Les mœurs y répugnent, et beaucoup y verraient un prétexte à déserter les offices[2]. Il ne paraît pas non plus que l'élévation des tarifs qui produisent le casuel soit, en général, à encourager. Il serait odieux de faire porter cette élévation sur la classe moins aisée. Quant à la classe riche, il est clair que plus on élèvera le taux de sa contribution obligatoire, plus elle abaissera celui de sa contribution volontaire.

Les fondations, les donations, les legs, les offrandes seront à conseiller aux fidèles, en prenant les précautions nécessaires et en tenant compte des exigences de la législation.

Déjà, dans beaucoup de paroisses, certaines confréries, certaines personnes même prennent à leur charge quelques fournitures du culte, l'entretien d'une chapelle, celui du linge ou des ornements, la dépense du luminaire ou du chauffage. Pourquoi

1. L'exemple de Genève montre qu'il y a grand avantage à centraliser toutes les cotisations d'un diocèse. Cette centralisation entre les mains de l'autorité responsable permet de répartir plus facilement sur les paroisses pauvres l'excédent des paroisses plus aisées. Ensuite, grâce à cette centralisation, ce n'est pas une paroisse en particulier qui entretient directement son prêtre, et peut parfois avoir la tentation de le lui faire sentir; c'est le diocèse entier qui assure le nécessaire à chaque paroisse.

2. Crouzil, *De la location des sièges d'église*, Paris, 1904.

cette généreuse pensée ne se généraliserait-elle pas? Pourquoi chaque paroisse française n'arriverait-elle pas à posséder, comme la paroisse australienne, sa « société de l'autel », qui au moyen de souscriptions spéciales, se chargerait plus ou moins complètement de l'entretien de l'église?

La forme et le taux des cotisations volontaires varieront nécessairement suivant les diocèses. Mais le principe s'impose. De son application résulteront différents états de paroisses.

On aura d'abord la paroisse aisée et généreuse, dans laquelle les ressources suffiront non seulement à entretenir le clergé et l'église et à soutenir les œuvres locales, mais encore à aider d'autres paroisses moins fortunées. La paroisse riche qui ne comprendrait pas ce devoir de solidarité, ou plutôt de charité fraternelle, ne mériterait pas le nom de paroisse chrétienne et ne tarderait pas à porter la peine de son égoïsme. Le divin Maître est sans nul doute beaucoup moins honoré par le luxe que certains paroissiens exigent dans leur église, que par la générosité avec laquelle ils viendraient au secours d'une église délabrée. Les paroisses riches seront d'ailleurs l'exception ; on n'en rencontrera guère que dans quelques grandes villes.

La paroisse moyenne arrivera à se suffire, parfois avec assez de peine. Il est certain que si le Français paie sans trop murmurer des impôts écrasants et qui augmentent sans cesse, il n'a guère l'habitude de se gêner pour acquitter, d'une manière constante et généreuse, un impôt volontaire. Il y aura donc à renseigner exactement les catholiques sur les nécessités qui s'imposent à leur paroisse. Ils devront apprendre à se priver de quelques jouissances superflues pour acquitter leur dette sacrée.

Dans la paroisse pauvre, mais sérieusement chrétienne, on ne reculera pas devant les sacrifices, mais on aura besoin d'être aidé. Quelquefois, un châtelain intelligent ne souffrira pas qu'il subsiste un contraste trop révoltant entre la somptuosité de sa demeure et le dénûment auquel seraient condamnés le curé et l'église de son village. De puissants industriels, des bourgeois à l'aise comprendront qu'il y a quelque chose à faire et ils le feront.

La paroisse médiocre et un peu indifférente sera-t-elle laissée à l'abandon? Elle l'est déjà dans bien des diocèses où beaucoup de curés, outre leur paroisse de résidence, ont à desservir une seconde paroisse dans laquelle ils disent la messe le dimanche et apparaissent de temps en temps pendant la semaine pour quelque service urgent. Les paroisses ainsi desservies sont ordinairement frappées de déchéance spirituelle. Ce sera un grand malheur si le nombre doit s'en multiplier. On prévoit pourtant que dans beaucoup de régions la plupart des petites paroisses de campagne devront être abandonnées. Quelques prêtres, menant au canton une vie commune et économique, les desserviront comme de vrais pays de mission. Sans doute, ces prêtres trouveront de précieux avantages à vivre ensemble; mais ils auront à passer une grande partie de leur temps sur les routes, et, malgré tout, les pauvres petites paroisses seront privées de la présence habituelle du curé. Cette seule présence rappelait au peuple l'idée religieuse, arrêtait certains abus, assurait l'instruction chrétienne des enfants, pourvoyait rapidement à l'assistance spirituelle des malades, donnait une satisfaction légitime au moins à quelques âmes pieuses, et permettait, quand le curé était bon, zélé et adroit, d'espérer une sérieuse amélioration morale de la paroisse. Quand il faudra courir au canton pour avoir un prêtre, combien n'en auront pas le temps, ou la force, ou le courage! Les enfants grandiront sans formation religieuse, des malades seront surpris, la foi s'évaporera peu à peu, et à force de ne plus voir le prêtre qu'à intervalles, on finira par s'habituer à s'en passer. Bientôt des villages de France reviendront à ces habitudes païennes que combattit jadis si énergiquement saint Martin, et s'ils se distinguent de ceux du IVe siècle, ce sera surtout parce qu'aux vices du paganisme ils auront ajouté ceux de la civilisation. N'est-ce pas rendre un éminent service au pays que de multiplier les efforts et les dévouements pour conjurer un semblable malheur?

Il existe enfin des paroisses dans lesquelles le curé est traité par tous comme un étranger, par beaucoup comme un ennemi. Laissé seul dans son église solitaire, même le dimanche, il tente en vain d'approcher quelques âmes moins farouches. On n'a pour lui qu'insultes et mauvais procédés. Ceux qui voudraient répondre à ses avances ne l'osent, par peur des autres. Si son évêque le laisse dans ce poste de désespoir, c'est que de graves raisons semblent s'opposer à la suppression d'une paroisse qui a encore une église, un presbytère et une existence officielle, bien que purement nominale. Après la séparation, l'abandon de pareilles paroisses sera tout indiqué, jusqu'à ce qu'une population hostile, instruite par l'expérience, sente enfin à quelle situation lamentable conduit l'irréligion. Peut-être alors redemandera-t-elle le prêtre qu'elle a vu partir avec plus de joie que de regret. De son côté, certes, l'Église ne regardera jamais ces malheureux comme des maudits; elle n'attendra pas qu'ils rappellent ses ministres; sitôt qu'elle le pourra, elle ira au-devant d'eux et multipliera ses offres pour tenter de les gagner.

Pour le moment, le prêtre de paroisse doit se tenir prêt à toutes les formes d'apostolat. Avec les encouragements de son évêque, il doit redoubler de zèle. Il lui faut reprendre plus largement et plus intimement contact avec sa population, surtout avec les hommes. Ceux-ci sont plus exposés à être entraînés par les affaires en dehors des préoccupations religieuses; pour mille causes personnelles ou extérieures, ils sont moins solidement enracinés que les femmes dans leurs principes chrétiens. Or, pendant que les catholiques, se faisant illusion sur la force et la ruse de leurs ennemis, fondaient à grands frais, pour le bien du peuple, églises, hôpitaux, écoles, couvents, et œuvres de toutes sortes, des journaux répandus à profusion travaillaient activement l'opinion pour obscurcir et pervertir les idées du grand nombre. Puis, le jour est venu où cette opinion, maîtresse de tout en France, grâce au suffrage universel, a signifié son congé à la religion et a vu, sans trop s'émouvoir, la liquidation brutale et inique de la plupart des œuvres qui représentaient les efforts et les sacrifices des catholiques. Ceux-ci avaient pensé à tout, excepté à s'assurer la tranquille possession du terrain sur lequel ils construisaient, c'est-à-dire à éclairer l'opinion, à la renseigner, à la tenir en main, de manière à pouvoir s'appuyer inébranlablement sur elle.

L'œuvre est à reprendre par la presse. Celle-ci est le levier de l'opinion; le devoir et l'intérêt des catholiques est d'apprendre à manœuvrer ce levier avec intelligence et énergie. C'est par cette œuvre d'assainissement qu'il faut commencer et qu'il faudra continuer, même quand bon nombre reviendront entendre la parole du prêtre à l'église. L'atmosphère intellectuelle est à purifier. Les catholiques, encore très en retard du côté des œuvres de presse, ont à s'imposer d'importants sacrifices pour regagner le temps et le terrain perdus. Le journal, en effet, est la prédication de chaque jour et il pénètre dans toutes les demeures. Si le journal est immoral et impie, la paroisse est minée sourdement; elle n'existe plus qu'en façade, le jour où cette lecture perverse s'est généralisée [1].

Dans la paroisse de demain, le prêtre aura donc tout d'abord à surveiller les alentours de son troupeau. Pourquoi ne transporterait-on pas en France quelque chose comme le *pledge* irlandais, en vertu duquel un homme honnête et chrétien s'engagerait solennellement à ne jamais lire un mauvais journal? Mais pour ôter la tentation de lire le mauvais journal, il faut le remplacer par le bon, par la publication périodique et fréquente, par le livre intéressant, en un mot par des écrits adaptés aux besoins intellectuels de la population, capables de saisir les imaginations, d'instruire les esprits et au moins de respecter la vie chrétienne dans les âmes.

Puis, le prêtre se consacrera à l'accomplissement

1. Presque tous les journaux sont des entreprises financières. Le jour où les riches catholiques comprendront et voudront, les bons journaux deviendront, pour les rédacteurs, de meilleures entreprises que les mauvais, et ces derniers n'auront, pour les soutenir, qu'une politique bientôt épuisée.

de son devoir spécialement sacerdotal. Il ira au peuple, mais suivant la formule évangélique : « Allez, enseignez[1] ! » Sans nul doute, le prêtre fait bien d'aller au peuple, c'est-à-dire à tous sans exception, pour rendre à chacun tous les services possibles, même dans l'ordre temporel. Par là, il se concilie les cœurs et exerce la charité. Mais il n'agit ainsi que pour arriver au principal, à l'instruction chrétienne, à la communication de la grâce divine : ce sont là les plus grands bienfaits qu'un curé de paroisse puisse assurer à son troupeau.

Peut-être l'enseignement religieux a-t-il besoin d'être renouvelé en beaucoup d'endroits encore. Les méthodes sont trop souvent surannées, les formes archaïques, le langage conventionnel et peu clair, le dogme formulé sans précision et avec une confusion perpétuelle entre ce qui est de foi, ce qui n'est que certain et ce qui reste conjectural, la morale présentée sous le couvert de reproches incessants ou de redites ennuyeuses. Il y a mieux à faire et avec quelque peine on y parvient. Si, au lieu de prêcher, le curé cause naturellement, en bon père qui parle à ses enfants, on aimera à l'entendre. Sa parole, s'accommodant aux besoins de ceux auxquels il s'adresse, trouvera un écho facile dans les âmes. Au milieu de ce cher petit peuple d'enfants qu'il prépare à la première communion, le pasteur se montrera ferme et même sévère, s'il le faut, mais surtout bon, paternel, patient, indulgent et dévoué. Il faut que, dès le jeune âge, l'enfant sente et comprenne que le prêtre de sa paroisse est, à certains égards, un autre homme que

1. S. Matthieu, XXVIII, 19.

ceux avec lesquels il est en rapport quotidien. Aux jeunes gens et aux jeunes filles, le pasteur ménagera un enseignement approprié, attrayant et solide. Enfin, à toute la population réunie le dimanche à l'église, il fera entendre la parole du père de famille, qui instruit, corrige et encourage, mais sans jamais fatiguer. On peut dire tant de choses utiles en peu de mots, quand on a devant soi un auditoire qu'on connaît et qu'on aime! En France, le peuple a soif de parole; il écoute volontiers tous ceux qui promettent de l'intéresser à un titre quelconque. Quel moyen d'action pour les 34.000 curés qui, au moins chaque dimanche, peuvent se faire entendre à une partie notable de la population!

L'instruction n'est que le préliminaire de la pratique religieuse. Au catholique sont imposés des devoirs spéciaux; il doit s'appliquer de plus en plus à y être fidèle, car c'est par là, et non pas seulement par son baptême et sa première communion, qu'il est un vrai catholique. D'autre part, il doit comprendre que les pratiques religieuses ne sont que des moyens; le but, c'est la perfection morale qui résulte de la place occupée dans sa vie par les vertus naturelles et les vertus surnaturelles. La meilleure paroisse n'est pas celle où l'on distribue le plus de sacrements et où l'on multiplie le plus les actes extérieurs de religion; c'est celle où il y a le plus de chrétiens qui, aidés de ces moyens, maintiennent et font croître dans leur vie la fidélité au devoir, la loyauté, la franchise, la bonté, la charité, le désintéressement, l'amour du sacrifice. Ce beau spectacle se rencontre dans certaines paroisses. On le constate, à l'étranger, dans les populations en contact avec les dissidents. Pourquoi ne deviendrait-il pas plus commun en France ? Ce serait une digue insurmontable élevée en face de l'indifférence et de l'impiété, et en même temps la plus noble et la plus triomphante revanche contre la haine des adversaires. Dieu veuille que tout catholique le comprenne et travaille en ce sens !

La paroisse française arrivera difficilement, sans doute, à former ce tout compact qui se rencontre quelquefois ailleurs. Il y aura toujours dans son sein différents groupes à contours mobiles, les pratiquants sincères, les chrétiens incomplets, les indifférents qui ne se souviennent de leur catholicisme qu'en de rares circonstances, et enfin ceux qui sont étrangers à toute pensée religieuse. Le but à atteindre, c'est de conserver le premier groupe, de le perfectionner et d'en augmenter progressivement l'effectif aux dépens des autres. Là tendront les efforts du pasteur. Il sera à la fois le berger qui garde et défend le troupeau fidèle, et le conquérant qui, par les mille industries d'un zèle éclairé et toutes les délicatesses de la charité chrétienne, cherche à gagner les âmes à Jésus-Christ, afin de leur rendre la vie présente plus supportable et plus méritoire, et le bonheur futur plus assuré.

Ceux qui déjà sont conquis à la pratique religieuse seconderont efficacement son apostolat, au moins par l'exemple de leur vie. Les catholiques sérieux s'entendront pour le bien, comme d'autres s'entendent pour le mal. Ils sauront sacrifier leurs vues trop personnelles, leurs goûts, leurs convenances, leur repos même à l'intérêt général. Ainsi, peu à peu, mais par un progrès incessant, la famille paroissiale pourra se reconstituer ; elle opposera sa forte et vivante unité à tous les éléments de dissolution qui, depuis trop longtemps, s'attaquent à toutes les forces vives de la patrie.

Est-ce à dire que ce meilleur état de choses apparaîtra dès le premier effort? Les grandes transformations morales ne s'accomplissent pas avec cette soudaineté. Il y a plus de cent ans que l'Église de France souffre d'une crise dont les causes sont antérieures à la Révolution et dont les événements actuels ne sont qu'un épisode. C'est se leurrer que compter sur une intervention extraordinaire de Dieu pour remettre tout à sa place, sans qu'il nous en coûte aucun effort. Selon toute apparence, la Providence suivra ses voies ordinaires et laissera aux catholiques l'honneur d'être les artisans de leur libération. C'est donc à eux de travailler et de souffrir; c'est à chacun de faire preuve de dévouement et de constance dans son milieu spécial, c'est-à-dire dans la paroisse à laquelle il appartient. C'est là qu'il doit s'appliquer au labeur de la transformation sociale dans le sens catholique, le seul qui réponde aux destinées de notre pays et ouvre des horizons assez larges à son avenir.

Le Maître l'a dit : « A l'un les semailles, à l'autre la moisson [1]. » Les semailles dureront longtemps, car le sol a été ravagé et les mauvaises herbes l'ont envahi. Mais si la paroisse de demain ne voit pas la moisson, elle l'aura préparée pour les générations qui naîtront ensuite, et à ceux qui ne doivent pas avoir la joie de voir mûrir les épis, Dieu aura ménagé le bonheur, peut-être plus grand encore, de travailler le sol dans lequel une nouvelle semence doit germer.

1. S. Jean, IV, 36.

TABLE DES MATIÈRES

www.ingramcontent.com/pod-product-compliance
Ingram Content Group UK Ltd.
Pitfield, Milton Keynes, MK11 3LW, UK
UKHW022051260726
13993UKWH00001B/52

9 782019 964429